Шлях до фінансової свободи

//ваш перший мільйон за сім років

Бодо Шефер

Дата: 01.01.2025
Час: 00:00

Шлях до Фінансової свободи

//ваш перший мільйон за сім років

****
Сума: **1 000 000**

З німецької переклала Анастасія Коник

Львів
Видавництво Старого Лева
2020

УДК 330
Ш 30

Bodo Schäfer
Der Weg zur finanziellen Freiheit
Ihre erste Million in 7 Jahren
Deutscher Taschenbuch Verlag, 1998
8th edition 2018

The Ukrainian translation rights arranged
through The Rights Company, The Netherlands

Бодо Шефер

Ш 30   Шлях до фінансової свободи. Ваш перший мільйон за сім років. [Текст] / Бодо Шефер; переклад з нім. Анастасії Коник. – Львів : Видавництво Старого Лева, 2020. – 344 с.

ISBN 978-617-679-654-1

Багатство не падає з неба — звісно, якщо не сподіваєшся попасти під дощ із виграшних лотерейних білетів. Однак завдяки правильній життєвій та фінансовій позиції та довгостроковому плану всі можуть досягнути фінансової безпеки та набути солідного статку, відчутно підвищивши рівень свого життя. Як звільнитися від стереотипів про гроші та заможність? Як уникнути боргів? Як правильно заощаджувати, не забувши про маленькі життєві радості, і як значно підвищити свій дохід? Бодо Шефер ділиться інсайдерською інформацією та розповідає про ефективні методи поводження з грошима, крок за кроком супроводжуючи читача на шляху до його фінансової свободи. Мрієте стати мільйонером за 7 років? Схоже, це цілком реально, варто лише почати вчитися фінансової грамотності, яка хоч і непроста, але цікава наука.

УДК 330

ISBN 978-617-679-654-1 (укр.)
ISBN 978-3-423-34000-7 (нім.)

ЗМІСТ

Передмова

Для більшості людей різниця між мріями та реальністю – величезна, і вони вважають, що це абсолютно нормально. Щоб нарешті вивести людство з цієї омани, 1997 року я написав книгу «Шлях до фінансової свободи».

Я хотів показати, що достаток – ваше вроджене право, тобто ваше природне призначення – жити гідно й у фінансовій свободі. І я прагнув поновити вашу впевненість у ваших же можливостях. З того часу, як я написав цю книжку, відбулося дві речі:

По-перше, очевидно те, що мені точно вдалося достукатися до сердець багатьох людей. На сьогодні понад 10 мільйонів прочитали цю книжку, її переклали приблизно 35 мовами, і вона стала найуспішнішим виданням про гроші усіх часів.

Постає запитання: чому ця книжка така успішна? Відповідь проста: вона допомогла багатьом. Я отримав безліч листів від читачів, і ці листи мають для мене велике значення. Історії успіху цих людей – дивовижні. З того часу, як вони зайнялися темою грошей, їхнє життя стрімко змінилося. І це підводить нас до другого моменту.

Коли я написав цю книжку, то знав, що можливо вивчити правила гри для досягнення достатку. Тим часом це довели відгуки від людей із багатьох частин світу, які пішли шляхом фінансової свободи.

Однаково, яку статистику ви читаєте: усе більше людей стають заможними. Це – один бік медалі. Та є й інший: багато, дуже багато людей залишається на одному місці в фінансовому плані. У них не все гаразд. Саме тому моє завдання не є завершеним. Я хочу зацікавити темою грошей і вас також.

Та дехто заперечує: «Але ж гроші не роблять щасливим». Звичайно, ні. Це й не є завданням грошей. Їхня місія — давати нам безпеку. Свободу. Вони гарантують нам можливість такого життя, яке відповідає нашим бажанням. І ось в чому правда: з грошима легше бути щасливими.

Прочитавши мою книжку, ви ще краще зрозумієте цю фразу, адже вона не лише про гроші, а й про щастя. Це видання покаже вам, як вести успішне й щасливе життя — щоб стати такою людиною, якою ви хочете бути. Можливо, саме це пояснює величезний успіх моєї книжки.

Я прочитав багато листів, написаних великою кількістю вдячних людей. Їх було понад 36 000! Чимало з них зробили вражаючі спостереження, які я можу узагальнити наступним чином: коли гроші починають текти до ваших рук, це часто буває настільки швидко й у такій кількості, що здивовано себе питаєш: «Де ж вони ховалися весь цей час?».

Нехай у вас теж все буде добре. Я з нетерпінням чекаю вашого листа.

Щиро, ваш Бодо Шефер
Бергіш-Гладбах, лютий 2015 року

Вступ

Знаєте, що стримує більшість людей від життя їхньої мрії? Гроші, лише гроші! Вони є символом певної життєвої позиції, мірилом цілком визначеного умонастрою. Гроші невипадково потрапляють до нашого життя. У фінансових питаннях радше йдеться про форму енергії: чим більше енергії ми скеровуємо на справді важливі в нашому житті речі, тим більше грошей отримуємо. Дійсно успішні люди завжди володіють здатністю накопичувати велику кількість коштів. Деякі зберігають їх, інші ж використовують лише для служіння своїм ближнім. Та всі вони володіють здатністю примусити гроші працювати.

Ми не повинні перебільшувати значення грошей. Але чи знаєте ви, коли вони стають занадто важливими? Коли їх завжди й для всього бракує. Хто має фінансові проблеми, занадто багато думає про них. Ми повинні якось ґрунтовно обговорити це питання, щоби вирішити його раз і назавжди. З цього моменту гроші стануть підтримкою для вас у всіх сферах вашого життя.

Усі ми маємо мрії. У нас є певне уявлення того, як ми хочемо жити і що нам, певною мірою, належить. У глибині душі ми віримо, що можемо виконати якесь особливе завдання, яке змінить цей світ на краще. Проте я занадто часто бачу, як рутина та жорстока реальність поступово душать такі мрії. Багато хто забуває, що саме їм належить місце під сонцем, адже вони не вірять, що можуть здобути незалежність.

Ми часто виявляємося жертвами самих себе. Ми йдемо на компроміси — і перш ніж усвідомлюємо свої помилки, наше життя значною мірою вже проминуло. Чимало людей часто перекладає відповідальність за те, що вони не живуть так, як їм хочеться.

28 років я займаюся такими питаннями, як гроші, успіх, щастя. Я навчився дивитися на гроші абстраговано, іншими очима: вони можуть стримати нас від повного вичерпання життєвих сил або допомогти нам стати настільки кращими, наскільки це можливо.

Я зі своєю книжкою — у повному вашому розпорядженні в ролі персонального наставника. Я хотів би передати те, чого сам зумів навчитися й довідатися. Хотів би дати вам настанови, які допоможуть створити грошову машину. Володіння грошима означає насамперед можливість будувати значно вільніше й більш незалежне життя. Коли я це усвідомив, у мене виникла глибока потреба передати іншим моє знання. Я зобов'язав себе підтримувати кожного, з ким вступаю в контакт, на його шляху до фінансової свободи. Адже так само, як можна навчитися літати, пірнати або програмувати, *кожен може навчитися створювати достаток або навіть багатство*, вивчивши кілька важливих базових прийомів.

Існує декілька можливостей стати заможними. Один із шляхів описують чотири стратегії, описані в цій книжці:

1. Заощаджуєте певний відсоток вашого доходу.
2. Вкладаєте заощаджені гроші.
3. Підвищуєте ваш дохід.
4. Заощаджуєте певний відсоток від кожного досягнутого підвищення доходу.

Якщо ви це зробите, то, залежно від вашого поточного фінансового становища, за п'ятнадцять-двадцять років володітимете статком сумою від півмільйона до мільйона. І це зовсім *не диво*. Якщо хочете здобути свій перший мільйон швидше (наприклад, за сім років), то маєте застосовувати якнайбільше стратегій, описаних у цій книжці. Із кожною застосованою стратегією ви швидше наближаєтеся до мети.

Як можна стати заможним всього за сім років? Ви вже здогадуєтеся, що тут ідеться не лише про суму Х, якою хочете володіти, але й про особистість, якою станете до того часу.

Звісно, вам не завжди буде легко йти шляхом до фінансової незалежності. Та набагато важче жити у фінансовій залежності. Якщо слідуватимете кільком вказівкам цієї книжки, то неодмінно досягнете вашої мети. На цьому шляху я допоміг багатьом тисячам людей, які відвідували мої семінари. Я знову й знову бачу, як ці знання буквально змінюють їх.

Та не думайте, будь ласка, що одне лише володіння цієї книжкою зробить вас заможними. Правда така: навіть прочитання цього тексту не зробить вас багатими. Ви радше повинні працювати з цією книжкою й зробити її частиною самих себе. Тоді це призведе до виявлення скарбів, прихованих усередині вас.

Отож дозвольте розпочати наш спільний шлях. Для початку проведіть оцінку вашого фінансового положення. На наступних сторінках ви знайдете питання для самоаналізу. Будь ласка, розпочинайте прочитання книжки лише після того, як точно визначите, яким є ваше фінансове положення.

Я щиро сподіваюся, що моя книжка не тільки допоможе вам стати заможними, але й, крім того, глибоко й значною мірою торкнеться вас. Я не знайомий із вами особисто, проте знаю: якщо ви тримаєте цю книжку у своїх руках, то повинні бути надзвичайною людиною, — людиною, яка не готова задовольнитися тим, що їй пропонують обставини. Ви — особистість, яка прагне власноруч написати історію свого життя. Ви хочете спроектувати власне майбутнє й перетворити своє життя на шедевр. Я щиро бажаю, щоб ця книга посприяла вам у досягненні цього.

Щиро, ваш Бодо Шефер

Аналіз: Яка ваша фінансова ситуація?

Увага! Не починайте читати цю книжку, доки письмово не відповіли на подані питання.

1. Як ви оцінюєте свій дохід?

☐ Відмінний   ☐ Достатній
☐ Дуже добрий   ☑ Поганий
☐ Добрий   ☐ Дуже поганий
☐ Задовільний

2. Як ви оцінюєте своє майно?

☐ Відмінно   ☐ Достатньо
☐ Дуже добре   ☐ Погано
☐ Добре   ☐ Дуже погано
☐ Задовільно

3. Як ви оцінюєте свої інвестиції?

☐ Відмінні   ☐ Достатні
☐ Дуже добрі   ☐ Погані
☐ Добрі   ☑ Дуже погані
☐ Задовільні

4. Як ви оцінюєте свої знання про гроші й капітал?

☐ Відмінні   ☐ Достатні
☐ Дуже добрі   ☐ Погані
☐ Добрі   ☐ Дуже погані
☐ Задовільні

5. У вас є точні фінансові плани, і ви точно знаєте, чого хочете, скільки це коштує і як отримати ці гроші? Якщо так, то як ви оцінюєте ці плани?

☐ Відмінні   ☐ Достатні
☐ Дуже добрі   ☐ Погані
☐ Добрі   ☐ Дуже погані
☐ Задовільні

6. У вас є консультант із фінансових питань?

☐ Так   ☐ Ні

7. Більшість ваших знайомих:

☐ Більш заможна, ніж ви
☐ Перебуває у подібних фінансових умовах
☐ Менш заможна, ніж ви

8. Ви заощаджуєте щонайменше 10–20% щомісячного доходу?

☐ Так   ☐ Іноді
☐ Ні

9. Ви регулярно віддаєте гроші на благочинність?

☐ Так   ☐ Ні

10. Ви гадаєте, що заслуговуєте на те, щоб володіти більшою кількістю грошей?

☑ Так   ☐ Ні

☐ Ніколи не думав про це

11. Як довго ви могли б прожити на наявні у вас гроші, не заробляючи ні копійки?

_____місяців

12. Ви можете уявити собі час, коли зможете жити на відсотки від вашого статку?

☐ Так   ☐ Ні

13. Вас задовольнятиме, якщо протягом наступних п'яти років ви розвиватиметеся так само, як протягом останніх п'яти років?

☐ Так   ☑ Ні

14. Ви знаєте точно, що насправді думаєте про гроші?

☐ Так

☐ Більш-менш

☐ Ні

15. Як би ви описали свою фінансову ситуацію?

_____

_____

_____

16. Яке би ім'я найкраще відобразило вашу фінансову іден-
тичність (наприклад, Скрудж МакДак, Початківець, Невдаха,
Нещасливець, Грошовий магніт, Підприємець...)?

_____

17. Гроші у вашому житті є радше:

☐ Силою, яка підтримує вас
☐ Чимось, що призупиняє вас

18. Наскільки добре ви орієнтуєтеся у фондах?

☐ Відмінно   ☐ Достатньо
☐ Дуже добре   ☐ Погано
☐ Добре   ☐ Дуже погано
☐ Задовільно

19. Наскільки добрими є ваші знання про акції?

☐ Відмінні   ☐ Достатні
☐ Дуже добрі   ☐ Погані
☐ Добрі   ☐ Дуже погані
☐ Задовільні

20. Ви знаєте фундаментальні критерії інвестування та застосовуєте їх?

☐ Так
☐ Ні

21. Ви вважаєте, що гроші є важливими для вас?

☐ Ні   ☐ Дуже важливими
☐ Трохи   ☐ Найважливішими в житті
☐ Доволі

22. Як ви ставитеся до грошей, чисел і фінансів?

_____
_____
_____
_____

23. Як ви оцінюєте свою фінансову ситуацію загалом, після того як відповіли на ці питання?

☐ Відмінна   ☐ Достатня
☐ Дуже добра   ☐ Погана
☐ Добра   ☐ Дуже погана
☐ Задовільна

24. Як почуваєтеся після того, як відповіли на ці питання?

_____
_____
_____

Основні положення

1
Чого ви насправді бажаєте?

Ти занадто довго шукав.
Тепер облиш пошуки та навчись знаходити.

— *Хайнц Кернер «Іоанн»*

Класичний конфлікт: є різниця між тим, що ми відчуваємо в глибині душі, та тим, яким дійсно є наше життя. Наше уявлення про те, як ми маємо жити, і реальність занадто часто відрізняються, наче день від ночі.

У кожного з нас є потреба в зростанні та прагнення бути щасливим. Усередині кожного з нас таїться бажання змінити цей світ на краще. І всі ми хочемо вірити, що заслуговуємо на хороше життя.

Якими є наші шанси стати заможними?

Що ж утримує нас від здійснення нашої мрії? Що заважає досягнути всього того, чого ми бажаємо? Звісно, більшість із нас живе в середовищі, яке не зовсім сприяє процвітанню. Наш уряд подає поганий приклад і з кожним роком усе глибше залазить у борги. І для того, щоб спромогтися виплатити проценти зростаючого державного боргу, він підвищує податки.

Наша шкільна система не дає нам відповідей на вагомі питання на кшталт «Як нам жити щасливо?» і «Як стати заможними?». Ми вивчаємо, що Аттіла був розбитий у битві на Каталаунських полях 451 року, та не дізнаємося, як можна здобути фінансову незалежність. Хто має нас навчити бути заможними? Наші батьки? У більшості з нас батьки небагаті. Через це їхні поради, що стосуються створення істинного благополуччя, є радше скупими. Додається ще й те, що наше суспільство спонукає до надмірного споживацтва, та й наші знайомі й друзі не сприяють нам. Так із життя багатьох людей зникає дещо, що я вважаю вродженим правом: *можливість бути щасливим і заможним*.

Сьогодні, аналізуючи своє життя, я відчуваю лише глибоку вдячність. Я проживаю саме те життя, про яке мріяв, і я фінансово незалежний. Але так було не завжди. Як і в більшості людей, у мене були часи, коли я був наче паралізований власною розгубленістю та невпевненістю в собі.

Нас формують виняткові події

Усі ми переживали події, що справили на нас великий вплив. Ці знаменні моменти переінакшили наш світогляд та переконання про людей, можливості, гроші та світ. Вони змінили наше життя на краще або на гірше.

Мені було лише шість років, коли я пережив те, що сформувало моє ставлення до грошей. Мого батька поклали в лікарню з цирозом печінки. Там він мусив перебувати загалом дванадцять місяців, адже потребував абсолютного спокою. Також йому не слід було читати.

Одного дня я почув, як лікар сказав моїй матері, що в нього ніколи ще не було пацієнта з такою великою кількістю відвідувачів.

Мого батька щодня відвідували щонайменше шість різних осіб, хоча він справді потребував абсолютного спокою. Отже, ми довідалися, що тато продовжував працювати навіть у лікарні. Він був адвокатом й окрім основної роботи заснував дещо, що називав «практикою для бідних». Людей з низьким доходом він консультував безкоштовно.

Мати негайно зажадала від батька пояснень. Він мусить припинити роботу, інакше йому не покинути лікарню живим. Лікарі також умовляли його «схаменутися». Та батько був упертюхом і продовжував робити те, що вважав за потрібне. Я часто годинами сидів біля його ліжка й слухав, що йому розповідали люди. І знаєте що? Завжди йшлося про гроші. Вони постійно скиглили. Завжди винними були обставини чи інші люди. Юридичних фактів я не розумів, тому мені здавалося, що я знову й знову чую ту саму історію: фінансові проблеми, фінансові проблеми, фінансові проблеми… Спочатку слухати було цікаво. Та незабаром це стало мене дратувати. У мене почала розвиватися відраза до бідності. Бідність зробила людей нещасливими. Вона заставляла їх розшукувати мого батька в його лікарняній палаті і, зігнувшись, благати про допомогу. Я хотів бути заможним і твердо вирішив стати мільйонером до тридцяти років.

Лише одного рішення недостатньо

Однак це не початок стрімкої історії успіху. Хоч я й досягнув своєї мети до тридцяти років, та за п'ять років до того ще був у боргах, мав 18 кілограмів зайвої ваги та значну невпевненість у собі. Через напружену фінансову ситуацію гроші стали центром мого життя.

Адже гроші завжди мають саме те значення, яке ми їм надаємо. І в той час, коли ви переживаєте фінансові негаразди, вони стають занадто важливими.

Та я *сподівався*, що все зміниться на краще. Якось воно налагодиться. Проте нічого не стається, якщо ми лише сподіваємося. *Надія — це заспокійливий засіб для інтелекту, геніальний самообман.* На кого чи на що ми сподіваємося? На Бога чи долю? Бог однозначно не є космічною нянею, яка нагороджує нас за бездіяльність. Стара приказка виправдана: «Усі дурні та невігласи живуть у надії та очікуванні».

Наші цінності повинні узгоджуватися з нашими цілями

Я був у розпачі: як можливо те, що, заробляючи відносно багато, я перебував у боргах? Коли я нарешті знайшов відповідь на це запитання, то був вражений. У глибині душі я не вірив, що гроші хороші. Я саботував власний успіх.

Врешті-решт після восьми років хвороби мій батько помер, і я чув, як люди знову й знову казали: «Він запрацювався до смерті». У жодному разі я не хотів теж працювати до смерті. З іншого боку, не бажав бути таким, як бідняки, що відвідували батька в лікарні, щоб випросити юридичну допомогу. Я хотів бути багатим і, якщо змога, нічого для цього не робити.

До цього додалося й те, що після смерті батька матір шукала порятунку в релігії. Вона була твердо переконана, що «легше верблюдові пройти через вушко голки, ніж багатому ввійти в Царство Боже». З одного боку, я хотів бути хорошим і думав, що бідність — це добре. З іншого, я хотів бути багатим, адже ненавидів бідність.

Мої різні цінності тягнули мене в двох протилежних напрямках. Доки я не міг вирішити конфлікт свого світосприйняття, тупцював на одному місці.

У будь-якому разі, я *спробував* стати заможним. І завжди, коли ми щось намагаємося зробити, дещо стримує нас від конкретних дій. Ми залишаємо собі можливість відступу. Той, хто силкується щось зробити, очікує врешті-решт на якусь перешкоду, що стримає його від реалізації задуманого. Ми чекаємо на перешкоди, адже не віримо насправді, що це для нас добре й що ми гідні того, щоб це зробити.

Оптимізм і впевненість у своїх силах

Відкладіть на хвильку весь ваш оптимізм убік. Я охоче поясню вам причину такої вимоги. Оптимізм, звісно, хороша риса характеру, яка допомагає бачити позитив у всьому. Та одного лише оптимізму, не пов'язаного з іншими якостями, замало, щоби зрушити щось із місця. Оптимізм часто несправедливо плутають із впевненістю у своїх силах.

Саме тоді, коли оптимізм дозволяє бачити позитив, упевненість у своїх силах дає можливість пересвідчитися, що Ви можете впоратися із негативом. Життя — це не симфонія лише з гарних і світлих нот, є в ній також ноти темні та тужливі. Та тому, хто впевнений у собі, не варто боятися складних ситуацій.

Упевненим у собі є той, хто, спираючись на власне минуле, знає, що може на себе покластися. Упевнена в собі людина не дозволяє нічому себе зупинити, адже *свідома* того, що може подолати будь-які труднощі. Це вона вже неодноразово довела. Як упродовж короткого проміжку часу набути впевненості в собі, ви дізнаєтеся в Розділі 3.

Надзвичайно важливими для набуття впевненості в собі є ваші фінанси. Гроші залишають менше простору невиправданому оптимізму. Стан рахунку легко перевіряється й не залишає місця красномовству. Якщо ви хочете розвинути впевненість у собі, то маєте контролювати власні фінанси. *Ваші гроші мають бути доказом, що вас нічого не може стримати.*

Ви не можете допустити, щоб фінансова ситуація перешкоджала вашій упевненості в собі. Адже без неї ви приречені лише на жалюгідне існування. Ви ніколи не дізнаєтеся, що ховається всередині вас. Ви не наважитеся на ризик. Ви не зростаєте, як особистість. Ви не робите того, на що здатні. Ви не використовуєте свій справжній потенціал. *Людина без упевненості в собі нічого не робить, нічим не володіє і є ніким.*

Це все не має нічого спільного з оптимізмом. Погляд на стан вашого рахунку має довести вам, що гроші — підтримка у вашому житті. Погляд на фінанси має давати вам впевненість у власних здібностях.

Саме про це й ідеться в цій книжці. Ідеться про те, як відрегулювати ваше фінансове становище в такий спосіб, щоб ваші гроші працювали не проти вас, а на вас. Гроші можуть не лише ускладнити ваше життя, але й полегшити його.

Як щодо вас?

Ви думаєте, що здатні на більше? Ви гадаєте, що «це» – ще не межа? Ви заслуговуєте більшого, ніж маєте в цю мить? Ваша заможність – лише питання часу?

Будь ласка, відкладіть на хвильку весь оптимізм убік: подумайте, як зросли ваші статки протягом останніх семи років? Запишіть суму, на яку зросли чи зменшилися ваші статки впродовж останніх семи років.

_____ Є.

Такі числа дуже витверезжують і влучають у ціль. Якщо продовжуватимете жити так, як раніше, то за сім років побачите приблизно таке саме число. І в подальші роки ця тенденція лише закріпиться. Якщо ж хочете отримати інші результати, то змушені щось робити: ви маєте йти новими шляхами, а почати слід із ваших думок.

Ваш спосіб мислення зробив вас такими, якими ви є сьогодні. Однак той самий спосіб мислення не приведе туди, де прагнете опинитися.

Що ви насправді думаєте про гроші? Ви перебуваєте в постійному діалозі з самим собою. Якщо потайки думаєте, що гроші погані, у вас немає шансів стати заможними. Отож що ви думаєте насправді? Це питання ми з'ясуємо в Розділі 5.

Ви довідаєтеся, що дійсно думаєте та відчуваєте щодо грошей у глибині душі, і побачите, як можете змінити своє ставлення.

Гроші — це добре

У віці 26 років я познайомився з чоловіком, який навчив мене принципам достатку. Лише чотири роки потому я зміг жити на проценти від своїх грошей. Це стало можливим так швидко, бо мої мрії, цінності, цілі та стратегії нарешті узгодилися.

Вірите в це чи ні, та гроші багато чого змінюють у житті. Фінанси не вирішать усі проблеми, і, звісно, гроші — це ще не все, але фінансові *труднощі* кидають тінь на ваше щастя. З грішми ви зможете більш вишукано вирішувати інші проблеми і матимете можливість познайомитися з іншими людьми, відвідати чарівні місця, присвятити себе цікавішій роботі, бути впевненішими в собі, отримувати більше визнання й використовувати інші шанси.

П'ять сфер нашого життя

Для спрощення я ділю життя на п'ять сфер: здоров'я, фінанси, стосунки, емоції та сенс нашого життя. Усі п'ять сфер є однаково важливі.

Без здоров'я все — ніщо. Той, хто не володіє емоціями, не може змусити себе втілити задумане. Хороші стосунки — наче сіль у супі. Під сенсом життя я маю на увазі робити саме те, що дарує вам задоволення, відповідає вашому талантові й приносить користь іншим. До цього належить й наші фінанси. *Ви ніколи не повинні робити лише заради грошей речі, що не приносять вам задоволення.* Отож ви потребуєте того, що я називаю фінансовою незалежністю.

Ви можете ідентифікувати кожну з п'яти сфер вашого життя із одним пальцем руки. Припустимо, за фінанси відповідає середній палець, по якому хтось сильно б'є молотком. Хіба ви скажете: «Без проблем, це лише один палець. У мене є ще чотири інших...»? Чи, може, звернете майже всю увагу на палець, який болить?

Важливо, щоб усі п'ять сфер життя перебували в гармонії між собою. І ви маєте досягнути майстерності в *кожній* із них. Той, хто має фінансові труднощі, не врівноважив п'ять життєвих сфер. Грошові негаразди завжди кидатимуть тінь на всі інші аспекти. Гроші є важливими для життя в рівновазі.

Чому люди стають заможними за короткий проміжок часу? Бо вони хочуть володіти достатньою кількістю грошей, які б на них працювали. Тому що вони воліють *мати грошову машину замість того, щоб усе життя бути машиною для грошей*. Бо вони хочуть володіти достатньою кількістю грошей, щоб жити в справжній рівновазі.

Ви знаєте, чому більшість людей не робить того, що справді приносить їм задоволення? Їм бракує грошей. Дійсно замкнене коло: багато людей не займається тим, що приносить їм задоволення, бо вони не знають, як у такий спосіб заробити гроші. Проте ще ніхто ніколи не здобув статків, роблячи те, що йому не подобається. Через нестачу грошей вони продовжують займатися тим, що не приносить їм задоволення, і не заробляють нічого. Та рішення є: *візьміть своє улюблене хобі та збудуйте на ньому кар'єру*. Заробляйте гроші завдяки своєму хобі. Але до цього може дійти лише тоді, коли виділите час, щоб проаналізувати те, що вам дійсно приносить задоволення, та виявити, де приховані ваші таланти.

Багато років тому я познайомився з дуже заможним чоловіком у Нью-Йорку, в якого над письмовим столом висіла цитата: «Хто працює цілий день, той не має часу, щоб заробляти гроші».

Очевидно, слід виділяти час і на роздуми. На моє питання, про що ж слід роздумувати, він відповів: «Пізнай себе ліпше й довідайся, що приносить тобі щастя. А потім подумай, як у такий спосіб можна заробити. Найкраще — ставити собі це питання щодня й щоденно шукати найліпші відповіді».

Ви оптимізуєте чи мінімізуєте?

Ми потребуємо часу, щоби зайнятися самими собою, щоби довідатися, що приносить нам радість. Адже лише коли ми робимо щось, що сповнює нас пристрастю та захопленням, воно справді добре вдається. І тоді гроші ніби самі пливуть у наші руки. Ми потребуємо часу, щоб усвідомити свої таланти й розвинути їх у можливості. Потрібен час і для самих себе, щоб написати сценарій власного життя й зробити з нього шедевр. Хто не приділяє час для цього, витрачає життя намарно. І ми потребуємо часу, щоб прийняти принципові рішення й зобов'язати себе діяти згідно з ними. Отож кожна людина має коли-небудь у своєму житті свідомо вирішити, хоче вона оптимізувати чи мінімізувати.

Оптимізувати — означає навчитися оптимально використовувати ваш час, ваші можливості, таланти, гроші та інших людей. Ідеться про те, щоб досягнути якнайкращого результату. Якщо хочете оптимізувати своє життя, ви повинні постійно докладати зусиль, щоб бути настільки кращими, наскільки це можливо.

На противагу, більшість людей іде крізь своє життя доволі непродумано й мінімізує його. *Так вони намагаються пережити день.* Робочий тиждень для них — неприємна перерва між двома вихідними. Вони працюють, аби заробити гроші, а не знайти задоволення. Вони не усвідомлюють ані своїх талантів, ні можливостей, що розкриваються перед ними.

Планування — це альфа і омега

Багато людей планує відпустку ретельніше, ніж власне життя. Однак існує лише дві можливості: *або ви плануєте своє життя, або інші спланують його за вас.*

Багато хто зробив кілька спроб планування й усе ж зазнав невдачі. Хтось якось сказав: «Чим більше я планую, тим складніші перешкоди мені зустрічаються. Тому я більше не планую й через це не можу бути ураженим так сильно». При цьому є одна дуже проста причина, чому більшість людей не втілює свої плани. Їм не вдається об'єднати мрії, цілі, цінності та стратегії.

Професор Томас Стенлі з університету Джорджії у США дванадцять років досліджував життя багатіїв. Він дійшов висновку, що вони належать до найбільш задоволених людей світу, адже їхні мрії, цінності, цілі та стратегії узгоджувалися між собою.

Мрії, цілі, цінності та стратегії — ці чотири стовпи є фундаментом дій, що допоможуть вам створити багатство. Адже те, що ви робите в житті, насамперед залежить не від залізної дисципліни, а від ваших мрій, цілей, цінностей і стратегій.

У наступних розділах ми методично розглянемо ці чотири стовпи. Так ви збудуєте фундамент свого добробуту. Це неймовірно, на що здатна людина, якщо вона узгодить ці чотири сили.

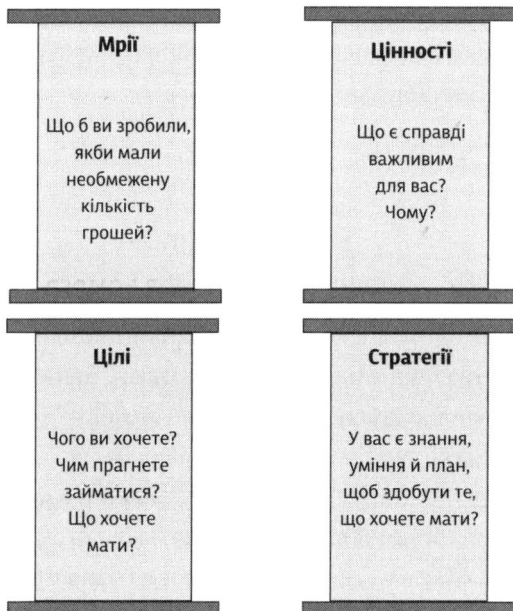

Мрії

Що б ви зробили, якби мали необмежену кількість грошей?

Цінності

Що є справді важливим для вас? Чому?

Цілі

Чого ви хочете? Чим прагнете займатися? Що хочете мати?

Стратегії

У вас є знання, уміння й план, щоб здобути те, що хочете мати?

Ваші мрії

Ваші мрії – хороша вказівка на те, що зробить вас щасливими. Подумайте якось, що б ви робили, якби мали достатньо грошей і часу. Ви будете здивовані, побачивши, що для здійснення більшості ваших мрій потрібні гроші.

Ваші цілі

Сформулюйте ваші цілі на базі власних мрій. Для цього потрібне свідоме рішення. Поки ми нічого не вирішимо й не зобов'яжемо себе до дій, усе так і залишатиметься лише мрією. Запитайте себе, ким хочете стати, чим хочете займатися й чим володіти. Далі в книзі ви знайдете надзвичайно простий спосіб, який допоможе визначити ваші цілі та свідомо приймати рішення.

Ваші цінності

Тепер додається один надзвичайно важливий момент: ваші мрії і цілі мають узгоджуватися з вашими цінностями. Запитайте себе: чого я справді бажаю? Що дійсно важливе для мене? У Розділі 5 ви визначите, що насправді думаєте про гроші. Ваші цінності не є незмінними – це набір можливостей. Спочатку цей вибір зробили за нас. Ми перейняли певні цінності під впливом батьків і оточення.

Та сьогодні вибір є у вас. Ви маєте свободу обирати власні цінності. Цінності не є чимось остаточним. Деякі з них суперечать одна одній через життєві обставини — як це було в моєму випадку. Пригадайте: з одного боку, я хотів бути заможним, з іншого — гадав, що тоді буду змушений запрацюватися до смерті. Якщо наші цінності тягнуть нас у різні боки, ми тупцюємо на одному місці. Тому важливо підлаштувати цінності під свої мрії. У Розділі 5 досить добре описано, як це можливо зробити. *Лише прийнявши свідоме рішення, якими цінностями хочете керуватися, матимете контроль над своїм життям.*

Ваші стратегії

Коли мрії, цілі та цінності вже узгоджено між собою, ви маєте розробити стратегії, які би сприяли вашим успішним діям. Стратегії, які зроблять вас заможними, знайдете в цій книзі. Проте спочатку зроблю їхній невеликий огляд.

У Розділі 6 описано, як впоратися з будь-якими боргами.

Вам необхідні знання та вміння, щоб реалізувати план. Ви маєте знати, як отримати гроші, якими прагнете володіти. Як значно підвищити дохід, дізнаєтеся в Розділі 6.

Із Розділу 8 довідаєтеся, як зберігати гроші, адже лише високого доходу замало, щоб стати багатими. Заможними вас роблять лише ті гроші, які відкладаєте.

Крім того, у Розділах 9, 10 і 11 ви дізнаєтеся, як примножувати гроші.

Інформацію про те, як детально спланувати фінансові цілі, знайдете в Розділі 12.

Наприкінці ми упевнимося, що ви зможете реалізувати свій план. Ви потребуєте когось, хто покаже вам, як стати заможними. Як знайти таку людину, читайте в Розділі 13. Там також знайдете поради щодо того, як створити для себе оптимальне оточення, яке б дозволило справді досягнути ваших цілей, — оточення, що мотивуватиме триматися до кінця.

Однак, що й це ще не все, вам покаже Розділ 14, адже є відмінність між успіхом і щастям. Успіх — це отримувати те, що забажаєш. Бути щасливим — означає любити те, що ви отримали. Тому я покажу, як скористатися вашими грішми найкращим чином.

Насамперед ми займемося тим, що необхідно для досягнення заможності. У Розділі 3 ви побачите, як здійснити чудо.

Бути багатим — легко. Якщо це правда, то слід себе все ж запитати, чому заможних не так багато. Причини цього ви знайдете в Розділі 4.

Для початку я хочу обговорити з вами найважливішу концепцію досягнення заможності та щастя. Поки не довідаємося, як здобути повний контроль над нашим життям, ми — лише слабкі жертви. Усе починається з рішення взяти життя у свої руки.

Будь ласка, перегляньте ще раз зміст, перед тим як читати далі. Позначте теми, які вас особливо цікавлять. Адже найголовніше те, що вам дасть ця книга. Щоразу відповідайте на питання: «Як це торкається мене? Як мені діяти негайно?». Засвойте зміст цієї книги й дійте. Це стосується також окремих письмових завдань. Не забувайте: завдяки читанню ще ніхто не став заможним. Не знання є силою, а застосоване знання. Дозвольте розпочати творення вашого добробуту. За сім років ви зможете бути заможними. Можливо, навіть раніше...

Ключові ідеї розділу

- Гроші завжди мають саме те значення, яке ми їм надаємо. І в той час, коли ви переживаєте фінансові негаразди, вони стають занадто важливими.
- Наші цінності та наші цілі повинні узгоджуватися, інакше ми тупцюємо на місці.
- Оптимізм дозволяє бачити позитив, упевненість у своїх силах дає можливість пересвідчитися, що ви можете впоратися і з негативом.
- Упевненим у собі є той, хто, спираючись на власне минуле, знає, що може на себе покластися.
- Ваш спосіб мислення зробив вас такими, якими ви є сьогодні. Однак той самий спосіб мислення не приведе туди, де прагнете опинитися.
- Успіх — бути найкращими з того, ким ви могли би бути. Щастя — коли вам подобається те, ким ви стали.
- Грошові негаразди завжди кидатимуть тінь на всі інші сфери вашого життя.
- Вирішіть, чи прагнете мати грошову машину, чи все життя бути машиною для грошей.
- Візьміть своє улюблене хобі та збудуйте на ньому кар'єру.
- Хто працює цілий день, той не має часу, щоб заробляти гроші.
- Ви контролюватимете своє життя лише в тому випадку, якщо приймете свідоме рішення, якими цінностями хочете керуватися.
- Те, що ви робите в житті, перш за все залежить не від залізної дисципліни, а від ваших мрій, цілей, цінностей і стратегій.

2
Що таке відповідальність?

Створення добробуту неможливе, доки ми не усвідомимо, що завжди відповідальні. Не держава, не життєві обставини, не наш партнер, ані наше виховання, здоров'я чи фінансове становище: відповідальними є лише ми.

«Заждіть, — скажете ви, — а як же з хворобами чи ударами долі? А якщо мене обдурять? А як щодо нещасного випадку, в якому немає моєї провини? *Ми справді є відповідальними завжди?*»

Уявіть собі, що хто-небудь несподівано, неначе грім з ясного неба, наїжджає на ваше припарковане авто. Ви не відповідальні за чужий вчинок, але відповідаєте за власну реакцію. Можливо, ви візьмете дробовик і, не роздумуючи, застрелите хлопця «задля самозахисту».

А може, ви задоволено потираєте руки, адже блискавично усвідомили, що страхова фірма відшкодує завдані збитки, а авто перефарбують, чого ви й так давно потребували. За певних обставин ви навіть можете отримати приємну вигоду.

Отож ви не відповідальні за всі події, але завжди відповідаєте за тлумачення подій та свою реакцію на них.

Відповідальність

Звісно, існують речі, які шкодять нам у фізичному або економічному плані й можуть спричинити турботи. Та це не те, що стається з нами, а те, як ми на це реагуємо. Що б не сталося, ми повинні визначити, як це впливає на нашу особистість.

Будь ласка, уявіть собі апельсин. Що з нього вийде, якщо я його акуратно витисну? «Дурнувате питання, — скажете ви, — звісно, апельсиновий сік». Правильно. Що вийде з того самого апельсина, якщо я його розчавлю ногою? Апельсиновий сік. А якщо я жбурну апельсин об стіну? Знову апельсиновий сік.

Апельсин не є «відповідальним» за те, що я з ним роблю, але «відповідальним» за те, що з нього вийде. Він завжди відповідає тим, що є в ньому. Так само ми відповідаємо за те, що стається з нами, — за наше ставлення до подій та реакцію на них.

Відповідальність — це здатність дати правильну відповідь. Ми постійно відповідаємо за нашу реакцію й інтерпретацію. Звісно, важко визнати, що ми завжди маємо владу над нашою реакцією. Особливо, якщо обрана реакція була неправильною. Сперечатися лише тому, що хтось інший розпочав це робити, — беззмістовно. Ми можемо відповісти чимось іншим, аніж суперечками або війнами. Якщо переслідувати отруйну змію, що нас вкусила, це лише пришвидшить розповсюдження отрути організмом. Краще негайно вжити заходів із знезараження. Замість того, щоб вступати в суперечку, ми можемо поміркувати, адже від нас залежить інтерпретація того, що трапилось. Наприклад, ми можемо спитати себе, наскільки дія нашого партнера є лише реакцією на наше погане ставлення до нього в минулому.

Наша реакція — це відповідь на подію. І саме за неї ми відповідальні.

Англійською відповідальність — *responsibility*. Це слово приховує *response* (відповідь) і *ability* (вміння). Відповідно, англійською відповідальність означає: вміла відповідь. Відповідати суперечкою на суперечку й війною на провокацію — однозначно не оптимальне рішення. Більшість людей перекладає з себе відповідальність. Знову й знову ми чуємо три причини, чому люди не хочуть бути відповідальними:

1. «Винні гени».
2. «Винні батьки».
3. «Винне оточення».

Молодий хлопець убив двох чоловіків. Згодом декілька журналістів розпитали його про життя та мотиви цього вчинку.

Він розповів їм, що виріс у неблагополучній родині. Скільки він себе пам'ятає, його батько, напившись, бив його матір. Жили вони з речей, які украв батько. Природно, що в шість років він теж почав красти. Після арешту через замах на вбивство сталися два вбивства. Свою розповідь він завершив словами: «Як з мене могло вийти щось інше за таких обставин?».

Цей юнак мав брата-близнюка. Коли журналісти довідалися про це, то відвідали і його. На їхній подив, той був прямою протилежністю свого брата. Той був авторитетним адвокатом, мав хорошу репутацію та був обраний до міської і церковної ради. Він був одружений, мав двох маленьких дітей і, очевидно, — щасливе сімейне життя.

Журналісти були спантеличені. На питання, як він пішов шляхом такого розвитку, той розповів ту саму сімейну історію, що і його брат, і завершив розповідь словами: «Після того, як я роками спостерігав, до чого це все веде, як за цих обставин із мене могло вийти щось інше?».

Ті самі гени, ті самі батьки, таке саме виховання й оточення, проте інакше тлумачення й зовсім інша реакція. Як можуть дві людини за однакових обставин піти настільки різними шляхами? Можливо, обоє були знайомі з особою, яка могла справити на них позитивний вплив. Мабуть, один із них слухав, а другий — ні. Можливо, до рук обох із них потрапила книжка, яку вони розпочали читати. Мабуть, один продовжив читати, а інший — ні. Цього ми не знаємо. У будь-якому разі, вони розвинулися в абсолютно протилежних напрямках.

Ми є відповідальними, незважаючи на всі перешкоди. Ми вирішуємо, як тлумачити ситуації та як реагувати на них. Уявіть собі, що сьогодні в людей заберуть усі їхні гроші й урешті-решт кожен отримає лише 5000 €. Що станеться? Уже ввечері в деяких людей стане на 3000 € менше, інші ж у такий спосіб здобудуть більше коштів. За декілька тижнів дехто знову буде багатим, а інші — бідними. Науковці стверджують, що приблизно за рік гроші знову будуть поділені так, як це було з самого початку.

Як ви відповідаєте на цю книжку?

Між іншим, оскільки ми якраз говоримо про відповідальність, я відповідальний за те, що повідомляю в цій книжці. Ви ж відповідальні за те, що черпаєте з неї. Те саме стосується й моїх семінарів. Ми знову й знову дізнаємося, як люди після мого семінару змогли підвищити свій дохід. Деякі його навіть подвоїли. Більшість заощадила щонайменше 20% і почала розбудову свого статку.

Багато хто почав займатися спортом, здоровіше харчуватися й правильніше жити. Спільна медитація призвела до того, що велика кількість людей перейняла цю щоденну 15-хвилинну звичку й завдяки цьому більше не зазнавала стресу. Нам телефонують учасники, які вже протягом багатьох років отримують в середньому більше 12%

прибутку від своїх інвестицій. Особливо ми радіємо, коли бачимо, що люди явно змінили своє ставлення до грошей і за допомогою отриманих статків чинять добро. Почули б ви задоволення в їхніх голосах. Вони позбулися боргів та виявили нові джерела доходу. Більшість навчилася любити гроші й добре почуватися з ними.

Однак є люди, які відвідали мої семінари, але згодом так нічого й не зробили. Мабуть, вони сподівалися, що я махну над ними якоюсь чарівною паличкою, що змінить їхнє життя та наповнить їхні підвали золотими злитками.

«Інші є винними...»

Нещодавно я знову зустрів одного юнака, який кілька років тому був на нашому семінарі «Прорив до фінансового успіху». Він привітав мене фразою: «Воно не працює. Те, що ви розповідаєте, мені не допомогло». Оскільки я від щирого серця хотів допомогти та причинитися до позитивних змін, це мене сильно зачепило. Та тоді хлопчина розповів: «Спочатку все було чудово. Уже першого року я заробив на 13 500 € більше та заощадив 2,5%. На другий рік я мав 30 000 € активів і виплатив усі свої борги. З двома друзями я заснував клуб заощаджень — саме так, як ви порадили. Ми вклали спільні кошти й отримували в середньому 17,3% річного прибутку. Але якось усе призупинилось і я перестав заощаджувати. І знаєте, що я зробив із заощадженим? Він стоїть ззовні, перед дверима. Чудовий "Порше"...»

Чоловік змінив свої переконання. Він контролював фінанси два роки й розпочав будувати багатство. Він побачив, що це спрацювало й для нього, проте згодом став необережним і зарізав свою «золоту гуску», щоб придбати авто. Але він не хотів бути винним.

Хто за це відповідальний? Хіба це не типово — перекладати провину на інших? Вирішальним є те, що: *ви наділяєте владою того, кого звинувачуєте*. Звинувачувати інших — так легко й так спокусливо. Тоді ми знову добре виглядаємо. Винною є фірма, я не можу розвиватися, мій партнер винний, мені не дозволяє моє здоров'я... Ви хочете, щоб фірма, партнер і наше здоров'я мали над нами владу? Подумайте: той, хто винен, має владу. З цієї причини я охоче візьму провину на себе, адже мені подобається контролювати власне життя.

Наслідки й помилки

А що робити, якщо ми помилялися в минулому? Як тоді виглядає ситуація з відповідальністю? Приклад подій із минулого, які мають наслідки й сьогодні: чоловік розлучився й повинен виплачувати аліменти. Хтось зруйнував здоров'я і зобов'язаний дотримуватися дієти. Інший глибоко заліз у борги й змушений під присягою давати свідчення про своє фінансове становище. Ще один здійснив правопорушення й сидить у в'язниці.

Стає очевидним: ми приймаємо рішення щодо наших дій, які автоматично призводять до певних наслідків. *Хто підіймає один кінець палиці, підіймає також й інший.* Цей висновок має призвести до того, щоб ми жили відповідальніше.

А що ж робити з тим, що вже сталося? Часто ми мусимо визнати, що не контролюємо наслідки наших помилок. У жодному разі це не значить, що маємо перекладати відповідальність на минуле. Ми відповідальні за наше тлумачення цих помилок та реакцію на них. Реакція на наслідки наших помилок впливає на якість подальшого життя. Питання полягає в тому, *чи хочемо ми здобути владу над наступним моментом нашого життя, а чи наші помилки та їхні наслідки зроблять* це? Усі негативні емоції втрачають владу в той момент, коли беремо відповідальність на себе.

Ви маєте владу над своїм майбутнім

Найкращий спосіб підготуватися до майбутнього – облаштувати його власноруч. Не вірите, що здатні на це? Тоді ви схожі на більшість людей, що не усвідомлює, які можливості може мати в наступні десять років.

Усвідомлення здатності самостійно сформувати майбутнє розпочинається в нашому минулому. Воно виростає зі знання, що в минулому багато чого змінилося. Ми не помічаємо малих, поступових змін, які з нами відбуваються. Часто ми просуваємося лише міліметровими кроками й не сприймаємо це серйозно.

Поставте собі якось питання, де ви були десять років тому? Ким ви були як людина, особистість, експерт, партнер? Яким був ваш досвід, ваші цілі, ваше ноу-хау? Яким було ваше поводження з людьми та фінансове становище?

Будь ласка, занотуйте це.

Чим ґрунтовніше ви про це подумаєте, тим краще дізнаєтеся, що ви були відповідальними. Ви створюєте нову впевненість у собі. Якщо ви так багато змінили впродовж останніх десяти років, на що ж здатні в наступні десять?

Чи думали ви десять років тому, що сьогодні будете тими, ким є? Обдумайте, яке з ваших рішень у минулому було першопричиною того, ким ви є сьогодні (а також того, чим займаєтеся та володієте).

_____

_____

Ви прийняли це рішення. Саме ви вирішили, чого прагнете. Ви тримали це в руках. І знову маєте це. Насамперед ви можете скоротити проміжок часу з десяти до семи років. Зараз ви маєте можливість визначити, ким хочете стати за сім років. Чим хочете володіти. Якою буде ваша діяльність. Добре подумайте, адже, працюючи з цією книгою, ви це отримаєте.

_____

_____

Чи стане це видіння реальністю? Упевненість, щоб повірити в це, візьміть з минулого. Збережіть свої позитивні переживання та результати, записавши їх. Отже, ви станете більш свідомими та впевненішими в собі.

Візьміть на себе відповідальність та розширте сферу контролю

Існують речі, на які ви здатні прямо впливати та контролювати (їх я хочу назвати сферою контролю) та інші, на які не можете вплинути, хоч вони вас і цікавлять. Подумайте про незнайомця, який розбив вашу машину. Це хоч і стосується вас, а отже, лежить у вашому особистому Всесвіті, та не підлягає вашому контролю.

особистий Всесвіт

сфера контролю

Що б не трапилось у вашому особистому Всесвіті, лише ви відповідальні за те, як реагуєте та інтерпретуєте події.

Проте ми не мусимо задовольнятися обсягом нашої сфери контролю. Із власного досвіду кожен знає, що ми здатні розширити цю сферу. Коли ми були маленькими дітьми, сфера нашого контролю була справді незначною, до 20-ти ж років вона істотно збільшилася. Сьогодні вона розширилася далі. Багатство виникає, коли ми збільшуємо сферу, над якою маємо контроль.

Завжди, коли ми думаємо, що проблема, спричинена зовнішніми чинниками, є некерованою, саме ця думка — єдина проблема. Якщо ми постійно звинувачуємо обставини чи інших людей, ми віддаємо їм владу. Прискіпливе, звинувачувальне ставлення лише підкреслює нашу слабкість.

Наша здатність позитивно впливати на ситуацію зменшується і врешті-решт остаточно зникає. Якщо ми справді хочемо покращити своє становище, можемо почати саме зараз. Та рішення не прийде ззовні, воно приховане всередині нас. Саме зараз ми можемо взяти відповідальність за все, що відбувається в нашому особистому Всесвіті. Водночас ми здатні розширювати нашу сферу контролю. У минулому ми вже збільшили її, можемо зробити це й у майбутньому.

У 16 років я вирішив переїхати жити до Каліфорнії. Коли прибув туди, усе було інакшим, ніж я собі уявляв. Я сидів у своєму готельному номері на ліжку й був розчарований. Американська «англійська» була мені геть незрозумілою. Моя англійська практично не існувала. Як я міг вчитися там і заробляти гроші? У мене була проблема. Я жалібно ридав і відчував себе жалюгідно. Та повільно відчай слабшав, поступившись місцем певній впертості, а згодом і гордості. Зрештою, я прибув до Каліфорнії, щоб пробитися в житті, і знав, що це не буде легко.

Якщо ми хочемо розширити сферу нашого контролю, то маємо для цього чотири можливості.

1. Геть із зони комфорту

Ми покидаємо зону свого комфорту, область, де почуваємося добре й захищено. Коли я сидів у Каліфорнії на своєму ліжку, то був далеко за межами своєї зони комфорту. Коли ж я почав освоюватися в місті, сфера мого контролю значно зросла. Незабаром я добре почувався в будь-якій країні. А тоді сталося найцікавіше: я почав відчувати себе чудово, перебуваючи за межами своєї звичної зони комфорту.

Якщо ви часто подорожуєте, то вже пережили це на власному досвіді. Кожна подорож виводить вас за межі звичної зони комфорту. І врешті-решт, саме це ви й любите у своїх подорожах: новизну, інакшість. Отож ви навчилися добре почуватися за межами своєї зони комфорту.

Якщо ми взяли за звичку заміняти кожне подолане випробування на нове, ще більше, сфера нашого контролю стрімко зростає. Я думаю, що це стосується людської природи та призначення в житті. Ми відчуваємо себе найбільш сповненими життя, коли ступаємо на нову землю та віддаємо все заради здобуття успіху. Це правда, що човну безпечніше в гавані, але збудований він був не для цього. Хоча ми й маємо потребу в безпеці, проте є в нас і потреба в пригодах та різноманітті.

Ми живемо в часи, коли наважуємося на нове й ставимо перед собою нові перешкоди. Люди, що мають велику сферу контролю, майже постійно знаходяться за межами їхньої зони комфорту. Вони нудьгують, коли одна криза не змінюється іншою. Як спортсмени мають рухатися, щоб почуватися сповненими життя, так і ми потребуємо нових випробувань.

2. Проблеми

Проблеми також дають нам хороші шанси розширити нашу зону комфорту. Проблема є проблемою саме тому, що перебуває в межах нашого персонального Всесвіту, але водночас поза межами нашої зони комфорту.

Отже, кожна проблема приховує можливість зростання. Коли ми лише ставимо собі питання: «Як я вирішую проблему?» — це мало що змінює. Та ми можемо поставити собі питання: «Як змінити ситуацію так, щоб ця проблема більше не виникала?». Ця нова ситуація завжди значить розширення сфери нашого контролю.

Приклад: ви повертаєтеся додому після вечірки й бачите, що вас обікрали. Двері взламані, багатьох речей бракує. Якщо ви зараз лише хочете вирішити проблему, то телефонуєте слюсарю та

особистий Всесвіт

сфера нашого
контролю

проблема

●

страховим агентам. Якщо ж прагнете змінити ситуацію так, щоб ця проблема більше не виникала, тоді зробите більше. Наприклад, встановите сигналізацію й купите собаку. Отже, ви створили для злодія вкрай несприятливу ситуацію й розширили свою сферу контролю. Ваша домівка охоронятиметься, навіть коли вас немає вдома. Благополуччя не досягнеш, ухиляючись від проблем. Хто хоче мати більше грошей, має також бути готовим стикнутися з великою кількістю проблем.

3. Правильні питання

Ми вже говорили про те, що якість наших питань визначає якість нашого життя. Чому це так? Впродовж усього життя ми перебуваємо у внутрішньому діалозі. Мозок постійно ставить нам питання, на які ми самі ж і відповідаємо.

Коли питаємо себе: «Я впораюся з цим?» — то не виключаємо можливості помилитися. Лише на підставі такої постановки питання залишаються принаймні рештки сумнівів. Кращим питанням було би: «Як я з цим впораюся?». Воно виключає можливість невдачі. Ви це зумієте. Питання лише — *як*. Це змушує шукати можливості, що теж перебувають поза межами вашої сфери контролю.

Найперше ми маємо питати не *чому*, а *як*. Як шукає рішення, *чому* — виправдання. Ми знаходимо те, що шукаємо. Хто шукає виправдання й знаходить його, не потребує розширення своєї сфери контролю; він в цьому не винен. Отже, втрачає свою владу. Хто ж питає *як*, того відповіді невдовзі виведуть зі сфери його контролю, тому що це питання містить в собі *чому*. І навпаки: питання *чому* не містить в собі *як*, отож не змушує нас шукати рішення.

Також важливим є питання «що я можу?». Уявіть собі, у Каліфорнії я концентрувався на тому, що не вмію й не знаю. Я віднайшов дуже багато причин, щоб відразу поїхати додому. Багато чого є неможливим для 16-річного юнака в чужій країні. Та концентрація на цьому не принесла мені грошей. Я мав більше зосередитися на тому, що вмів.

Правильною ж постановкою питань було: «Що я можу, що я знаю, якими можливостями володію?». Наприклад, я знав німецьку. Отож став давати уроки німецької. Однак моя англійська була настільки поганою, що я б не зміг викладати й п'яти хвилин, якби мені довелося пояснювати щось англійською. Отже, я проводив урок німецькою. Через це спочатку було доволі важко, та мої учні вчилися досить швидко. Сьогодні вже знаю, що це справді найкращий спосіб вивчення іноземної мови.

Коли питаємо себе: «Хто винен?» — то шукаємо відмовки. Коли ми кажемо: «Ти винен», — то знищуємо простір для позитивних змін. Крім того, питання щодо вини завжди веде нас у минуле. Граматично правильним було би питання: «Хто ж був винен?». Та ви не можете розширити сферу контролю на минуле. Нам потрібна енергія для Теперішнього. Наші питання теж мають зосереджуватися на тому, що ми можемо робити в цю мить.

Дозвольте мені навести останній приклад питань, які розширюють сферу вашого контролю. Більшість людей плутає слушний час для питань *як* і *чи зумію я*. Усі ми знаємо, що це важливо — швидко приймати рішення. Та більшості людей це вдається важко. Чому? Бо вони вже роздумують, *як* будуть чинити. *Як* — хороше питання, але не тоді, коли вам слід прийняти рішення. Повернімося ще раз до прикладу моєї поїздки до Каліфорнії. Уявіть собі, якби я питав себе: «*Як* я там облаштуюся, якщо вирішу туди поїхати?». Ви вірите, що я б колись наважився поїхати туди?

Коли приймаєте рішення, запитайте себе, чи зможете це зробити. За цим приховане питання *чому*. Чому маєте щось робити? Якими є вагомі причини такої дії? На цей період часу *як* нас не цікавить. Воно з'явиться пізніше.

Якщо ви вже таки прийняли рішення, то не маєте більше запитувати себе, чи вам вдасться. За появи першої ж проблеми ви не можете ставити собі питання: «А моє рішення взагалі було правильним?» Замість того, щоб думати, як вирішити проблему, так ви знову поставите собі стартове питання: «Чи зумію я?». Усі ми знаємо людей, яким потрібно море часу, щоб наважитися на рішення, яке вони однак змінюють набагато швидше. Правильний порядок питань виглядає так:

1. *Чому* вам слід це зробити? Рішення: так або ні.
2. *Як* ви це зробите? *Як* вирішите наступну проблему? Завжди пам'ятайте про причини, які не дозволяють здаватися.

Питання нашого внутрішнього діалогу визначають напрямок, яким ми йдемо. Вони змушують зменшуватися або зростати сферу нашого контролю.

4. Збільшення вашого особистого Всесвіту

Ваш особистий Всесвіт уміщує всі речі, які вас стосуються. Те, що важливе для вас, чим ви цікавитеся. Якщо щось є важливим для вас, то ви хочете мати на нього вплив і тоді неминуче починаєте думати, як розширити свою сферу контролю, адже хочете регулювати якнайбільше речей в особистому Всесвіті на власний смак.

Уявіть собі, Віллі Вінціг і Річард Різіг працюють в одному відділі світового концерну. Поки Віллі цікавиться лише своїм відділом, його сфера контролю не є дуже великою. Тим часом Річард Різіг думає про напрями діяльності свого концерну, зв'язки з клієнтами, маркетинг. Щоб мати більше впливу, він підтримує зв'язки з іншими відділами. Він відчував себе незадоволеним, поки не відвідав головний офіс фірми. Тепер він знає, що являє собою конкуренція. Так неминуче збільшується сфера контролю пана Різіга. Вчені встановили, що клієнтура фірми росте пропорційно визначеному Всесвіту фірми. Багато фірм зосереджується головним чином на клієнтах і запитує себе, чому ці клієнти здійснюють у них покупки. Інші фірми концентруються на тих, хто не є їхніми клієнтами. Вони запитують себе: чому ці люди не купують у нас? Як нам досягнути того, щоб вони купували й у нас? Всесвіт другої фірми набагато більший і, отже, швидко зростає і клієнтура.

Без відповідальності живеться легше?

Ми є відповідальними за речі, які робимо, а також за речі, яких не робимо. Часом великою є спокуса ухилитися від відповідальності. Часто здається, що простіше й приємніше не завжди брати на себе відповідальність. Проте ціна, яку ми маємо за це заплатити, є занадто високою. Адже тоді будемо радше іграшкою в руках інших людей і житимемо за сценаріями, які хтось написав за нас.

Найбільше задоволення отримуємо від ситуацій, які потребують повного використання нашого потенціалу. Успіх для мене – бути найкращим з тих, ким я міг стати. Коли я віддаю всі свої сили, то відчуваю себе найбільш сповненим життя.

Візьміть на себе відповідальність за свої фінанси

Більшість людей дуже легковажна, коли справа стосується їхніх фінансів. Але де вони могли цьому навчитися? Здебільшого батьки не були блискучим прикладом для них. У школі не було предмета «Створення добробуту». Суспільство спонукає нас купувати занадто багато. Скрізь панує надмірне споживацтво. Більшість людей навколо Вас – теж поганий приклад. Це модно – скаржитися через нестачу коштів. Улюбленими є фрази на кшталт «Під кінець моїх грошей залишалося ще багато місяця»*. Крім того, для багатьох гроші – суха й неприємна тема: «Грішми володіють, та про них не говорять» і «Гроші – не найважливіше». У першому розділі ми побачили, що гроші дуже важливі. Коли ви взагалі не звертаєте на них уваги й потрапляєте через це у складну ситуацію, гроші стають *занадто важливими*. Це означає, що ви не маєте допустити, аби гроші зайняли занадто високу позицію у вашому житті. Саме тому маєте взяти на себе відповідальність.

Насправді було б безглуздим припускати, що гроші вирішують усі проблеми. Але так само по-дурному гадати, що гроші не допоможуть

---

* Гра слів, яка означає, що гроші закінчилися швидше, ніж дні місяця *(прим. пер.)*.

познайомитися з цікавими людьми, відвідати захоплюючі місця, розширити свої можливості та сконцентруватися на інших заняттях.

Що б ми не робили з нашими грішми, це відобразиться на нашому майбутньому. Те, що ми робимо *заради* наших коштів, також відобразиться в майбутньому. Ми оформлюємо наше майбутнє, наче дизайнер. Сьогодні ми складаємо план, за яким завтра збудуємо наше життя.

Зрештою, ще древні вавилоняни знали: «Наші розумні вчинки супроводжують нас впродовж життя, приносячи радість та допомагаючи нам. Так само наші немудрі діяння будуть переслідувати нас, докучати та завдавати нам муки».

Ви побачите, що гроші є кращими, ніж думає більшість. Збудувати статок теж легше, ніж більшість гадає. Проте маєте взяти на себе відповідальність і про це піклуватися. Бідність виникає сама собою. Наприклад, вона з'являється, якщо відмовлятися від відповідальності. Для досягнення добробуту ви маєте робити кілька основоположних речей, на яких ми ще вичерпно зупинимося. Та все починається у вашій голові: ви — і більше ніхто — відповідальні за те, якою кількістю грошей володітимете за сім років.

Основні поради

Візьміть повну відповідальність за своє життя й фінанси.

- Покиньте зону комфорту.
- Сприймайте проблеми як можливість зростання.
- Ставте собі правильні запитання.
- Розширюйте ваш особистий Всесвіт.

Існують речі, на які ви не можете вплинути, але ви можете вирішити, як інтерпретуєте ці речі та як на них реагуєте. отже, ви завжди маєте владу.

Відповідальність означає, що ніхто не може змінити вашу позицію та цілісність. Адже ви відповідаєте тим, чим ви є, і можете визначити, як вам жити.

Ця позиція дає можливість жити в задоволенні та бути найкращим з того, ким можете бути. Якщо візьмете на себе відповідальність, то можете стати заможними за сім років.

Ключові ідеї розділу

- Ви не відповідальні за всі події, але відповідальні за те, як ви їх інтерпретуєте та те, як на них реагуєте.
- Ви наділяєте владою того, кого звинувачуєте.
- Ваші вчорашні рішення визначають теперішнє. Ваші сьогоднішні рішення визначають майбутнє.
- Бажання — вісники нашого подальшого життя. Ми вирішуємо, що бажаємо. Отже, визначаємо, чим володітимемо в подальшому.
- Щоб розширити сферу вашого контролю, маєте чотири можливості:
  1. Покиньте зону вашого контролю.
  2. Сприймайте проблеми як можливість зростання й запитайте себе: «Як змінити ситуацію так, щоб ця проблема більше не виникала?».
  3. Ставте собі правильні запитання.
  4. Розширюючи свій особистий Всесвіт, ви неминуче збільшуєте сферу свого впливу.

- Коли станете старшими, будете шкодувати лише за тим, чого не зробили.
- Жити без відповідальності — означає деградувати до безсилої жертви. Це значить жити за сценарієм, який за вас написали інші.
- Усі негативні емоції втрачають владу в той момент, коли ми беремо відповідальність на себе.
- Ви — і більше ніхто — відповідальні за те, якою кількістю грошей володітимете за сім років.

3
Мільйон — це диво?

Більшість людей переоцінює те, що вона здатна зробити за один рік, та недооцінює те, на що вона спроможна за десять.

— Джим Рон «Сила амбіції»

Якби вам довелося обирати, чому б ви надали перевагу: додатковим 50 000 € у наступні шість місяців чи 1 000 000 € за сім років? Ви би надали перевагу 50 000 € готівкою чи «валізі, повній можливостей»? Щоб за короткий проміжок часу заробити трохи більше грошей, вам, ймовірно, потрібно лише трохи більше працювати. Щоб володіти 1 000 000 € за 7 років, «трохи більше працювати» – недостатньо.

П'ять рівнів, на яких відбуваються зміни

Існує багато рівнів, на яких відбуваються зміни. У цій книжці я хочу розповісти вам про кожен з п'яти. Справді кардинальні зміни можуть статися лише тоді, коли щось змінюється на кожному з п'яти рівнів.

1-й рівень. Вам спадає на думку, що ви незадоволені своїм становищем. Щоб щось змінити, ви дієте.

Приклад: листи нагромаджуються на вашому письмовому столі, і ви вирішуєте працювати до того часу, доки не побачите якого кольору стільниця.

2-й рівень. Бажані результати не з'являються. Ви дізнаєтеся, що лише дій недостатньо. Слід діяти, орієнтуючись на пошук конкретного рішення. Ви питаєте себе: як покращити результат? Як мені працювати розумніше, а не важче?

Приклад. Ви працюєте й працюєте, але наприкінці місяця заробили все ще недостатньо.

Нові техніки та стратегії мають принести рішення. Між іншим, більшість людей саме цього очікує від довідника: формули, яка вплине на результат. У наступних розділах ви отримаєте багато конкретних технік, стратегій і порад. Проте ґрунтовні, вирішальні зміни знаходяться на вищих рівнях.

3-й рівень. Техніки вам трохи допомогли, та коли порівнюєте себе з іншими, більш успішними людьми, то вам здається, що ті досягають мети, докладаючи менше зусиль. У них є впливові друзі, які здатні відчинити перед ними всі двері.

Приклад. Вас сильно зачіпає неочікувана проблема. Вам дійсно потрібно було би витрачати всі сили й час на вашу справу, але тепер насамперед потрібно вирішити саме її. Усе пішло шкереберть.

Рішення вже не є таким простим: особистий розвиток, зростання особистості. Це не звучить як швидкісний процес, особливо якщо врахувати те, що за допомогою технік ви не здобудете впливових, успішних друзів. У цьому випадку необхідно інвестувати час, щоб стати людиною, якою б ви охоче хотіли бути. Порада, як це мало б виглядати: мабуть, у вас є приклади, люди, якими захоплюєтеся. Ви зможете теж стати гідними захоплення, якщо відповідно влаштуєте своє життя.

4-й рівень. Спілкуючись із іншими людьми та займаючись самим собою, ви переосмислюєте власний світогляд. Окуляри, через які багато хто дивиться на світ, перетворюють його в джунглі, у яких кожен має боротися проти кожного.

Приклад. Існують люди, які нікому не довіряють. Вони кілька разів розчарувалися й з того часу постійно насторожі. Такі люди дивляться на все й усіх скептично й у всьому шукають притичину. Здебільшого вони власноруч створюють перешкоди, адже характер у них не з приємних, через що від них відвертаються інші.

Рецепт виглядає так: нові окуляри, нові скельця, крізь які світ виглядає інакше. Існує не лише *одна* реальність, проте вона існує в такому вигляді, як ми її сприймаємо. Коли ми дивимося крізь нові окуляри, світ починає складатися з нових шаблонів.

Відомий бізнес-тренер Стівен Кові описує таку подію: якось він їхав потягом на захід, де мав виступати. Час поїздки він хотів використати для того, щоб підготуватися до виступу. Раптом у його вагон ввійшов чоловік із трьома дітьми. Діти відразу почали бешкетувати. Вони галасували й стрибали по сидіннях, надокучаючи іншим пасажирам. Чоловік — очевидно, батько цих дітей — не робив нічого. Він лише байдуже витріщався у вікно.

Діти ставали все більше й більше неслухняними. Вони тупотіли по сидіннях і навіть тягнули деяких пасажирів за одяг. Врешті-решт вони вчепилися одній жінці за волосся, та батько й тоді не втрутився. Чаша терпіння Стівена Кові переповнилася. Ледь опановуючи себе, він вирішив зробити зауваження. Кові енергійно встав, щоб краще привернути увагу батька: «Перепрошую, шановний. Хіба не бачите, що ваші діти дуже докучають усім пасажирам? Будь ласка, закличте їх до порядку!».

Гордий своїм самоопануванням та вимогою, яку доніс із силою, Кові знову сів. Батько повільно звільнився від своїх думок, нарешті звернувся до мовця й відповів тихим голосом: «Так-так, мені шкода, що мої діти так поводяться. Я цього не помітив. Моя дружина, мати цих дітей, померла кілька годин тому. Я ще не знаю, як мені з цим впоратися. Ми всі не усвідомили до кінця, що трапилося. Я думаю, мої діти переживають це по-своєму... Будь ласка, вибачте».

Звісно, існують окуляри, які зроблять нас самих й інших щасливішими. Не потрібно дивитися на дійсність лише через чорно-білі скельця. Є окуляри, що показують можливості, а не помилки й падіння. Існують і такі, крізь які гроші виглядають як щось, що створює зброю, провокує війни, спричиняє жадібність і робить самотнім. Ми маємо усвідомити, що справа тут лише в окулярах. Так само можемо інакше поглянути на гроші. Ми здатні одягнути окуляри, що показують, як за допомогою грошей будують лікарні, зменшують масштаби голоду й створюють медичні передумови для подовження життя. З грошима можливо створити кращі умови життя. З грошима можна зробити багато добра.

Як думаєте, з якими окулярами ви легше здобудете гроші та станете щасливішими?

5-й рівень. Найбільшої переміни ми добиваємося тоді, коли змінюємо свою ідентичність, сприйняття самих себе.

Приклад. Хайнц Хартіг – продавець. Він старанно працює й володіє усіма необхідними прийомами. Він – особистість, а люди охоче перебувають у його товаристві.

Хайнц Хартіг не розглядає клієнтів виключно як джерело збагачення. Відповідно, він не думає про те, щоб «зрубати якнайбільше й втекти». Він консультує своїх клієнтів і насолоджується їхньою довірою. Це таки добре, але нічого надзвичайного.

Клієнти самі до нього не приходять. Найбільша різниця полягає в тому, як Хайнц Хартіг сприймає самого себе. Якщо він бачить себе продавцем, то має йти до клієнтів, якщо ж він вважає себе експертом, то клієнти мають іти до нього.

Його рішення часто змінюються залежно від того, чи бачить він себе продавцем, а чи сприймає себе як експерта. *Зрештою, наше уявлення про самих себе – пророцтво, що реалізується саме собою.*

Якось у мене був бізнес-партнер, який охоче бачив себе в ролі жертви. Він був упевнений, що нікого не обдурюють та не обраховують так часто, як його. Тому він надягнув «усі-є-злими» окуляри.

Одна фірма його справді тричі надурила, чого він не міг довести, хоч і втратив багато коштів. Це посилило в ньому віру, що він магічним чином притягує обман. Він вважав, що є занадто добрим для цього світу. На жаль, він не міг звільнитися від цієї фірми через умови договору, хоча цього й не прагнув, що чудово підтверджувало його роль жертви.

Незабаром він почав негативно налаштовувати мене: «Пане Шефер, ми недостатньо обережні». Трохи пізніше я піймав себе на тому, що разом із ним розробляю «план захисту». Як перший крок новоствореного підприємства це було щонайменше нерозумно. Щоб захищати оборот, його треба мати. По-друге, це не відповідає моєму уявленню про себе: у кожній невдачі я хочу бачити позитив. Я твердо вірю, що все має позитивний бік.

Отож я вдарив по столу й сказав: «Досить. У цьому напрямку я думати не буду. Довідаймося, що було доброго в тому, що вас тричі надурили». Мій партнер почервонів і ледь не задихнувся: «Доброго? Ви що, узагалі з глузду з'їхали?».

Щоб не затягувати історію: ми шукали, що доброго було в його провалах, і таки знайшли. Врешті-решт керівники фірми були готові піти нам назустріч. За одну невелику розмову ми спромоглися «заробити» велетенську суму грошей.

Чудо відбувається на п'яти рівнях

Якщо ви хочете заробити мільйон за допомогою декількох прийомів швидко й без особливих зусиль, я змушений вас розчарувати. Ця книга – не готова страва, яку лише потрібно розігріти, що значить – прочитаєте, і ви вже багаті. Причина, чому це не працює, полягає в тому, що найважливіші зміни можуть і повинні відбуватися на всіх п'яти рівнях. Якщо ж ви звертаєте увагу на всі п'ять рівнів – чудо можливе.

Одного дня Святий Петро прийшов до Ісуса й сказав: «Учителю, у нас проблема. Завтра ми маємо платити податки, а в нас немає грошей». Ісус відповів: «Не проблема». Петро був дещо роздратованим: «Учителю, ти не розумієш, я сказав, що завтра ми маємо платити податки, а в нас немає грошей. Це проблема». Ісус знову відповів: «Не проблема».

Це добре – оточувати себе людьми, які роблять усе необхідне для того, щоб вирішити проблему. Вони встають так рано й ідуть до ліжка так пізно, як це потрібно. Вони читають стільки фахових статей та книжок, скільки необхідно. Вони опитують так багато людей, скільки потрібно, і продовжують так довго, як це необхідно для вирішення їхньої проблеми. Це люди, в яких слово «проблема» не викликає відчаю. Вони не скиглять: «О, ні! Чому це мало трапитися саме зі мною?».

Ісус вирішив проблему дуже просто. Він порадив Петру піти рибалити. Оскільки Петро був рибалкою, це не було хибною думкою. У роті першої риби, яку спіймав Петро, була монета, якої вистачило, щоб сплатити податки.

Урок простий:

1-й рівень. Чудо стається, якщо ви щось робите.

2-й рівень. Коли йдеш рибалити, важливо опанувати прийоми.

3-й рівень. Ви маєте бути особистістю, до якої приходять інші, бо ви відомі своєю силою та компетентністю. Петро відразу пішов до Ісуса, бо «той що-небудь придумає».

4-й рівень. Податки — не проблема. Держава існує не лише для того, щоб вас обібрати.

5-й рівень. Ваша роль — «людина-без-проблем».

Світ сповнений людьми, які здійснили диво. Для нас чудо – це подія в просторі й часі, що суперечить нашому досвіду. Дещо, що ви сьогодні не можете уявити, спираючись на власний досвід, є дивом. Для багатьох здається чудом певний розмір достатку, встановлена заробітна плата. Більшість людей може уявити собі подвоєння їхнього щомісячного доходу, але його збільшення в п'ять чи десять разів було би для них, на противагу, чудом.

Були часи, коли для мене дивом було заробляти 10 000 € щомісяця. Сума в 25 000 € була взагалі неймовірною. За два з половиною роки я вперше заробив понад 50 000 € за місяць. Оглядаючись назад, це все не здається мені таким чудовим, адже я знав, що робив і як важко працював для цього готівкового дива.

Чудо відбувається, коли зміни стаються на третьому, четвертому та п'ятому рівнях. Ми здатні підготувати ці зміни.

Сидіти й чекати на чудо — це така ж сама дурниця, як коли спортсмен сидить вдома перед телевізором і дивиться Олімпійські ігри, сподіваючись, що отримає золоту медаль. Чудо не прийде до нас — ми самі маємо його створити. Чотири дисципліни, які творять чудо, я називаю *постійним навчанням та зростанням*.

Постійне навчання та зростання стало для мене життєвою позицією. Коли ми не ростемо — ми помираємо. Зростання — це життя. Постійно вчитися й зростати — означає відчувати себе сповненими життям. Це значить бути найкращими з того, ким ви можете бути.

Книжки

Чи вам коли-небудь впадало у вічі, що у віллі кожної заможної людини є бібліотека? Як ви гадаєте: у цих багатіїв є бібліотека лише тому, що вони здатні її собі купити, чи вони такі заможні, бо раніше багато читали?

Один мудрець якось сказав: «Людина — сума всіх книг, які вона прочитала». Чому читати — це так важливо? З одного боку, тому що слова позначають ідею. Кожне нове слово, яке ми вивчаємо, означає нову ідею. Ідеї — безцінні. З іншого боку, наш дохід часто розвивається паралельно з нашим словниковим запасом.

У нас є велика перевага: сьогодні книги — невід'ємна складова нашого життя. Так було не завжди. Якби ви вчилися в XIX столітті, то лише деякі з вас мали би власні книги. Я називаю перевагою те, що ми за кілька годин можемо прочитати суть багатьох років досліджень та відкриттів. Ми не мусимо робити всі помилки самостійно. Усе знання вже десь записано. Звісно, нам потрібно його шукати. Ми маємо йти назустріч інформації. У нас є свобода думки й друку, та й друкарство вже винайдено.

Що вам принесе цей шанс? Ви читаєте книжки до кожної з п'яти сфер вашого життя? Дві книги на тиждень дають у результаті більш ніж 100 книг на рік. За 7 років це 700 книжок. Як ви гадаєте, 700 книг змінять вас?

Ви запитаєте: «Як я це зроблю? Я не маю так багато часу!». Перша книга, яку вам слід прочитати, це книга про швидкісне читання, адже час — коштовний. Якщо тренуватиметеся лише три години щодня, швидкість вашого читання буде все більше зростати. Тоді легко зумієте читати 1000 слів на хвилину, а це означатиме, що прочитаєте 300-сторінкову книжку менш ніж за дві години.

Порада, щоб додатково заощадити час: знайомлячись із цікавою особистістю, використовуйте свій час із користю замість того, щоб витрачати його на пусті розмови. Запитайте про дві чи три найкращі книжки, які прочитала ця людина. Зробіть ще один крок вперед і запитайте, чому він або вона так любить ці книжки.

Негайно ви отримаєте безкоштовну рецензію від досвідченого читача. Лише за декілька хвилин дізнаєтеся, чи вам самим захочеться прочитати ці книги. У такий спосіб я натрапив на декілька скарбів у вигляді книжок.

Ваш особистий щоденник успіху

Щоденник — книга, яку пишете ви, хоча й лише для себе самого. Кожній людині слід щодня заповнювати *щоденник свого успіху*. Вносьте туди все, що добре вдалося впродовж дня: кожну похвалу й кожне визнання, коли ви були дисциплінованими, виконали якесь завдання або зробили когось щасливим.

На жаль, ми не завжди можемо довіряти своєму мозку. Ми запам'ятовуємо наші помилки та невдачі в одинадцять разів простіше й на довший період часу, ніж успіхи. Через це в нас складається набагато гірше уявлення про нас самих. Цю негативну тенденцію підтримує також наше оточення та виховання. З дитячого віку й аж до дванадцяти років на кожне «так» ми чуємо сімнадцять разів «ні». Щонайменше 80% усіх новин у засобах масової інформації — негативного змісту. Тому важливо протистояти цьому й мати адекватне уявлення хоча би про самих себе.

Після відомих чоловіків і жінок нам залишилося чимало щоденникових записів. Цікаво, що ці особистості почали вести свої щоденники дуже рано, задовго до того, як вони здійснили щось суттєве й перед тим, як стати відомими. Тоді вони ще не могли знати, що коли-небудь стануть такими. Чи можливо те, що щоденні записи посприяли їхньому подальшому успіху? У будь-якому разі, їхні щоденники продовжили життя їхнім позитивним думкам.

Сприймайте себе достатньо важливими, щоб писати про себе самих.

Перед тим, як розпочати свій робочий день, я систематично заповнюю щоденник свого успіху, збільшуючи свою впевненість у собі. (У Розділі 7 ви довідаєтеся, чому ваш дохід прямо залежить від впевненості в собі.)

З роками додався щоденник ідей (усі ідеї, які я маю), щоденник стосунків (усе, через що я радів), щоденник пізнання (усе, чого я навчився зі своїх помилок, щоб показати, що я їх невипадково припустився) та деякі інші...

Упевненість у собі — не випадковість. Ми ніколи не будемо достатньо впевненими в собі. Зупиняємося чи продовжуємо діяти — за лежить від того, наскільки ми впевнені в собі, щоб наважитися на наступний крок.

Знову й знову бачимо на власні очі: *люди з низькою самооцінкою захищають самих себе й не йдуть на ризики. Та людина, яка нічим не ризикує, нічого не робить, нічим не володіє і є ніким.*

Різниця завжди полягає у впевненості в собі. Ніщо не збільшує її систематичніше й ефективніше, ніж щоденник успіхів.

Будь ласка, подумайте вже зараз, що вам добре вдалося сьогодні або вчора. Із чим ви впоралися? Що створили? Хто зробив вам комплімент?

_____

_____

Якщо зараз мало що спадає на думку, то ваша впевненість у собі є недорозвиненою. Чим менше можете записати в цю мить, тим важливішим є ведення щоденника успіхів.

Та навіть якщо зараз ви готові тріснути від розмірів власної самооцінки, перед вами лежить наступне завдання, що дозволить вам рости, і від вашої самооцінки залежить, чи поставите його перед собою.

Щоб дізнатися, чи це правда, поставте собі, будь ласка, наступне запитання:

Яку мету я би переслідував, якби точно знав, що не зазнаю невдачі? (Стати бундесканцлером, письменником, чемпіоном «Формули-1», рятівником тропічних лісів, великим землевласником у Канаді, партнером певної особи...)

_____

_____

Часто ми думаємо, що не робимо наступного *вирішального* кроку через комфорт чи певну пересиченість життям. Проте комфорт — лише відмовка, насправді ж ми рідко віримо у власний успіх.

Основні поради

Зміцнюйте впевненість у собі завдяки щоденному заповненню щоденника ваших успіхів.

- Наша впевненість у собі визначає, чи ми наважимося на ризик.
- Зростання неможливе, якщо не наважуватися на ризик.
- Наш мозок, виховання та оточення зазвичай не сприяють підвищенню самооцінки. Вона зростає разом із впевненістю в собі. Щоденник дозволить бути свідомими того, *наскільки ви добрі в певній справі.*
- Під час ведення щоденника ви навчитеся зосереджуватися на власних перевагах.
- Через певний час ви швидко навчитеся фіксувати: це мені вдалося добре, я можу записати це до мого щоденника.
- Наші очікування визначають те, що ми отримуємо. Наша самооцінка визначає, наскільки високими є наші очікування.

Семінари

У семінарів, на противагу книгам, є кілька додаткових переваг: ми чуємо, бачимо, відчуваємо та переживаємо водночас. Чим більше наших органів чуття є задіяними, тим краще ми навчаємося. До того ж маємо можливість поспілкуватися з доповідачами. Здебільшого мені вдавалося навіть на великих семінарах познайомитися з ведучим та вибудувати відносини.

Крім того, семінари пропонують можливість хоч раз повністю відмежуватися від щоденних справ та поглянути на себе з певної віддалі. Це полегшує так зване «бічне мислення» і значить, що ми можемо мислити нестандартно, у незвичних, нових напрямках. Часом ми більше звертаємо увагу на свою інтуїцію.

Ця атмосфера концентрованого навчання підтримується ще й тим, що ми зустрічаємо інших учасників зі схожими поглядами. Ці знайомства можуть розвинутися в цінні стосунки.

Хороші семінари — дорогі, що утримує багатьох від їхніх відвідин. Раніше, коли в мене було мало грошей, я прийняв рішення ходити щонайменше на чотири семінари щорічно. Я не завжди міг собі це дозволити, але знав, що передусім не можу собі дозволити перестати підвищувати свою кваліфікацію. *Адже ціна, яку ми платимо за підвищення власної кваліфікації, — ніщо проти тієї ціни, яку ми змушені платити за свою байдужість.* Між іншим, навіть висока ціна не відвертала мене. Я відвідував семінари навіть за 15 000 €. І щоразу додатково заробляв більше за подвійну ціну семінару впродовж наступних двох місяців.

Те, що для нас, європейців, здається абсолютно нечуваним, є визнаною необхідністю в Америці. Американські фірми надають своїм працівникам у середньому 40 днів вихідних на рік, щоб ті відвідували семінари. 40 днів, коли робітники не працюють, але фірма за них платить. І це виправдовує себе. В Японії ця норма ще вища.

Ринок семінарів США ще 1997 року сягнув обороту в 350 мільярдів американських доларів (удвічі більше, ніж ринок персональних комп'ютерів!). Ми, європейці, маємо бути пильними, щоб нас не вилучили з цього процесу повністю.

Приклади

З першої хвилини нашого життя ми вчимося переважно шляхом наслідування. Наше оточення впливає на нас набагато сильніше, ніж ми це готові визнати. Жодна книжка чи навчання не мають такого впливу й не формують нашу особистість так сильно, як люди, що нас оточують.

Якщо ми оточуємо себе людьми, які кращі за нас, то будемо рости. Якщо оточуємо себе людьми, гіршими за нас, то перебуватимемо в стані застою. Проте ми недооцінюємо цей вплив, адже охоче думаємо, що діємо на власний розсуд. Мій останній тренер висловив це так: «Хто лягає спати з собаками, прокидається з блохами».

Цю тему так непросто зрозуміти, проте настільки важливо, що я присвятив їй цілий 13-й розділ — «Наставник і мережа експертів».

Нам потрібна мужність для дива

На початку цього розділу ви прочитали: *більшість людей переоцінює те, що вона здатна зробити за один рік, та недооцінює те, на що спроможна за десять.*

Щоб справді багато чого досягнути, необхідні вирішальні зміни на всіх п'яти рівнях. Для цього потрібен час. За певних обставин це зростання проявляється не відразу, але згодом раптово «вибухає».

Це надзвичайно яскраво демонструє бамбук. Фермер садить саджанець у землю й покриває його попелом. Там спляча рослинка перебуває чотири роки. Фермер щоранку поливає паростки. Щоранку — цілих чотири роки! У кінці четвертого року рослинка нарешті пробивається крізь поверхню землі. Тоді ж бамбук виростає приблизно на 20 метрів всього за 90 днів!

Протягом чотирьох років фермер точно не знає, чи рослинка ще жива. Та він вірить і не покидає її. Цього потребує людина з далекоглядними планами. Мистецтво полягає в тому, щоб не позбавитися мужності. Ніщо не дає більше мужності, ніж праця над усіма п'ятьома рівнями одночасно.

Дива без ризику не існує

Щоб створити достаток за 7 років, ви повинні бути готовими до ризику. Що ризик значить для вас? «Змагатися з биком, якщо ти його не боїшся, не має сенсу, – сказав якось один відомий тореадор. – Не змагатися з биком, якщо ти його боїшся, також беззмістовно. А ось змагатися з биком, якого ти боїшся, – це вже щось».

Один дуже заможний чоловік висловив це в такий спосіб: «Усе, що справді мало зміст, спочатку лякало мене до смерті». Якщо ви не боїтеся зробити новий крок – це вказівка на те, що крок, який хочете зробити, замалий для вас.

У першому розділі ми говорили про *величні звершення*. Що ж є *величним*? Можливо, ви робите щось, що вдається вам дуже легко, а інші дивуються цьому. Може, усе якраз навпаки: ви завзято боретеся, долаючи свій страх, а інші люди цього взагалі не помічають. *Тому ми не маємо порівнювати себе з іншими, а лише з тим, чого хочемо досягнути.* Будь ласка, прочитайте наступні речення й поміркуйте про свою готовність до ризику:

- Ми забуваємо, що часто так само ризиковано йти старим шляхом. Ця дорога не обов'язково є безпечнішою лише тому, що здається нам знайомою.

- Життя – це гра. Хто не ризикує, той не може перемогти.
- У цьому світі не існує гарантій, лише можливості.
- Робіть усе негайно, адже для більшого успіху ви ніколи не будете достатньо готовими.
- *Єдина людина, яка ніколи не помиляється, – це людина, яка нічого не робить. (Теодор Рузвельт)*
- *Біль невизначеності є набагато сильнішим, ніж визначеність болю.*
- *Кожен план дій має свою ціну й свої ризики. Та вони набагато менші за ризики й ціну комфортної бездіяльності. (Джон Ф. Кеннеді)*
- Якщо боїтеся програти, то ніколи не переможете.
- *Наважтеся на ризик; з підлоги ви не впадете. (Даніель С. Пенья)*

Якщо ми хочемо, аби щось змінилося, то маємо змінитися самі. Кожна зміна означає ризик, адже ми так чи інакше залишаємо звичне оточення. Зростання знаходиться поза межами нашої зони комфорту. Тому один із моїх наставників постійно казав: «Покинь свою зону комфорту. Відразу замінюй кожну вирішену проблему новою, ще більшою».

У цій книзі ви також знайдете план створення достатку за 20 років, на відсотки від якого ви зможете дуже непогано жити. Проте ви зумієте впоратися з цим і за сім років. Диво стається там, де відбуваються зміни, але ви повинні бути готовими покинути зону комфорту й наважитися на ризик. А також ви потребуєте удачі.

Вам дійсно потрібна удача?

Вам потрібно багато удачі. Але що таке удача? Дозвольте мені для початку сказати, що не є удачею. Удача – не щось таке бажане, що дістається людині без жодних зусиль.

Френк Синатра став зіркою за одну ніч. Один виступ у прямому ефірі — і він прославився на всю країну. Говорячи про те, яка неймовірний талан випав на його долю, він підкреслював: «По-перше, я не проспав цю ніч, а по-друге, я готувався до неї десять років».

Професійний гравець у гольф Бернард Лангер якось забив м'яч на дерево. Замість того, щоб впасти донизу, м'яч залишився на високому розгалуженні гілок. Здавалося, що він програє гру. Та Лангер заліз на дерево, сів на гілку та збив м'яч. Той приземлився на середині поля. Лангер забив м'яч у лунку й виграв турнір. Один журналіст його запитав: «Пане Лангер, вам неймовірно пощастило, чи не так?». Бернард Лангер відповів: «Так, я це також помітив: чим більше тренуюсь, тим більше мені щастить».

Сенсаційна удача при детальнішому розгляді виявляється результатом зовсім не сенсаційної багаторічної підготовки.

Звідки береться удача?

Завжди є люди, яким дуже щастить із грішми. Та якщо подивитися на цю удачу прискіпливіше, неначе через лупу, упізнаєте схожу підготовку. Як правило, це люди, які уміють заощаджувати. У них є певна кількість грошей, і вони навчилися використовувати свої шанси.

Удача стукає у двері всіх людей у вигляді шансів. Деякі не чують цього стуку взагалі, бо вони не розпізнають ці можливості. Голова того, хто змушений «викручуватися», щоб сплатити свої рахунки, занадто зайнята, аби розпізнати шанси.

Хоча інші й бачать ці шанси, вони не можуть швидко приймати рішення й хочуть відкласти все на потім. Та хороші можливості стрімко нас минають. Вони не чекають на повільних, ми мусимо відразу їх використовувати.

Лише деякі люди розпізнають можливість, володіють необхідним капіталом і відразу використовують її. Вони мають удачу. І лише небагато людей відправляється на пошуки шансів. Їм надзвичайно пощастило.

Складовими удачі є:

- заощадження капіталу;
- уміння розпізнавати можливості;
- майстерність швидко приймати рішення й одразу їх використовувати.

Якщо комусь дійсно дуже пощастило, він часто йшов назустріч удачі й не боявся ризикувати. Ми бачимо троянди, а не колючки. Ми бачимо удачу, але не підготовку. Також ми не бачимо невдач. Ми б здивувалися, якби побачили, як систематично готуються «щасливчики».

Ми схильні до того, щоб сприймати речі, які не розуміємо, як чудо чи удачу, однак ми вже побачили, що дива «створюються». Удача — теж результат багаторічної підготовки.

Врешті-решт саме від нашої позиції залежить те, чи ми відносимо «чудо» до сфери надприродного лише тому, що не можемо його пояснити, і чи стверджуємо, що нам узагалі не щастить. Тоді ви більше не відповідальні, а так звана «невдача» стає чудовою відмовкою. Якщо ж ви все-таки хочете взяти на себе відповідальність, то зможете спланувати щастя. І в кожної людини є свої шанси.

Базовим питанням є таке: чи хочемо брати відповідальність на себе за все: і за диво, і за удачу? Коли так, то здивуєтеся, на які чудеса здатні. Якщо ж ухиляєтеся від відповідальності, то стверджуватимете, що вам «не щастить» (і хто ж може з цим посперечатися?). Якщо берете на себе відповідальність, то плануєте своє щастя.

Чи це легко — творити дива?

Коли читатимете наступні розділи, то побачите, що там немає нічого важкого для розуміння. Бути багатими – справді *легко*. Легко зрозуміти й застосовувати окремі дисципліни.

Ви б могли сісти сьогодні за стіл, почитати протягом години й п'ять хвилин заповнювати щоденник ваших успіхів? Ви би змогли відвідувати один семінар на квартал? Ви б зуміли оточити себе вибраними людьми? Звісно, адже це легко зрозуміти.

Та це таки *нелегко*, адже навіть зовсім прості речі не є легкими, якщо їх потрібно постійно робити. Дисципліна й зміна звичок – це нелегко. Насправді із цим практично неможливо впоратися. Як часто ми щось запланували й пізніше просто цього не зробили?

Відповідь на це знайдете в Розділі 5. Ви побачите, що дисципліна та нові звички завжди починаються з нових засад віри. Часто вони не змінюють наші звички, та коли ми «встановлюємо» нові засади віри, то нові звички для нас — не проблема.

Шанси не витрачають свій час на людей, які не є підготовленими. Кожна підготовка починається з внутрішньої налаштованості. Ви справді вірите, що лише ви є відповідальними? Готовність узяти на себе повну відповідальність є дуже важливою для дива. Хто бере на себе відповідальність, той рухається вперед на повних обертах.

Ключові ідеї розділу

- Більшість людей переоцінює те, що вона здатна зробити за один рік, та недооцінює те, на що спроможна за десять.

- Вагомі зміни відбуваються на п'яти рівнях: дія, техніка, розвиток особистості, світогляд та уявлення про себе.
- Ви можете бачити ризики у своїх можливостях або можливості у своїх ризиках.
- Відчуття того, що ви мільйонер, задовольняє більше, ніж володіння мільйоном, — це означає бути людиною, здатною творити дива.
- Люди з низькою самооцінкою захищають самих себе й не йдуть на ризики.
- Щоб здійснити диво, ви повинні бути готовими до ризиків.
- Якщо не боїтеся зробити новий крок — це вказівка на те, що крок, який хочете зробити, замалий для вас.
- Сенсаційна удача при детальнішому розгляді виявляється результатом зовсім не сенсаційної багаторічної підготовки.
- Ми відповідальні за те, скільки в нас є щастя. Також ми відповідаємо за те, скільки чудес стається в нашому житті.

4
Чому більшість людей не є заможною?

Є велика різниця між тим, чи ви граєте для того,
щоб не програти, а чи для того, щоб виграти.

— *Даніель С. Пенья «Капітал, що зростає»*

У віці 25 років у Німеччині десятки тисяч людей починають свою професійну кар'єру. Ви – один із них. Як гадаєте, якими є шанси, що ви станете заможними до 65 років? Подивімося на щорічний заробіток («брутто») працездатного населення Німеччини:

- 87,30% заробляє менше за 25 000 €;
- 10,40% заробляє між 25 000 та 50 000 €;
- 1,60% заробляє між 50 000 та 100 000 €;
- 0,50% заробляє між 100 000 та 250 000 €;
- 0,10% заробляє між 250 000 та 500 000 €;
- 0,05% заробляє понад 500 000 €.

Легко навчитися основним принципам досягнення добробуту, які описані в цій книзі. Але чому тоді так мало заможних людей? Тому що залишатися бідним – так само легко. Це просто – щодня робити записи в щоденнику успіхів. Проте так само легко цього не робити.

Нескладно заощаджувати 10% щомісяця; так само ж просто витрачати всі гроші. Це легко – заробляти більше грошей; однаково ж просто заробляти менше. Різниця в тім, яку з обох речей ми направді робимо, полягає в засадах нашої віри.

Подумайте про відпустку: деякі люди люблять простягнутися на лежаку й повільно смажитися під сонцем. Інші ж потребують руху й годинами грають у пляжний волейбол. І ті, й інші гадають, що їхній спосіб відпочивати – найоптимальніший, кожному їхній спосіб видається найкращим. У людей, які не мають грошей, є кілька спільних ознак. Існує декілька принципів, яких вони дотримуються і які не дозволяють їм створити статок.

Люди, які не мають грошей, ніколи чітко не визначають, що таке багатство

Чим для вас є багатство? На думку спадає якесь конкретне число? *Життя – наче підприємство поштового зв'язку. Воно надає нам саме те, що ми прагнемо мати.* Опис «певна кількість грошей колинебудь» – недостатньо чіткий. Ніхто не робить замовлення в підприємства, пишучи йому: «Будь ласка, надішліть мені щось миле». Вам потрібне чітке число, яке б означало багатство для вас. Отож визначте для себе, яким капіталом і за який час Ви прагнете володіти:

У _____ році я матиму _____ €.

Поки ця сума не є визначеною, життя не зможе надіслати вам грошей. Порада: згодом зможете збільшити цю цифру, але, будь ласка, запишіть її зараз.

Щоб правильно визначити, що таке багатство, необхідні три речі: ви маєте знати точне число, записати його та перетворити на зображення. Подумайте, наприклад, про ліжко. У вашій уяві щойно з'явилося слово Л-І-Ж-К-О, чи це було зображення? Щойно застелене чи зім'яте, пусте? Там хтось лежав? Наша підсвідомість реагує не на числа та слова, вона реагує на образи. Щоб справді накопичити багатство, ми мусимо зробити нашу підсвідомість своїм союзником. Вона автоматично змушує робити нас необхідні речі.

Ви давали своїй підсвідомості зображення, яких вона потребує? Ви коли-небудь вирізали годинник, автомобіль чи будинок і постійно носили це зображення зі собою? Кожного разу, коли на нього дивитеся, цей образ закріплюється в підсвідомості. У моєму житті це завжди спрацьовувало.

Я гадаю, що ми не можемо дозволити собі цього не робити. Наш мозок потребує таких «географічних карт», на які б він зміг орієнтуватися. Якщо піддаємося лише звичайному щоденному сенсорному перевантаженню, то не слід дивуватися, що не маємо успіхів.

Я познайомився з успішним молодим чоловіком, який за шість років зі звичайного слюсаря-інструментальника став керівником фірми. Він мені розказав: «Я дістав фотографію людей, що заробляють у моєму підприємстві понад мільйон на рік. Я конче хотів належати до них. Одну голову я вирізав, наклеївши замість неї свою фотографію. Щодня по декілька разів я дивився на це групове фото й на короткий проміжок часу заплющував очі. Я уявляв собі, як би це було — опинитися в колі цих успішних людей. Що б вони мені говорили, куди б я подорожував, що б їв і пив, як би почувався. Приблизно за рік я знав, що мушу цього досягнути. Я просто вимагав цього від себе. Це надало мені більше енергії, ніж можна собі уявити. Поки я був зосереджений на цій меті, не виникало жодного страху чи сумніву. Цей образ уже став для мене реальністю, перш ніж я досягнув своєї мети.

За шість років він досягнув своєї цілі. *Той, чию голову він вирізав із фотографії, звільнився.*

Я хочу вас застерегти: сьогодні я маю те, що уявив собі десять років тому. Тоді це здавалося дивом. Сьогодні в мене не менше того, ніж я тоді побажав. Отож я знаю, що це працює. Однак у мене й не більше того.

Основні поради

Визначте точно, чого прагнете, і створіть Альбом Ваших Мрій:

- Візьміть фотоальбом і вклейте туди зображення всього того, що в майбутньому має бути складовою вашого життя.
- Подумайте про те, чим хочете *володіти, займатися й ким хочете стати.*
- Візьміть зображення, які відображають ваші емоції.
- Дивіться в альбом ваших мрій так часто, як це можливо.
- Наприкінці заплющіть очі на хвилинку й зосередьте увагу на тому, що побачите, почуєте, відчуєте на запах і смак, якщо це все стане реальністю.

Люди, які не мають грошей, роблять із заможності рухому ціль

Коли ми почуваємося добре, то схильні ставити перед собою більшу мету. Коли ж ми чимось засмучені, то охоче применшуємо наші цілі. Та для нашої підсвідомості важливі тривалість і частота. Тому слід якнайменше змінювати свої віддалені цілі. Що більшою є мета, то менше варто її змінювати. Мабуть, ви вже також ставили собі питання: а може, мені краще поставити меншу, реалістичнішу мету, ніж будувати велетенські повітряні замки? На мою думку, великі мрії – більш реалістичні, аніж маленькі. Я вам скажу чому.

Для початку уявіть собі невелику мету. Як тільки між вами й ціллю з'являється проблема, вона затуляє огляд мети.

Усе, що бачите, коли дивитеся в напрямку вашої цілі, – це проблема, а ціль узагалі неможливо побачити. *Коли ж перед нашими очима немає мети, виникає сумнів та страх.* Ви знаєте, що робить багато людей, щоб запобігти спогляданню проблеми? Вони шукають собі нову мету.

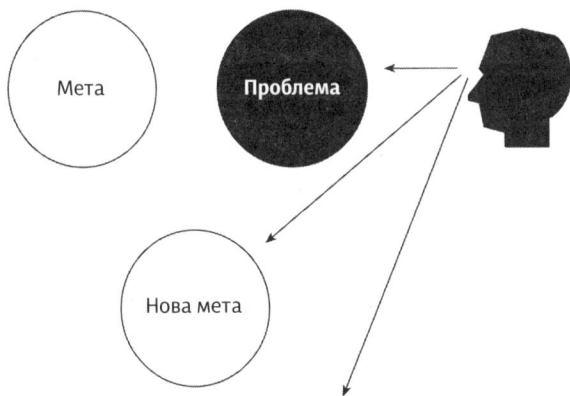

Звісно, між ними й новою метою коли-небудь знову виникне проблема. Щоб уникнути й цієї проблеми, під впливом обставин вони шукають ще одну ціль. І навпаки: уявіть, що замість малої мети у вас є дуже велика. У цьому випадку проблема не зможе цілком затулити огляд цілі. Ви продовжуватимете знати, чому чините саме так, як чините.

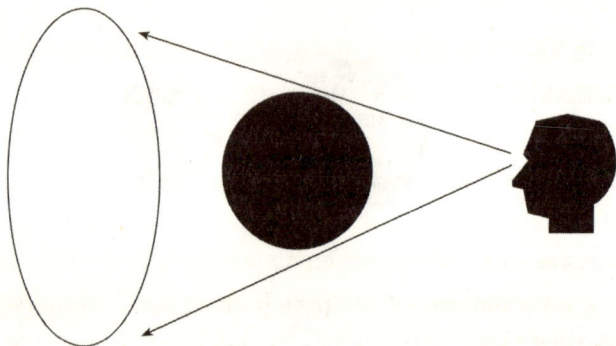

Наступна причина того, чому великі цілі є корисними: вони сприяють розширенню сприйняття можливостей. Люди схильні бути уважними лише тією мірою, наскільки це принесе їм вигоду. Відповідно, великі цілі дозволяють нам цікавитися більшою кількістю речей, віднаходити додаткові можливості та знайомитися з новими людьми.

Люди, які накопичили великий статок, ще раніше мали великі цілі. Кожна проблема завжди перебуває в певному взаємозв'язку з метою. Отож проблеми були *відносно малими*, навіть якщо здавалися, можливо, нездоланними.

Візьмімо, для прикладу, Теда Тернера, засновника *CNN*. Ще в юному віці він навчився принципового правила у свого батька: *став перед собою цілі, яких ти не зможеш досягнути впродовж свого життя*. Тоді він вирішив створити найбільшу телевізійну студію світу. Можете уявити, що на цьому шляху виникали певні проблеми? Тед Тернер каже: «Однаково, які б проблеми не виникали, порівнюючи з моєю метою, вони були відносно малими. Отже, я ніколи не губився у власних проблемах та завжди спрямовував свій погляд на ціль».

Люди, які не мають грошей, не вважають заможність абсолютною необхідністю

Уявіть собі, ви йдете лісом і натрапляєте на ущелину. Приблизно на п'ятиметровій глибині бачите гаманець, із якого визирають купюри номіналом у десять євро. Ви обережно починаєте спускатися в ущелину. Раптово ви послизнулися на скелі, й лише в останній момент вдається вхопитися за коріння. Мабуть, ви вирішите, що ризик зламати собі шию – занадто великий, і рушите далі.

Як би змінилася ситуація, якби замість гаманця ви побачили, що там, унизу, в улоговині, лежить маленька дівчинка? Уявіть собі, що вона поранилася й жалібно схлипує. У вашій голові відразу виникає інша постановка питання. Ви вже не питаєте себе: «Мені слід туди спуститися чи ні?» Звісно, ви чітко усвідомлюєте, що не можете просто залишити цю поранену дівчинку лежати там. Нове питання звучить так: «Як мені витягнути дитину?». Допомога дівчинці стає абсолютною необхідністю.

Ми знову й знову бачимо, як успішні люди свідомо ставлять себе перед певною необхідністю. Вони відкрито зобов'язують себе до чогось. Ці люди приходять у місце, де повідомляють усім навкруги себе: «Я підіймуся на цю гору. Ви побачите мене або на вершечку гори, коли я махатиму вам, або мертвим у долині».

Люди, які накопичили великий статок, не є зразками залізної дисципліни, вони лише роблять те, що повинні робити. Інакше не можуть, адже просто б не витримали бути бідними чи посередністю.

Вони спроможні з кожної своєї мети зробити абсолютну необхідність. Заведіть щоденник ваших мрій і дивіться у нього знову й знову. Заплющіть очі й змалюйте собі картину такого життя. Робіть це раз у раз упродовж трьох місяців. Врешті-решт побачите, що ваша підсвідомість почала сприймати дещо важливе: *насамперед ви не зможете бути щасливими, не досягнувши цієї мети, а по-друге, для вас буде сильним болем, якщо нічого не зміниться. Ви просто змушені досягнути мети.* Тоді зможете публічно зобов'язати себе стати заможною людиною. Влаштуйте це так, щоб тепер усі цього від вас очікували. Сповістіть про своє рішення так гучно, щоб усе оточення насміхалося з вас до кінця життя, якщо ви цього не зможете. Тоді не буде шляхів для відступу. Вам, напевне, це здається жорстоким. Мабуть, ви також не впевнені в тому, чи потрібне вам те багатство направді. У наступному розділі ми це з'ясуємо. Раз і назавжди.

Люди, які не мають грошей, не тримаються до кінця

Коли Вінстон Черчилль був уже дуже старий, університет поблизу його рідного міста запросив його виголосити промову. Це була велична подія для Англії. Звідусіль приїхали люди, щоб наживо побачити найбільшого й найвідомішого з живих тоді англійців. Казали, що він хотів виступити з найвеличнішою із своїх промов. Стислу мудрість свого довгого життя Черчилль прагнув втілити в словах.

Врешті-решт тисячі людей сиділи, тісно скупчившись, у величезному лекційному залі університету і напружено чекали на величного чоловіка та його потужну промову. Черчилль устав, підійшов до мікрофона й сказав: «Ніколи, ніколи, ніколи, ніколи не здавайтеся».

Тоді він знову сів. Це був кінець промови. І більше він не вставав. Поступово присутні починали усвідомлювати: Черчилль не прагнув більше нічого казати, бо ніщо не було для нього й близько настільки важливим. Не здаватися було змістом його життя.

Якщо ж його промова вже виявилася такою лаконічною, чому ж він не задовольнився, промовивши: «Ніколи не здавайтеся»? Чому він чотири рази повторив слово «ніколи»? Черчилль занадто добре знав характер людської природи. *Люди схиляються до того, щоб встановлювати обмеження.*

Знайти причину для того, щоб здатися, — легко. *Якщо ми встановлюємо собі межі, то рано чи пізно їх досягнемо.* Якщо визначаєте свою мету, *ніщо не повинне утримувати вас від неї. Ніщо, узагалі ніщо.* Адже якщо вас щось здатне утримати, то рано чи пізно воно таки зробить це. Тоді було би краще поберегти енергію й узагалі нічого не починати.

Коли німецькі літаки бомбардували Лондон, прибічники Черчилля стали тиснути на нього, щоб він здався. Вони оточили його й казали: «Хіба не бачите, що з кожною бомбою гине багато англійців? Капітулюйте, німці й так переможуть. Зараз відбувається нікому не потрібне кровопролиття, за яке відповідальні саме ви. Подивіться, як жорстоко страждає народ через вашу впертість. Схаменіться...» Тієї ночі Черчилль, погрожуючи кулаком у напрямку німецьких бомбардувальників, прокричав: «Ви мене не переможете. Я ніколи не здамся. Ніколи, ніколи, ніколи!».

Схожа ситуація могла б створити обмеження для багатьох людей. Усі друзі й порадники відвертаються від вас. Люди, які допомагали й додавали сили, віддаляються від вас, бажаючи викликати почуття провини, чи проголошують вас божевільними.

«Межею» Мартіна Лютера була не католицька церква, яка не розуміла й переслідувала його. Навпаки, це були його друзі й однодумці, які хотіли вселити в нього сумнів: «А що, якщо ти неправий? Скільки тисяч людей буде на твоїй совісті? Ти не можеш бути настільки впевненим, щоб наважитися на такий ризик. Ти будеш змушений відповідати за вічні муки цих людей...»

Перед тим, як впритул приступити до реалізації своєї мети, ви повинні самостійно довідатися, чи дійсно прагнете її досягнути. Через певні обставини ви досягаєте своєї мети лише для того, щоб розчаровано встановити, що вона вас не задовольняє. Яка велика кількість людей довго мріяла про дім із великим садом і помічала, нарешті поселившись у ньому, що він вимагає від них занадто багато роботи. Постійно стригти газон, прибирати, відновлювати й ремонтувати... Через це вони б радше були більш задоволеними, живучи в чудовій власній квартирі.

Хочете знати, чи ваша мета справді задовольнятиме вас і зробить щасливими? Інакше ви йдете важким шляхом лише для того, щоб наприкінці встановити, що насправді хотіли чогось зовсім іншого. Якщо ж ви, навпаки, абсолютно впевнені, то усвідомлення цього надасть вам додаткових сил та мотивацію. Ви можете це легко перевірити.

Будь ласка, запишіть велику ціль (будинок, автомобіль, роботу, діяльність, фірму, партнера, подорож...). Опишіть це так добре, як можливо. Не випустіть жодної деталі.

Тепер заплющіть очі й уявіть, що би було, якби ви мали будинок, авто, роботу, фірму... Уявіть собі свій типовий розпорядок дня. Як ви себе почуваєте? Що ви змушені робити? Яка діяльність є необхідною? Які труднощі можуть виникати?

Якщо ви витримали десять хвилин цієї вправи й добре себе почуваєте, то можете мати доволі велику впевненість в тому, що будете задоволені після досягнення своєї мети. Якщо ніколи не здаватися — це виправдовує себе.

Люди, які не мають грошей, ніколи не беруть на себе відповідальність

Якщо ми витрачаємо нашу енергію на питання *чому*, то знаходимо виправдання. Ми шукаємо їх в минулому, в якому вже безповоротно не здатні нічого змінити. Натомість люди, які ставлять питання *як*, зосереджуються на рішеннях. Вони шукають шляхи, якими зможуть піти зараз або в майбутньому.

Ми завжди відповідальні, якщо щось не вдається. Ми ні на кого не можемо перекласти відповідальність за наше життя: ні на лікарів, ані на адвокатів чи консультантів з податків. Такі фахівці можуть допомогти нам у ролі менеджерів у певних ситуаціях, проте відповідальними залишаємося саме ми.

Нам слід утримувати контроль та керувати нашими менеджерами. *Ніколи не погоджуйтеся з вищою інстанцією, перед дверима якої закінчується ваша відповідальність.* Чи ви здорові, виграли судовий процес або задовільно з'ясували податкові питання — усе це питання вашої відповідальності. Фахівці допомагають у цьому, але ви — їхній керівник.

На диво велика кількість людей поступово стає готовою брати все більше відповідальності за невдачі, які вони вже не можуть пояснити певними обставинами, але не беруть відповідальності за свої *успіхи*.

Будь ласка, дайте відповідь на два простих питання:

• Припустимо, ви «виклалися на повну». Яку максимальну суму грошей ви здатні заробити за 12 місяців у такому разі?

_50.000_____ €.

• Як ви розрахували цю суму?

Максимальна кількість роботи за
певну одиницю за _____
час

Що думаєте щодо такого розрахунку: ви берете суму, зароблену за *найкращий місяць* у вашому житті, і *множите її на 12*. Згодом збільшуєте цей заробіток ще на 10% щомісяця. Чи не виникає у вас неприємне відчуття, що цей розрахунок дещо нереалістичний?

Отже, це саме час для того, щоб узяти на себе повну відповідальність за свої успіхи. Суть не у вигідних умовах чи особливому місяці. Не залежало це й від удачі, інших людей чи розташування зірок на небі. Лише ви були причиною цього успіху. Ви були відповідальними. І ви зможете повторити його в будь-який час. Ви можете створити потрібні для цього умови. Одного разу ви вже зробили це, зумієте й ще раз.

Якщо переконуєте себе, що це більше не повториться, то сабо-туєте свої шанси зміцнити власну самооцінку. Тому дуже важливо повторити найкращий результат якнайшвидше. Тоді доведете собі, що саме ви були творцем, а не якісь вигідні умови. Усвідомте, що ви дуже успішні в цій справі. Візьміть на себе відповідальність за ваш найкращий результат.

Люди, які не мають грошей, не готові викладатися на 110%

Хто шукає виправдань, той їх знаходить. Ось дві найнебезпечніші відмовки та виправдання. Вони є такими небезпечними, бо маскуються під життєву позицію. Насправді ж це лише брехня та відмовки:

- «І в майбутньому я буду задоволений тим, чим володію».
- «Якби я виклався на повну, то став би кращим за всіх».

За обома відмовками часто ховаються самообман, страх і низька самооцінка.

Задоволення — благородна мета. Ми робимо все, щоб бути щасливими та задоволеними. Проте що робить нас щасливими? Відповідь така: коли ми живемо в згоді з людською природою. А в людській природі глибоко закладена потреба рости й бути успішним. Врешті, саме в зростанні та розвитку особистості полягає задоволення.

Чи спадає вам на думку що-небудь, чим по-справжньому пишаєтеся? Незвичне досягнення? Щось, про що згадуєте з великим задоволенням? Хіба не правда, що ви досягнули цього успіху, бо були би не повністю задоволеними, якби нічого не змінили?

Подяка за те, що в нас є сьогодні, незамінна. Та задоволення тим самим і завтра суперечить людській потребі в зростанні. Дерево росте, поки воно живе. Людина, яка припинила зростати, починає вмирати. Найбільше задоволення ми отримуємо тоді, коли викладаємося на повну силу.

Як багато надзвичайно талановитих людей все життя спекулюють самовибаченнями на кшталт: «Я міг би бути насправді успішним, якби приклав достатньо зусиль». Чому тут йдеться про вибачення? Подумайте, будь ласка, що було б, якби ці люди виклалися на повну, однак не досягли б ніякого успіху? Саме цього вони бояться. *Хто віддає всі сили, той позбавляє себе останньої відмовки й повинен досягнути успіху.* Він не може більше ховатися за класним художнім фасадом життя. Тільки віддавши 110% своїх сил, берете на себе повну відповідальність за своє життя. Вам вже більше не потрібні ніякі відмовки, та ви їх і не хочете. Ви повинні досягти успіху, і ви матимете його.

Віддавати 110% своїх сил — значить зростати. Припустимо, ви хочете укріпити свої м'язи й десять разів підняти штангу. Яке з десяти зусиль найважливіше? Коли м'язи ростуть найбільше? Болгари, які виграють найбільше медалей з важкої атлетики, кажуть: *одинадцяте!* Багато людей орієнтується на 100-відсоткову віддачу й досягає лише 80%. Орієнтуючись на 110%, ви доволі легко досягнете 100%. Так ви швидко зрозумієте, що 100% — відносна річ.

Людям, які не мають грошей, бракує хорошого наставника

Наріжним каменем для створення багатства є наставник. Особистість, значно успішніша за вас, що візьме під своє крило й сприятиме вам. Коли б я не говорив із дуже заможними людьми, завжди дізнавався, що в їхньому житті повсякчас був наставник і принаймні кілька близьких прикладів для наслідування, з якими в них склалися близькі відносини.

Усі багаті люди, яких знаю, володіють яскраво вираженою впевненістю в собі. Їхня самооцінка є настільки високою, що їм важко визнавати свої помилки. Вони так себе запрограмували, що завжди добре почуваються навіть у випадку сумнівів щодо себе самих. Жодних труднощів у них не викликає почуття відповідальності за власні успіхи. Зовсім навпаки, вони охоче перекручують деякі речі в своїй голові, щоб ще привабливіше виглядати у власних очах.

Та з одною людиною вони охоче діляться всіма лаврами — зі своїм наставником. Вони добровільно погоджуються, що їхній успіх на 80, а може, й більше відсотків є заслугою їхнього наставника. Навіть такі люди, як Росс Перо й Річард Бренсон.

Візьміть, наприклад, найуспішніших спортсменів. Чому в них усіх був тренер? Чому, навіть пробившись у світову еліту, вони продовжували працювати зі своїм тренером? Причина така: *лише тренер, завдяки своєму досвіду, може за якнайкоротший час знайти найоптимальніші шляхи розвитку вашого таланту.* Ви не змушені робити всі помилки самостійно, адже можете використовувати зв'язки свого наставника.

Уявіть собі: ви щойно завершили чотирирічне теоретичне навчання на старшого лісничого. Тепер ви їдете до Канади. Ви ще не знаєте ні підступів лісу, ні звичок тварин, ні особливостей рослин. Припустимо, вам пропонують чудові гірські угіддя площею в 5 000 гектарів, але ви не знаєте напевно, як і з чого слід почати.

А тепер уявіть: ви довідалися, що в цих угіддях 67 років прожив престарий лісник Сивоборід, який знає кожну стежинку, кожну тваринку й кожну рослинку. Він відає, де пливучі піски й де є небезпека лавини. Він знає про можливих шкідників лісу та про зміїні гнізда. Ви думаєте, це було би корисно, якби лісник Сивоборід півроку був вашим наставником? 67 років досвіду всього за шість місяців!

Крім того, гарний наставник буде впродовж тривалого часу чинити дозований тиск, що спонукатиме вас віддавати 110% сил. Адже ми робимо все, щоб уникнути болю й пережити радість. Та найсильнішим із цих двох прагнень є перше. Уявіть, що ви перебуваєте в кімнаті й саме робите найпрекрасніше з того, що тільки можете собі уявити. Раптом розпочинається пожежа. Ваше бажання уникнути болю й покинути палаюче приміщення є більшим, ніж прагнення продовжувати займатися справою, що приносить задоволення. Хороший наставник розуміє баланс болю та радості й може оптимально мотивувати свого учня. Він знає, що хоча біль і є сильнішим мотиватором, однак надлишок болю може паралізувати.

До того ж наставник більш об'єктивно оцінить ваш прогрес, ніж це, з великою вірогідністю, зробите самі. Якщо ви тоді відхилитеся від свого плану, то розчаруєте не лише себе, але й наставника. Ви підкоряєте себе сильному впливу. Та необхідність є сильнішою. Люди, орієнтовані на успіх, не ухиляються від контролю, а вітають його.

Наставник очікує від вас більшого, ніж те, на що, на вашу думку, ви здатні. Ці очікування — неначе компас. Вони встановлюють шлях, яким ви підете в житті. Для того, щоб зрівнятися з мірилом свого наставника, ви повинні більше старатися.

Основні поради

Знайдіть собі наставника.

- Шукайте собі наставника.
- У вашого фінансового наставника повинно бути принаймні у 10 разів більше грошей, ніж є у вас.
- Він може допомогти уникнути помилок.
- Він сприяє вашому таланту й запобігає марній втраті часу.
- Наставник може сильно мотивувати, якщо не боїться заподіяти вам «трошки болю».
- Він спостерігає за вашим прогресом і контролює досягнення.
- Він часто спонукає досягати більш високих цілей, на які ви самостійно не наважилися б.

Хочете впевнитися в тому, що зможете втілити ідеї, описані в цій книзі, у життя? Принцип наставництва є найкращим засобом гарантії цього. Ніщо не є настільки ефективним і не збільшує успіх настільки швидко й сильно, як хороший наставник. Звісно, одразу виникають наступні питання. Що таке хороший наставник? Де його знайти? Як можете спонукати його до того, щоб він допомагав саме вам? Яких правил слід дотримуватися під час інструктажів? Оскільки ці питання є дуже важливими, я присвятив їм Розділ 13.

Люди, які не мають грошей, зосереджуються на своїх недоліках

Будь ласка, запишіть, які якості допоможуть вам стати заможними, а що цьому перешкодить. Якими є ваші сильні, а якими слабкі сторони?

Сильні сторони	Слабкі сторони

Пам'ятаєте, в якій колонці ви почали писати? *Жодна людина, яка спочатку зосереджується на своїх недоліках, не зможе досягнути багатства.* Це не значить, що тепер вам слід просто ігнорувати свої слабкості. Насамперед тут ідеться лише про послідовність, у якій вам спадають на думку ваші сильні і слабкі сторони. І про те, що зробить вас заможними.

Можливо, ви вже теж чули, що можна стати успішними тільки тоді, якщо викоріните свої слабкості. Тепер це вже не є панівною думкою. Ми знаємо, що лише ліквідація недоліків не призводить до заможності. Той, хто хоче боротися із своїми хибами, витрачає багато енергії, щоб врешті-решт стати посередністю.

Ваші сильні сторони зроблять вас заможними

Те, що зробить вас заможними, – ваші сильні сторони. Візьміть, до прикладу, теніс. Штеффі Граф має особливу перевагу – сильну подачу справа – і застосовує її так часто, як тільки може. Замість того, щоб зосередитися на вдосконаленні своєї відносно слабкої подачі зліва, вона намагається оббігти м'яч, аби подати правою.

Тому її противниці намагалися, щоб м'яч потрапляв тільки на ліву половину поля, через що її тренування змінилися так, щоб поліпшити удар зліва. Наслідком було те, що Штеффі втратила своє задоволення від гри. Вона більше зосереджувалася на тому, щоб не програти, а не на тому, щоб виграти.

Є велика різниця в тому, чи граєте для того, щоб не програти, а чи для того, щоб виграти.

Як багато людей позбавляє себе життєвих радостей і шансів розбагатіти, тому що вони безрезультатно намагаються переборти свої слабкості. Найчастіше це безнадійна боротьба, що псує будь-яке задоволення. Ви не можете ігнорувати свої недоліки, та не слід з ними й боротися, адже це не зробить вас заможними. *Тому знайдіть спосіб обійти свої слабкі сторони.* Якщо ви дотепер не стали гарним бухгалтером, то це, мабуть, уже ніколи не буде вашою сильною стороною. Сприйміть цей факт і знайдіть рішення. Найміть собі на роботу бухгалтера.

Та й у ситуації з сильними сторонами ви не можете просто так покластися на випадок. Для розвитку своїх талантів ви потребуєте наставника. Когось, хто систематично підтримуватиме й консультуватиме, поки ваші сильні сторони не стануть суперсильними. Усе надзвичайне приносить гроші. *Отже, знайдіть спосіб оминути свої вади і наставника для розвитку ваших сильних сторін.*

Якою є ціна багатства?

Про ціну, яку вам доведеться заплатити, можна почути фантастично-жахливі історії. Від зруйнованого здоров'я до жорсткої зневаги вашої родини й мутації в якогось одержимого грошима монстра – не існує нічого, за що би не звинувачували прагнення до багатства.

Те, чи ви здорові й ведете щасливе сімейне життя, найперше залежить від вашого ставлення до здоров'я й родини. Якщо гроші й мають на це прямий вплив, то радше *їхня відсутність* більше зашкодить здоров'ю. Хронічна потреба в грошах із більшою ймовірністю кидатиме тінь на вашу сім'ю, аніж достаток. Відсутність грошей більш вірогідно штовхне на злочин, аніж їхня надмірна кількість.

Стати заможними – відносно легко. Деякі кроки до цього показані в цій книжці ясно й просто. І, звісно, ви повинні за це заплатити ціну — час. Вам не доведеться віддалятися від своєї родини, але ви потребуватимете трохи часу. Декілька годин, щоб опрацювати цю книгу, і трохи днів, щоб остаточно впорядкувати ваші фінанси. Також і в майбутньому потребуватимете кількох годин на місяць, однак це ніщо проти того, скільки часу здобудете згодом.

Рік шабату

Уявіть собі, що з наступних п'яти років ви зуміли б вивільнити цілий рік. Ви могли би весь рік робити й дозволяти собі те, що вам подобається, оплачуючи при цьому всі рахунки. Ви мали б можливість подорожувати та займатися тим, що приносить задоволення, але для чого бракує часу у звичайні будні дні.

Ця ідея походить з часів Старого Завіту, що заповідав раз на сім років залишати поля незасіяними й не обрізати виноградники. Це був рік, коли семітські народи могли виділити час на перепочинок і роздуми. Вони мали можливість у спокої оцінити напрямок свого життя й спланувати майбутнє. Вони могли подорожувати або просто нічого не робити.

Після того, як я пропрацював декілька років, гроші перестали бути перешкодою, а, навпаки, стали підтримкою мого життя, чим вони, власне, і повинні бути. Я міг жити на відсотки від моїх заощаджень. Отже, я взяв рік перепочинку. Протягом перших тижнів майже нічого не робив, потім багато подорожував і відвідував семінари. Я навчився медитувати й став спокійнішим. Я читав книги, які збагатили моє життя, хоча вони не мали ніякого зв'язку з моєю попередньою роботою. Я навчився знову прислухатися до свого внутрішнього голосу. Я хотів спланувати майбутнє й помітив, що знаходжу не відповіді, а запитання.

Постійно виникали нові питання. Врешті-решт вони звелися до двох основних напрямків: я хотів знати, *хто я є* і *чому я тут* — яким є сенс мого життя. Щоб наблизитися до відповідей, я почав писати. Виїхав на Карибські острови й сів під пальмою з твердим наміром сформулювати відповіді на обидва питання в одному реченні.

Думаю, ви здогадуєтеся, яким цінним був той час для мене. Через одинадцять днів і багато-багато списаних сторінок усе для мене прояснилося. Я побачив своє завдання. Сила, енергія й пристрасть, що виникають від усвідомлення сенсу власного життя, є неймовірними. Я виявив найголовнішу пристрасть мого життя.

Можливо, ви теж поставили перед собою певні питання. Питання, для вирішення яких потребуєте часу і, якщо змога, спокою. Що би ви зробили, якби змогли взяти «рік шабату»? Рік, який належить лише вам і в якому гроші не мають жодного значення?

_____

_____

Звісно, бути фінансово незалежними необов'язково для того, щоб виявити сенс свого життя. Та ви точно погодитеся зі мною, що це допомагає. Занадто багато людей думає, що через щоденні турботи неможливо знайти час, аби проаналізувати найважливіші життєві питання.

І тому я знаю, що ціна є набагато вищою, якщо не будувати добробуту. Страждає ваша упевненість у собі. Для хорошого здоров'я певна фінансова безпека — надзвичайно необхідна. Ви інвестуєте час, щоб за допомогою цієї книги розумним чином здобути добробут. Такі інвестиції виправдовують себе багаторазово. Завдяки цьому ви заощадите цілу купу часу — наприклад, «рік шабату». Я стверджую, що володіти грошима — це добре. Бути заможним і здоровим краще, аніж бідним і хворим. Володіння грошима набагато більше відповідає людській природі. Це природно – зростати. Сюди належить і грошовий приріст.

Щойно ми поставили кілька запитань, які за певних обставин викликають у вас негативні емоції. Можливо, вони вступають у конфлікт із вашими внутрішніми переконаннями й засадами віри, тому дозвольте з'ясувати, що ви *дійсно* думаєте про гроші.

Ключові ідеї розділу

- Великі цілі є реалістичнішими за малі, адже в такому випадку проблема не здатна повністю затулити огляд мети.
- Успішні люди завжди могли поставити себе перед певною необхідністю. Вони ніколи б не стали щасливими, не досягнувши своїх цілей.
- Якщо ви встановлюєте собі межі, то рано чи пізно їх досягнете.
- Не беріть на себе відповідальність за свої невдачі, однак візьміть відповідальність за успіхи. Якщо ви переконуєте себе, що найкращий результат більше не повториться, то саботуєте свої шанси зміцнити власну самооцінку.
- Хто віддає 110% сил, забирає в себе останню відмовку й обов'язково досягне успіху.
- Ви потребуєте хорошого наставника, який завдяки своєму досвіду зможе знайти найоптимальніші шляхи розвитку вашого таланту.
- Людина, яка спочатку зосереджується на своїх недоліках, не зможе досягнути багатства.
- Є велика різниця в тому, чи ви граєте для того, щоб не програти, а чи для того, щоб виграти.

- Багато людей позбавляє себе життєвих радостей і шансів розбагатіти, тому що вони безнадійно намагаються перебороти свої слабкості.
- Ціна, яку ви маєте заплатити за добробут, — це час. Однак це ніщо проти того, скільки часу здобудете завдяки багатству. Воно дозволить позбутися фінансових проблем і в тиші роздумувати про сенс життя.

Як продовження змісту цього розділу в моїй книжці «Закони переможців» ви знайдете 30 основних принципів, що призводять до внутрішнього та фінансового збагачення.

5

Що ви насправді думаєте про гроші?

Поточна ситуація людини — точне відображення засад її віри.

— Ентоні Роббінс «Основний принцип»

Якщо я запитаю, чи хотіли б ви мати більше грошей, ви, звісно, відповісте: «Дурне запитання! Звичайно, я хочу більше грошей».

Ви праві. Ви дійсно думаєте, що хотіли б мати більше грошей. Але чого прагне ваша підсвідомість?

Згадайте наше порівняння із каталогом підприємства поштового зв'язку.

Ви замовляєте саме те, що, як глибоко переконані, вам підійде. *У принципі, сьогодні ви володієте саме тим, що, на вашу думку, є правильним і корисним для вас.*

Поки думаєте про гроші те, що думаєте, завжди повторюватимете однакове замовлення. Навіть якщо гадаєте, що хочете більшого, це не спрацює. Це виглядає так, неначе ви чекали листоноші й сподівалися, що він принесе щось інше (або більше), ніж ви замовили. Якщо ж раз у раз замовляєте те саме, то ці сподівання не мають ніякого змісту.

Будь ласка, дайте відповідь на такі запитання:

- Ви коли-небудь витрачали більше грошей, ніж хотіли? Чому?
- Ви коли-небудь намагалися схуднути, але не змогли це зробити? Чому?
- Ви колись запланували заощаджувати, та не почали робити цього? Чому?
- Ви коли-небудь вирішували принаймні три місяці не купувати нового одягу, та все ж таки зробили це? Чому?
- Ви коли-небудь перевищували свій банківський рахунок? Чому?
- Ви коли-небудь починали заощаджувати, а потім робили перерву чи взагалі припиняли? Чому?
- Ви коли-небудь приймали тверде рішення, але потім нічого не зробили? Чому?

З іншого боку, ви точно бралися за якісь речі, які вам вдалося втілити. Чому? Що було інакше?

Може бути, що в глибині вашої душі знаходиться якась вища інстанція? Щось, що часом перемагає над добрими намірами й планами?

Є різниця між тим, чого хочете, і тим, що думаєте. Можливо, ви хочете, щоб у вас було набагато більше грошей, та думаєте, що гроші псують характер.

Отже, дозвольте довідатися, що ви дійсно думаєте про гроші в глибині душі. Ми побачимо, як працює ваша підсвідомість. Потім зможете дослідити, як виникло таке відношення до грошей — для цього я використовую визначення «*засада віри*». Ви зможете вирішити, чи окремі засади вашої віри є корисними для досягнення ваших цілей, чи ні. Ви навчитеся в разі потреби змінювати ці засади віри.

Скільки готівки носите з собою?

Коли виходите з дому вранці, скільки грошей зазвичай берете з собою? Запишіть середню суму:

_____20 франків____ €.

Чому ця сума? Чому не більше? Чому принаймні не 500 €? Більшість людей має з собою менше ніж 150 €. Чому так? Ось відповіді, які я знову й знову чую на своїх семінарах:

- Я боюся загубити ці 500 €.
- Я боюся, що просто витрачу ці гроші.
- Мене можуть обікрасти.
- Я би почував себе незатишно.
- Такої великої суми в мене взагалі немає.

Які звістки передають люди своїй підсвідомості, коли так думають? Вони бояться. Вони почувають себе дискомфортно. Вони не довіряють самим собі. І все це лише через 500 €. А що було б у випадку більшої суми? *Найкраща підготовка для створення достатку – навчитися добре почувати себе з грошима.* Тому моя пропозиція звучить так: завжди майте з собою купюру номіналом у 500 €. Помістіть її окремо від інших грошей. Ви ніколи не повинні витрачати цих 500 €. Ця купюра – недоторканний резерв. Як заняття із гантелями тренують м'язи, так ці гроші тренують вашу підсвідомість, щоб розвинути в ній відчуття достатку (якщо вже робите так, то відтепер беріть із собою 1000 €). Ви навряд чи зустрінете заможну людину, яка би завжди не носила такого резерву щонайменше 500 €. І ви дізнаєтеся, що багатії починали з цієї звички ще задовго до того, як стати заможними.

Основні поради

Завжди носіть зі собою купюру номіналом у 500 €.

- Ви відчуваєте себе заможними. Ви вчитеся почувати себе добре з грошима.
- Ви звикаєте до володіння грошима.
- Ви вчитеся довіряти собі в грошових питаннях.
- Ви зменшуєте страх щодо втрати грошей або можливості бути пограбованими.
- Ви готові до будь-якої несподіванки й завжди маєте достатньо грошей зі собою на випадок угоди, щоб дозволити зробити перший внесок.
- Ви тренуєте «м'язи» вашої дисципліни.
- Ваша підсвідомість допоможе одержати більше грошей, адже бачить, що гроші приносять вам задоволення.

Більшість дій і процесів у тілі відбувається автоматично, без нашого усвідомлення. Так само, як ми не думаємо про те, коли і як вдихнути чи видихнути, глибоко укорінені засади віри керують нашою підсвідомістю. Ви коли-небудь думали, що це може підтверджуватися й вашим ставленням до грошей?

Що ви думаєте про гроші, багатство та добробут?

Перевірте, будь ласка, що ви думаєте про гроші. Позначте речення, які збігаються з вашою думкою. Перепишіть речення в такий спосіб, щоб вони стосувалися саме вас.

- ☑ Гроші погано пахнуть. *Я вважаю, що грош. погано пахнуть*
- ☑ Якщо я багатий/багата, жінки/чоловіки люблять лише мої гроші.
- ☑ Гроші втікають крізь мої пальці. *Я вважаю, що вони тікають крізь мої пальці, і якщо я буду багата. Мене люблять-муть лише за гроші*
- ☐ Як не коваль, то й рук не погань.
- ☐ Хто за гріш не стоїть, той сам гроша не вартий.
- ☑ Гроші псують характер. *Гроші псую-мують мене*
- ☐ Гроші творять добро.
- ☑ Гроші – це ще не все. *Для мене гроші, це ще не все*
- ☐ Завжди, коли я отримую гроші, їх втрачає хтось інший.
- ☐ Багато грошей можна отримати тільки завдяки безжалісності й жорстокості.
- ☐ Легше верблюдові пройти через вушко голки, ніж багатому ввійти в Царство Боже.
- ☑ Гроші роблять людину гордовитою й зарозумілою. *Гроші зроблять з мене гордовиту й зарозумілою*
- ☐ Тільки той, хто заощаджує, буде багатим.
- ☐ Бог любить бідних.
- ☑ Гроші – мірило мого успіху. *Якщо я їх зароблю – поч. вважать неуспішною*
- ☐ Якщо в мене буде багато грошей, я не зможу радіти дрібницям.
- ☐ Гроші створюють комфорт.
- ☐ Гроші – чудові й гарні.
- ☐ Гроші – це чиста енергія.
- ☑ Багатство робить самотнім. *багатою я була б самотню*
- ☐ Я люблю гроші.
- ☐ Хто багатий, у того більше немає справжніх друзів.
- ☐ Багатство породжує заздрість.
- ☐ Багаті не можуть спокійно спати.
- ☑ На той світ грошей не забереш. *Я не можу забрати гроші на той світ*
- ☑ Велика кількість грошей викликає турботи й проблеми.
- ☐ Багатство здобувається за рахунок мого здоров'я. *До того н*
- ☐ І в майбутньому я буду задоволений тим, чим володію зараз.

володіти успіша створює проблеми

- ☐ Якби я захотів і виклався на повну — то зміг би стати заможним, але я не хочу.
- ☐ Багатство здобувається за рахунок моєї родини.
- ☐ Гроші спричиняють багато добра.
- ☐ Майже усьому, що маємо, ми завдячуємо благородному й хорошому прагненню до грошей.
- ☐ Гроші роблять людей щасливими.
- ☐ Хто думає, що за гроші щастя не купити, той просто не знає, де слід робити закупи.
- ☐ Гроші — не все, але без грошей усе — ніщо.
- ☐ Без грошей я — повний невдаха.
- ☐ Усе визначено наперед.
- ☐ Бідність — це погано, жалюгідно й ганебно.
- ☐ Заощаджують лише бідняки й безталанні.
- ☐ Будь задоволений тим, що в тебе є.
- ☐ З великою кількістю грошей я стану млявим і ледачим.
- ☐ Я не зароблю більше, ніж у мене є.
- ☐ Якби я хотів мати багато грошей, то повинен був би так змінитися, що мій партнер перестав би мене любити.
- ☐ Хороші й розумні люди завжди повинні бути заможними.
- ☐ Лише Богу відомо, чи я стану багатим.
- ☐ Скромність прикрашає.
- ☐ Багатство — непристойне.
- ☐ Мені завжди бракувало дисципліни, щоби заощаджувати.
- ☐ Мені не щастить.
- ☐ Із великою кількістю грошей я здеградую.
- ☑ Якщо мої діти виростуть у багатстві, то стануть зніженими й наркоманами.
- ☐ Багатство — це несправедливо. Так багато людей страждає від голоду.

- ☐ Є речі, важливіші за гроші.
- ☐ Якби я більше заробляв, то довелося б лише платити більше податків.
- ☐ Я притягую гроші, неначе магніт.
- ☐ *З моєю професією грошей не заробити*
- ☐ *Я не є у кіл еліти, ані інтелектуальної, ані заможної і мене в них колах ніколи не приймуть за свою.*

Як відображаються ваші засади віри?

Зараз ми з'ясуємо, як виникло ваше ставлення до грошей. Будь ласка, перегляньте ще раз речення, які ви позначили. Як думаєте, ці переконання впливають на ваше життя? Ви вже усвідомили, наскільки ваша поточна фінансова ситуація є відображенням ваших переконань?

Це установки моїх батьків. Моя фінансова ситуація й самореалізація — це відображення моїх установок.

Може бути, що ви дійсно володієте приблизно тим, що, *на вашу думку*, добре для вас?

Минуле — не таке, як майбутнє

Декілька років тому я важив 96 кілограмів і ненавидів біг підтюпцем. Мало що могло викликати в мене більше відрази, ніж тупо простувати через ліс. Біг підтюпцем, на мою думку, це щось, призначене лише для людей із уродженими дивацтвами. Однозначно, слід було безжалісно переплутати багато хромосом, щоб змусити людину в холод і дощ намотувати кола назовні, замість того, щоб затишно влаштуватись у своєму теплому ліжечку.

На уроках фізкультури нам потрібно було пробігти на витривалість від роздягальні до спортмайданчика. Одного разу мій учитель фізкультури біг якраз за мною. Із величезним педагогічним тактом він кричав: «Шефер, ви повинні не ями в землі продавлювати, а бігати. Навіть слон — більш моторний порівнюючи з вами. Шум, з яким біжите, розполохає всю дичину у радіусі п'яти кілометрів!» Він продовжував приблизно хвилин десять. Весь клас вирішив, що це дуже весело. Мені ж бракувало високої самооцінки, щоб посміятися разом із іншими. Так я почав ненавидіти біг. Я охоче займався «осмисленими» видами спорту. Та біг підтюпцем був справді занадто тупим заняттям... З роками ця думка переросла в тверде переконання. Відповідно й мій фізичний стан був не особливо хорошим. Це тривало, аж поки декілька років тому на Гаваях я не познайомився з Стю Міттлеманом. Тоді йому було близько сорока, і він виграв усі забіги на довгі дистанції, які тільки можна було собі уявити. Він установив декілька світових рекордів: подолав 1 000 миль за одинадцять днів, перегони Скелястих Гір (600 миль), французькі шестиденні перегони, чемпіонат Америки дистанцією в 100 миль...

Коли я розповів йому, що ненавиджу біг, його обличчя набуло місіонерського виразу. Тоді він зробив нечувану пропозицію: «Взувайте черевики — ми побіжимо разом. По тому, як ви рухаєтеся, я бачу, що ви повинні вміти добре бігати». Крім того, він розробив спосіб бігу, який надає більше енергії і завдяки якому можна днями жити лише за рахунок своїх жирових запасів. Це мене заінтригувало. Я ще трішки поскаржився, що це полудень, мені слід тримати свої 96 кілограмів в тіні заради безпеки, і що я не зможу витримати більше п'яти хвилин на палючому сонці, але Стю хотів навернути мене на шлях істини.

Отже, ми побігли — заспокійливо й повільно. Протягом перших хвилин Стю точно проаналізував мій стиль і перечислив усе, що я добре робив. Додатково він дав мені декілька порад, які стосувалися дихання, положення рук та правильної постановки ніг. На диво, я не втомився. Загалом ми бігали дві з половиною години. Я так пишався собою, що це навіть принесло мені задоволення. З того часу я бігав кожного дня. Уже чотири роки я важу 78 кілограмів і перебуваю в чудовій формі. Тепер я не можу зрозуміти, чому всі не бігають, щоб почувати себе сповненими життя, енергії та здоров'я. Що би ви не думали про себе самих і добробут, ви здатні негайно змінити своє ставлення.

З'ясуйте, що ви насправді думаєте про гроші

Уявіть собі велику кількість грошей. Багато, багато, дуже багато грошей. Запишіть усе, що у вас асоціюється с фінансовим достатком. З великою кількістю капіталу, грошей, нерухомості та майна.

Врага, гіпнуліать, обман, не чисті руки.
потреба дозволяти собі

Які є аргументи на користь того, щоб у вас було дуже багато грошей, а які проти? Які переваги цього, а які недоліки? Подивіться ще раз на список засад віри, які ви позначили.

Переваги	Недоліки
• Мати свободу	• багато працювати
• Мандрувати	• Зіпланись рекомендацію
• Забгодити дітей і рідних	
• ходити на амолодив процедури	• Хвилюватись, що можеш втрачати

Яким є співвідношення переваг і недоліків? За певних обставин ви записуєте більше переваг, ніж недоліків, та у випадку з засадами віри не діє принцип більшості. Тут діє принцип емоційної сили.

Одна-єдина засада віри може бути вирішальною

Не має значення, як багато засад віри ви маєте, позитивних чи нега-тивних. Вирішальним є те, наскільки вони сильні. Більшість людей має негативні асоціації щодо великої кількості фінансів, які є сильні-шими за їхні позитивні асоціації щодо фінансової свободи.

Приклад. Один із моїх знайомих бачить, що багатство має очевид-ні переваги для нього. Він міг би більше часу проводити зі своєю ро-диною, мати більше розкоші й комфорту. Він міг би дати більше собі та своїй сім'ї.

Він з дружиною не повинні були б так важко працювати, а мог-ли би просто найняти прислугу, яка перейняла б частину хатніх робіт. Вони могли би подорожувати й знайомитися з цікавими людьми.

У дійсності ж цей знайомий має лише негативне ставлення до багатства. Він думає, що гроші псують характер. Сила характеру та цілісність особистості — дуже вагомі для мого знайомого. Для ньо-го настільки важливо мати добрий характер, що він «охоче» відмо-виться від багатства. Його підсвідомість допомагає йому «зберігати добрий характер». Отож він занадто багато витрачає й нічого не заощаджує. Якщо бути об'єктивним, то для такої розумної люди-ни, як він, це дуже нерозумно. Так по-дурному, що це йому взагалі не личить, але в такий спосіб він зберігає свій характер «у чистоті й охайності».

Увага

Ця та наступна вправи — найважливіші в усій книжці, адже все ґрунтується на засадах віри. Хотіти стати багатими, не знаючи або не змінюючи своїх засад віри, — практично те саме, наче плювати проти вітру. Подумайте ось про що: підсвідомість хоче найкращого для вас, тому й забезпечує саме тим, що, на вашу думку, є добрим для вас.

Навіть якщо лише прочитаєте цю книгу, у будь-якому разі отримаєте дуже корисну й цікаву інформацію. *Та якщо ви прагнете змінити на краще свою фінансову ситуацію, тоді повинні виконати ці вправи письмово.* Це – ваше життя. Та якщо ж все-таки витрачаєте час і гроші на цю книгу, то краще все робити правильно й стати значно заможнішими.

Які з ваших засад віри щодо грошей — найсильніші?

1. *Я просто не хочу бути заможною, бо*
2. *ведуть до самолюбст*
3. *Гроші не можна заробити чесно*
   Гроші це ще не все.

Як виникли ваші засади віри?

Як ми встановили, багато засад вашої віри виникло радше випадково. Можливо, вистачило того, щоб люди, які зіграли значну роль у вашому розвитку, передали вам у процесі кілька життєвих мудростей. За певних обставин досить лише спостерігати за людьми навколо себе. Можливо, ви часто чули якісь певні висловлювання про гроші або бачили, як ваші батьки розпоряджаються ними.

Ким були ті троє–десять чоловік, які найсильніше вплинули на вас до вісімнадцятиліття (мати, батько, друзі, родичі, учителі, керівники...)?

_____   _____

_____   _____

Хто зараз впливає на вас найсильніше? Підказка: хто проводить із вами найбільше часу (партнер, друзі, колеги, батьки, співробітники, товариші по спорту), той і має на вас найбільший вплив.

_____   _____

_____   _____

Що пов'язує цих людей з грошима? Як вони поводяться з грошима? Які поради вони дають?

1-ша особа _____

2-га особа _____

3-тя особа _____

Чи бажають ці люди вам зла?

Порадами слід користуватися з обережністю з багатьох причин. Звісно, більшість людей бажає вам добра. У більшості випадків можете повірити своїм батькам, якщо вони говорять: «Ти коли-небудь житимеш краще, ніж ми». *Зрозуміло, не набагато краще. Лише трішки.* Адже інакше ваш успіх був би доказом помилок батьків. Отже, поради повинні вказати вам не тільки шлях, але й межу. Ви повинні стати успішними, але не занадто.

Більшість порадників хоче виправдати власну ситуацію. Поради найчастіше показують те болюче місце, де сам порадник зазнав невдачі.

Хтось, хто радить не ризикувати, мабуть, жорстоко обмежив своє життя, бо сам не наважився на необхідний ризик. *Отож часто поради є прихованими виправданнями власної ситуації.*

До того ж порадник завжди думає про своє благо. Батьки, які бажають, щоб дитина залишалася з ними, навряд чи порадять їй прийняти пропозицію працювати за кордоном.

Принцип такий: *ніколи не приймайте пораду людини, яка не є там, де би ви хотіли бути.*

Тепер, коли знаєте свої засади віри щодо грошей, — що далі?

З переконаннями, які є в більшості людей щодо грошей, ви не зможете стати заможними. Ви саботуватимете самого себе й тупцюватимете на місці.

Ви задоволенні своїм ставленням до грошей? Якщо не вважаєте, що гроші — це добре, то не станете заможними, навіть якщо вам хочеться більше грошей. Ідеться про те, щоб розвинути такі переконання, які допоможуть вам отримати те, чого хочете.

Існує проста техніка, за допомогою якої ви зможете змінити ставлення до грошей і переконання, які лежать в його основі, за 30 хвилин. Та спершу ми повинні з'ясувати, чи в нас узагалі є право змінювати наші засади віри.

Гроші — добро чи зло?

Цікаво, чи є правильними окремі засади віри про гроші, чи ні? Наші уми знову розпалюють роздуми про добро і зло, правильне й неправильне.

Кілька століть тому панувала думка, що Земля — плоский диск. Усі ті, хто вважали, що вона кругла, мали бути спаленими. Крім того, ми думали, що рослини зелені, аж поки не довідалися, що бачимо кольори тому, що предмет поглинає всі кольори світла. Той колір, який він не поглинає, і здається нам природним забарвленням предмета. Ніщо не є таким, як нам здається. Поділ на правильне й помилкове допомагає ще менше, адже ми постійно помиляємося.

Та все ж через багато факторів маємо труднощі зі сприйняттям цієї точки зору. Причиною є наша потреба в упевненості. Ми хочемо покладатися на себе й на інших. Мабуть, нам важко сприйняти висловлювання Конрада Аденауера: «Яке мені діло до моєї вчорашньої дурнуватої балаканини». Ще сміливішим здається формулювання: «Яке мені діло до моїх вчорашніх дурнуватих переконань». Слово, яке приховане в цьому, — «послідовність». Можливо, обдумаєте ваше ставлення після того, як прочитаєте наступні слова Махатми Ганді:

«Послідовність — не абсолютна чеснота. Якщо моя свідомість сьогодні не така, як учора, хіба не послідовно було б змінити напрямок моїх думок? Тоді я буду непослідовним щодо минулого, але послідовним щойно правди. Послідовність полягає в тому, щоб слідувати за тою правдою, яку ти розпізнаєш».

Коли Махатма Ганді одружився, він точно мав інші засади віри щодо шлюбу та сексу, ніж згодом, коли вирішив більше не спати зі своєї дружиною, щоб цілком сконцентруватися на власній місії. Він хотів повністю присвятити себе Індії. Не нам вирішувати, чи це було «правильно».

І саме це є перепоною. Люди схильні до того, щоб все ділити на «правильне» й «неправильне». Цей поділ на «добро» і «зло» — суто людський винахід. У природі немає нічого схожого.

Як виникає віра?

В одного селянина був чудовий кінь. Через це йому заздрили всі жителі села. Вони говорили: «Якби в кожного був такий чудовий кінь». Селянин лише відповідав: «Хто знає...»

Одного разу кінь утік, і люди з усього села говорили: «Яке нещастя». Селянин лише відповідав: «Хто знає...»

Через декілька тижнів кінь повернувся з іще трьома дикими кіньми, які прибилися до нього. Цього селяни осягнути не могли: «Пощастило ж йому!» — викликували вони. Селянин лише відповідав: «Хто знає...»

Коли його син захотів об'їздити одного з диких коней, то впав і зламав ногу. Односельці вжахнулися: «Його багатство не принесло йому щастя, без його коней син залишався б здоровим». Селянин лише відповідав: «Хто знає...»

Трохи пізніше розпочалася війна і всіх здорових молодих чоловіків покликали на військову службу. Син селянина зі зламаною ногою був змушений залишитися вдома, від чого лютував. Селянин заспокоював його: «Хто знає...»

Жоден із молодих хлопців не повернувся після війни. Жителі села шепотілися: «Селянину неймовірно пощастило».

Єдиної об'єктивної реальності не існує. Завдяки дослідженням нашого сприйняття реальності та Ейнштейну ми знаємо, що спостерігач сам створює свою реальність. Те, що ми бачимо, існує в цьому вигляді лише тому, що ми його так бачимо. Ця книга існує для вас лише так, як ви хочете її прочитати й зрозуміти. Для змії ж вона насправді виглядатиме зовсім інакше, адже змії бачать усе в інфрачервоному спектрі.

Якщо ви й так самі створюєте власну реальність, то наскільки простіше можна створити засади віри? Ви вже часто змінювали своє ставлення (засади віри) протягом життя. Ви закохувалися в когось, а потім розлучалися. Вам подобався якийсь одяг, а за якийсь час ви вважали його жахливим...Так само можете змінити свою віру, але залишатися самими собою. Якими б ви себе не бачили — це ви. Ваше ставлення до самих себе й до світу «створює» вас. Ваше становище визначає те, у що ви вірите.

Уявімо собі думку у вигляді стільниці.

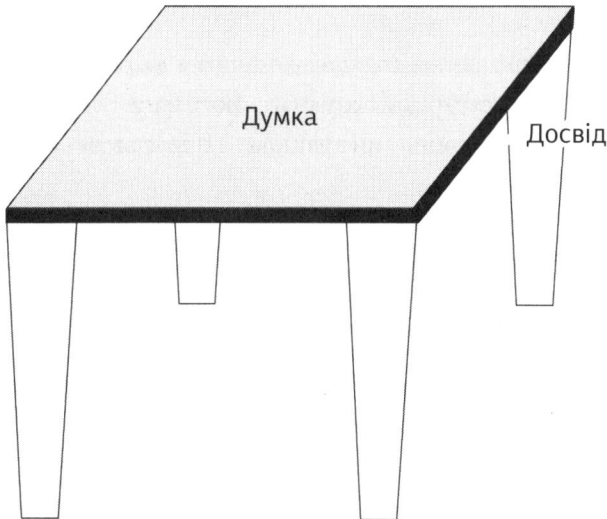

Щоб сформувати із цієї думки віру, потрібно три, а краще чотири або більше ніжок стола (досвід, що підтверджує думку).

Ви коли-небудь пробували займатися акціями? Що з цього вийшло? Я знаю багатьох людей, які один-два рази купували акції, але при цьому порушили всі правила розсудливості стосовно угод з акціями. Курс упав, а вони, щоб не збільшити втрати, швидко продали їх. У результаті в них сформувалася думка: «Мені не щастить із акціями». Потерпілий починає розпитувати всіх довкола, у кого ще був поганий досвід із акціями, і в такий спосіб ретельно підбирає «ніжки стола». *Щоб зміцнити нашу віру, ми позичаємо чужий досвід. Ми шукаємо ситуації, які підтверджують нашу думку.*

Ви вмієте правильно поводитися з грошима? Багато людей відповідає «ні» й шукає доказів, які підтверджують цю віру. *Ситуація, в якій ми перебуваємо, відображає наші переконання.*

Чи псують гроші характер? Скільки людей із тих, кого ви знаєте, вірять у це? Тоді вони розгортають газету лише для того, щоб знайти ще більше доказів своїх переконань. Чи могли би ці люди знайти також і докази того, що за допомогою грошей можна робити добро? Звичайно. Ми можемо знайти підтвердження усьому. Абсолютно усьому. Саме тому існує так багато релігій, філософських течій, політичних напрямків...

Як змінити ваше ставлення до грошей

Не існує правильних і неправильних переконань. Візьмімо, наприклад, фразу: «У багатіїв багато заздрісників». У кожного багатія насправді є заздрісники? Це настільки ж правильно, наскільки, з іншого боку, й те, що в багатія набагато більше знайомих, які ним захоплюються. Отож питання полягає не в тому, правильна ваша точка зору чи помилкова. Ідеться лише про те, *чи допомагає вона на шляху до вашої мети*.

Зрозуміло, що для початку вам потрібно визначити свою мету. Якщо ви цього ще не зробили, запишіть вичерпно свої цілі. Подумайте, ким хочете бути, чим прагнете займатися й чим володіти. Почніть з віддалених цілей — вони будуть компасом для короткострокових і проміжних. Торкніться всіх п'яти сфер життя: здоров'я, фінансів, стосунків, емоцій та сенсу життя.

Через сім років і більше я би хотів...
- ...бути: ким ви хочете бачити самих себе й ким повинні бачити вас інші?

_____

_____

- ...робити: як повинен виглядати ваш типовий розпорядок дня? Чим ви хочете займатися або ж що більше не хочете робити?

_____

_____

_____

- ...мати: яке майно, друзів, здоров'я, сім'ю ви хотіли б мати?

_____

_____

_____

Через три роки й більше я хотів би...
- ...бути: ким ви хочете бачити самих себе й ким повинні бачити вас інші?

_____

_____

_____

- ...робити: як повинен виглядати ваш типовий розпорядок дня? Чим ви хочете займатися або ж що більше не хочете робити?

_____

- ...мати: яке майно, друзів, здоров'я, сім'ю ви хочете мати?

_____

Тепер ще раз подивіться на свої переконання. Які з них підтримуватимуть вас на шляху до мети, а які – перешкоджатимуть? Згадайте: *ви постійно шукаєте доказів, які підтримують вашу віру. Ви бачите, на чому концентруєтеся на підставі засад вашої віри. Тому ваш світ буде саме таким, яким його уявляєте.* Визначіть, які з ваших засад віри можуть перешкоджати, адже змушують концентруватися на неправильних речах.

Будь ласка, запишіть переконання, які б ви хотіли змінити:

1. _____
2. _____
3. _____
4. _____
5. _____

Згадайте наш малюнок стола. Віра складається з думки (стільниці) й багатого життєвого досвіду (ніжок стола), що підтримує нашу думку.

Щоб змінити віру, вам доведеться спочатку відламати ніжки стола. Звільніться від всіх доказів і розгляньте свою думку ізольовано. Обміркуйте, чи має ця думка для вас зміст. Якщо ні, поставте її під питання.

Візьмімо, наприклад, фразу «Гроші псують характер». Ось кілька питань, які вселяють значний сумнів у правильність цієї думки, яка мало чим може допомогти. Подивіться, що відповів один з учасників семінару, що колись вірив у це:

1. Чому за певних обставин ця думка — помилкова?
Бо я знаю декількох доволі заможних людей, які мають дуже цілісний і сильний характер. З іншого ж боку, я знаю бідних людей, які є негідниками. Характер, очевидно, не залежить від грошей. Ще в Біблії було сказано, що багатство — це добре. Усі герої Старого Завіту були багатими.

2. Чи була заможною та людина, яка вселила цю думку?
Ні! І я не хотів би помінятися місцями з жодним із тих, хто поділяє цю думку. Мені не потрібні їхні робота, квартира, авто чи друзі. Я не хотів би опинитися в їхній шкірі й не прагнув би мати їхні засади віри. Вони — милі люди, та я не хочу бути таким, як вони.

3. Якщо я не відмовлюся від цієї думки, чого це мені коштуватиме — у фінансовому й емоційному планах?
Я буду змушений і далі займатися справами, які мені не подобаються. Від цього я отупію. Радше бідність псує характер, адже отупляє людину. Я втрачу самоповагу й провадитиму жалюгідне існування. Я житиму без натхнення й зневажатиму самого себе.

4. Чого це коштуватиме моїй родині й людям, яких я люблю?
Я не зможу запропонувати їм того рівня життя, якого вони заслуговують. Ні, набагато гірше: я схилятиму їх до бідності своїм прикладом і порадами. Я затримуватиму їхній розвиток, щоб виправдати власну ситуацію.

5. Як покращиться моє життя, якщо я зміню цю думку зараз? Як я відчую себе через це?

Я концентруюся на речах, які збагачують і прикрашають моє життя. Я шукаю нові можливості. Я поважаю себе, адже тепер чесний із самим собою: я здатний працювати над своїм характером і добробутом. Чим заможнішим я буду, тим краще виявлятиметься мій характер. Я відчуваю себе вільним.

Тепер візьміть першу засаду віри, яку ви хотіли би змінити, і дайте відповідь на ті самі питання.

1. Чому за певних обставин ця думка — помилкова?

2. Чи була заможною та людина, яка вселила цю думку?

3. Якщо я не відмовлюся від цієї думки, чого це мені коштуватиме — у фінансовому й емоційному планах?

4. Чого це коштуватиме моїй родині й людям, яких я люблю?

5. Як покращиться моє життя, якщо я зараз зміню цю думку? Як я відчую себе через це?

Змініть свої засади віри, і ви зміните своє життя

До цього моменту ви зробили чотири важливі кроки.

1.   Дізналися, що думаєте про гроші. Завжди, коли у вашому житті щось не так, як би хотілося, ви повинні з'ясувати, які переконання за цим ховаються.

2.   Перевірили, чи є корисними ці переконання для досягнення вашої мети. Для цього усвідомили свої цілі.

3.   Короткочасно ізолювали засаду віри — думку — від досвіду й доказів. Це дозволяє відокремлено розглянути свою думку.

4.   Критично дослідили вашу думку. Внаслідок цього з'явилися серйозні сумніви щодо колишньої засади віри.

Тепер ви готові замінити стару думку новою. Згодом зможете перетворити цю нову думку на засаду віри, віднайшовши для цього необхідний досвід і докази. Мабуть, тепер думаєте: «Це все не може бути так просто». Я хочу запропонувати вам перевірити це, однак є умова: цю вправу ви робите письмово. Результат вразить вас.

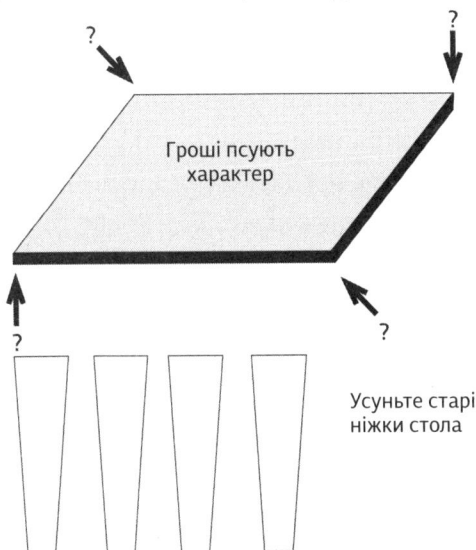

Гроші псують характер

Усуньте старі ніжки стола

Замініть стару думку новою

Тепер сформулюйте нову думку, кориснішу для ваших цілей. Думку, що надає вам сили й дозволяє сконцентруватися на важливих речах. Згодом відшукайте докази й досвід, які перетворять думку на засаду віри. Як столу потрібно принаймні три-чотири ніжки, щоб стояти стійко, так і ви потребуєте щонайменше стільки ж доказів, які б підтримали вашу думку. Ви можете спокійно «позичати» ці докази й досвід із життя інших людей.

Отже, візьміть свою стару думку «гроші псують характер» і сформулюйте нову віру — наприклад, «з грошима я зможу зробити багато добра, адже це залежить не від грошей, а від мене». Тепер знайдіть докази для цієї думки. Погляньте, що записав один із учасників семінару:

1. Якось я познайомився з Карлхайнцем Бемом. Він використовує свої гроші й популярність, щоб допомагати людям в Східної Африці. Гроші допомагають йому робити багато добра.

2. Мій колишній керівник — дуже заможний і обладнав для інвалідів один із відділів своєї фірми. Я часто дивувався його характеру. Завдяки грошам у нього є багато можливостей надавати допомогу тим, хто її потребує.

3. Гроші проявляють мій характер і дають більше можливостей. З грошима я можу робити *більше доброго* або *більше поганого. Це залежить від мене*, а в себе я вірю. Тому в моїх руках грошам добре. У мене є уже двоє хрещених дітей у Венесуелі.

4. Я захоплююся сером Джоном Темплтоном. Він мільярдер, та, проте, скромний. Він підтримує 18 благодійних фондів, якими керує і які фінансує. Він відмовився від керівництва своїми фірмами, щоб піклуватися лише про ці фонди.

Гроші можуть робити добро.
Це залежить від вас

Сер Джон Темплтон

К.-Х. Бем

Двоє моїх хрещених дітей

Колишній керівник

Оберіть собі приклад для наслідування й трансформуйте стару засаду віри:

Стара віра: _____

Нова віра: _____

Докази й досвід:_____

Основні поради

Змініть засади віри, щоб досягнути своїх фінансових цілей.

• Подумайте про те, що життя — віддзеркалення ваших засад віри.

- Довідайтеся, які засади віри є «відповідальними».
- Відділіть докази від думок і замініть свою думку іншою, кориснішою для вашої мети.
- Перетворіть цю нову думку на засаду віри, підкріпивши її доказами.
- Якщо ви змінюєте свої засади віри, то робите інші вчинки, створюєте нові звички й у такий спосіб змінюєте своє життя.
- Одразу ж зміцнюйте нову засаду віри імпульсами, спрямованими до вашої нервової системи. Іншими словами, робіть перший крок уже тепер.
- Тепер ви створили правильні передумови для досягнення фінансового успіху.

Для того, щоб досягнути своїх фінансових цілей, ви потребуєте трьох засад віри:

1. Це *повинно* змінитися.
2. *Я мушу* це змінити.
3. *Я можу* це змінити.

Завжди, коли людина ефективно змінює ситуацію, вона відчуває: «я *мушу* це зробити». Вона знає, що лише сама відповідальна за себе. І вона вірить в себе достатньо для того, щоб почати необхідні зміни.

Наполеон Гілл написав, мабуть, найвідомішу книгу про успіх, яка називається «Думай і багатій». Його мачуха казала йому наступне:

«Хатина, яку ми називаємо будинком, — ганьба для нас і камінь спотикання для наших дітей. Усі ми фізично здорові, і немає жодної причини миритися з бідністю, оскільки ми знаємо, що вона — не більше ніж результат ліні або байдужості.

Якщо ми залишимося тут і змиримося з умовами, у яких зараз живемо, то наші діти виростуть у тих самих умовах і так само із ними зміряться. Я не люблю бідність! Я ніколи не сприймала бідність як свою долю, не стану цього робити й тепер!

Зараз я ще не знаю, як виглядатиме наш перший крок на шляху від бідності до незалежності, та вірю, що нам вдасться звільнитися, — однаково, як довго це триватиме і які жертви нам доведеться принести. Я маю намір дати нашим дітям переваги хорошої освіти. Навіть більше: я хочу, щоб вони сповнилися честолюбства, аби перемогти бідність. Бідність — це хвороба, яка стає хронічною, і її важко перебороти, якщо одного разу вже змирився з нею. Народитися бідним — не соромно, але соромно сприймати цю спадщину як щось, що не підлягає зміні. Ми живемо в одній із найбагатших і найрозвиненіших країн світу. Тут дають шанси кожному, хто прагне їх розпізнати й використовувати. А що стосується нашої сім'ї, якщо нам і не дали ніякого шансу, тоді ми створимо його самі, розпочавши нове життя!

Бідність — неначе параліч, що підкрадається. Поступово вона руйнує потребу в свободі, краде бажання радіти найкращим моментам життя, шкодить особистій ініціативі. Крім того, вона зумовлює примирення людини з безліччю страхів, серед яких — страх хвороби, критики, фізичного болю.

Наші діти занадто молоді, щоб розпізнавати небезпеки, які виникають, коли бідність сприймають як долю, та я подбаю про те, щоб вони довідалися про ці небезпеки. І подбаю також про те, щоб вони розвивали свідомість добробуту! Щоб вони очікували достатку й були готовими сплатити його ціну!»

Поміркуйте: чи повинна змінитися ваша ситуація? Якщо так, то саме ви мусите її змінити, а ви *можете* зробити це.

Повинні ви щось чинити чи ні, залежить від ваших засад віри. І тут ви здатні змінити власне «програмне забезпечення».

Важелі впливу

Щоб зробити щось *необхідністю*, нам потрібен важіль впливу, тобто підйомна сила. Ця сила виникає, коли відчуваєте біль через те, що не зробили чогось, що принесло би вам велику радість у випадку виконання цієї дії.

Цю дію ви можете спровокувати штучно у такий спосіб: асоціюйте біль із фактом, що ваша фінансова ситуація не зміниться.

Запишіть всі речі, від яких вам доведеться відмовитися. Чого ви позбавитеся, якщо ніколи в житті не здобудете фінансової впевненості чи незалежності? Як це позначиться на ваших стосунках, здоров'ї, рівні стресу, самооцінці та потребі у свободі? Особливо якщо вам доведеться так само трудитися й у наступні роки? Мати власний дім у Португалії або Хорватії, а також квартиру в Києві, машину, фото й відео техніку. Гарний камін, елегантне вбрання.

Щоб чинити тиск на самого себе, недостатньо лише уникати болю. Щоб зробити ваші цілі необхідністю, ви потребуєте як болю, так і радості. Болю, якщо не досягаєте мети, і радості, якщо досягаєте.

Тепер запишіть усі речі, які отримаєте, якщо станете фінансово незалежними й більше ніколи не будете змушені працювати. Ви могли би присвятити себе винятково тим речам, що приносять задоволення й допомагають іншим. Як це вплине на вашу радість від життя, самооцінку, стосунки? Скільки б вільного часу у вас з'явилося, скільки задоволення? Як це вплине на ваше здоров'я та життєве призначення? Як збагатиться ваше життя та життя людей довкола?

Саморозвиток, малювання, читання книжок, спорт з дітьми. Свій дім з камином, бажаного авто, велосипеди, мандрівки, вечірки з бру

Ви потребуєте хороших причин, щоб з бажання зробити абсолютну необхідність. Причин, чому ви щось хочете й повинні зробити. Частіше запитуйте себе *чому*, а не *як*, коли йдеться про прийняття рішень. Кожна людина, яка досягла певної значної мети, спочатку на 90% концентрувалася на *чому* й лише у 10-ти % випадків — на *як*. Більшість людей на 90% думає про *як* і лише на 10% про *чому*, через що ніколи не досягає своїх цілей.

Після того як ви опрацювали цей розділ, я хочу привітати вас. Це коштувало певних зусиль, але ви заклали фундамент для добробуту, оскільки тепер точніше знаєте, чого хочете.

Того, що за певних обставин для більшості людей видається чудом, ви зможете досягнути за сім років, адже тримаєте долю у своїх руках і маєте владу над власним майбутнім.

У вас є точне уявлення про те, що необхідно, аби стати заможними. Ви зробили перший крок і встановили, що насправді думаєте про гроші. Можливо, ви змінили свої засади віри, щоб вони підтримували вас на шляху до мети.

Ключові ідеї розділу

- Поточна ситуація людини — точне відображення засад її віри.
- Загалом, сьогодні ви володієте саме тим, що вважаєте правильним й добрим для себе.
- Найкраща підготовка до створення достатку — навчитися добре почувати себе з грошима.
- Більшість людей має негативні асоціації щодо великої кількості фінансів, які є сильнішими за їхні позитивні асоціації щодо фінансової свободи.

- Фінансова ситуація, у якій ви зросли, сформувала вас так само, як речі, які ви спостерігали чи чули про поводження з грошима.
- Якщо хочете змінити свою фінансову ситуацію, то повинні змінити насамперед свої несприятливі думки.
- Хотіти стати багатими, не знаючи або не змінюючи своїх засад віри, — те саме, що й плювати проти вітру.
- За допомогою порад люди не лише вказують вам шлях, але й показують межі. Дуже часто поради є прихованими виправданнями власної ситуації.
- Не шукайте порад поблизу — розшукуйте там, де вони найкращі.
- Важливо розвивати такі переконання, які допоможуть вам отримати те, чого насправді хочете.
- Ви здатні змінити будь-яке переконання за 30 хвилин.
- Кожен із нас у минулому вже змінював свою позицію або думку. Те, що тоді сталося несвідомо або випадково, ми можемо зробити цілком цілеспрямовано.
- Вирішальний критерій для ваших переконань: ця думка корисна на шляху до моєї мети?
- Завжди, коли у житті щось не так, як би хотілося, ви повинні з'ясувати, які переконання за цим ховаються.
- Для того, щоб досягнути своїх фінансових цілей, ви потребуєте трьох засад віри:

  1. Це *повинно* змінитися.
  2. Я *мушу* це змінити.
  3. Я *можу* це змінити.

- Щоб зробити щось *необхідністю*, нам потрібен важіль впливу. Він складається з уникнення болю та відчуття радості.

- Цю дію можете спровокувати штучно в такий спосіб: асоціюйте біль із фактом, що ваша фінансова ситуація не зміниться.
- Кожна людина, яка досягла значної мети, спочатку на 90% концентрувалася на питанні *чому* й лише у 10-ти відсотках випадків — на *як*.

Практичний посібник на шляху до першого мільйона

6
Борги

*Ніколи не приймайте короткострокового рішення
для довгострокової проблеми.*

— *Даніель С. Пенья «Угоди й придбання»*

Сьогодні для багатьох борги є чимось звичним. У трьох із чотирьох домашніх господарств Німеччини є заборгованість за споживчим кредитом. А чому б і ні? Хто врешті-решт хоче прожити життя скупердяєм?

Після закінчення мого навчання минуло не більше року, коли я заборгував майже 40 000 €. Це сталося тому, що я в жодному разі не хотів бути таким, як мій батько. Він завжди, купуючи щось, виймав записну книжку й гострим олівцем записував: «Бодо, морозиво, 0,4 марки, 3.8.1968» — так, що це міг бачити кожен. Як незручно!

Ні, у мене не було ні сліду скнарості. Зазвичай я міг запросити друзів до ресторану. Мені була потрібна велика машина, врешті-решт я повинен був виглядати поважно.

До того ж у мене ж мали бути витрати — через податки. Та ще й чудовий винахід — кредитні картки: я ніколи не повинен був платити самостійно. Це робили хлопці з фірми кредитних карток — принаймні спочатку...

Тоді я почув: «Переможець їде крізь життя першим класом». І я їхав першим класом: ніякого шампанського — лиш ігристе вино. Не було й банальних стейків — тільки стейки з філе.

Я вже хотів жити в майбутньому — як заможна людина. Та незабаром минуле стало все частіше нагадувати про себе у вигляді рахунків, повідомлень, кредитних платежів, що зростали. Як хорошому продавцю із добрим доходом мені вдавалося знову й знову отримувати позики. Я почав перерозподіляти гроші, тобто брав нові кредити, щоб сплачувати внески за старими. Так я повільно, але впевнено спускався по низхідній спіралі.

Я не знаю, як виглядає ваша ситуація. Можливо, вам необхідно прочитати цей розділ — так би мовити, як останню соломинку для потопельника. Можливо, у вас взагалі нема заборгованості за споживчим кредитом. Тоді у будь-якому разі прочитайте, будь ласка, перші шість сторінок. Може бути, у вас таки є борги, проте не критичної величини. Будь ласка, не зважайте ні на що й прочитайте цей розділ у цьому разі також. Напевно, ви зміните свою позицію відповідно до гасла: «Зло потрібно нищити в корені».

Розумні та дурні борги

Зрозуміло, що не всі борги однакові. При купівлі будинку його ціні протиставляється іпотека. Тут діють інші закони. Ви можете брати кредити принципово лише для вашої фірми або для себе. На мою думку, це явно небезпечно — залазити саме в споживчі борги. Меблі, автомобіль, відпустка, музичний центр, телевізор, пральна машина — ось декілька класичних причин для споживчих боргів. Багато молоді думає, що необхідно повністю облаштувати нову квартиру саме в день заселення. Я би наполегливо хотів відмовити вас від того, щоб ви робили споживчі борги. Згадайте: «Те, що ми хочемо, – не те ж саме, чого ми потребуємо».

Усе інакше, якщо ви створюєте власну фірму. Без наступних двох так званих наріжних каменів швидке зростання сьогодні практично неможливе: O.P. і O.P.M. *(Other people* – інші люди, і *other people's money* – гроші інших людей).

Дослідимо переваги й недоліки споживчих боргів. Спочатку розглянемо переваги:

Отже, немає жодних переваг. Точніше сказати, споживчі борги дурні й деструктивні, знижують мотивацію, є енергоємними й часто заводять у зачароване коло.

Чому? У нас є дві можливості застосування своєї енергії: ми можемо працювати над довгостроковим або над короткостроковим рішенням проблеми. Проблемою короткострокового рішення є те, що насправді ми віддаляємося від довгострокової мети. Наша ціль – добробут. Якщо ми беремо кредити, щоб уже сьогодні жити в достатку, то позбавляємо себе мотивації. По-перше, тому що через певний час помічаємо, що не рухаємося далі. Гроші – злічені. І якщо ми оцінимо наше загальне майно й дізнаємося, що на сьогодні маємо менше за нуль, тоді виникає питання: для чого я взагалі працюю? По-друге, ми позбавляємо себе мотивації, адже вже сьогодні винагородили себе за майбутню роботу. По-третє, ми знаємо або принаймні здогадуємося, що споживчі борги «не є хорошими». Якщо ми свідомо діємо проти нашого внутрішнього голосу, то втрачаємо впевненість у собі. А брак впевненості в собі означає також і нестачу мотивації.

Ми отримуємо велику частину мотивації з очікування, що ситуація покращиться в майбутньому. Ми досягаємо цього поліпшення, працюючи над довгостроковою стратегією, щоб зайняти позицію експерта. На кого тиснуть особисті борги, тому не вистачає часу й мотивації для втілення такої стратегії в життя. Замість цього він повинен постійно займатися неважливими речами лише тому, що вони стали терміновими.

Чого ми точно можемо очікувати, так це несподіваних обставин. Хто бере кредити, той сьогодні купує те, що він хоче сплатити майбутніми заробітками. Проте вони можуть не з'явитися через несподівані ситуації. Усі ми знаємо, що банкіри дуже нервують, коли ми не спроможні сплатити кредитний внесок, адже наш дохід впав у зв'язку з непередбаченими обставинами. Нервові банкіри забирають у нас мотивацію й радість від життя. Ми всі знаємо, що робити споживчі борги щонайменше нерозумно. Чому ж тоді сьогодні мати борги — майже норма?

Як виникають борги?

Важливо, аби ви зрозуміли, що потрапили в скрутне становище не просто так, а тому що у вас були або є помилкові засади віри.

Згадаймо, як функціонує наш мозок. Ми робимо все, щоб уникати болю й пережити радість. Борги виникають, як правило, коли хтось хоче уникнути болю саме в цю мить. Неможливість дозволити собі те, що дуже подобається, — це відмова, а відмова означає біль. Усі ми однак відчули би радість, купивши гарний одяг або якби мали можливість забронювати відпустку. Мозок завжди сильніше реагує на актуальне й безпосереднє. Йому не так важливо, що ми, купуючи занадто багато, заводимо себе в складну ситуацію на тривалий термін. Мозку хочеться уникнути болю й пережити радість за короткий термін.

Хоча люди й розвинули здатність до стратегічного планування й аналізу, та програма «зараз-уникнути-болю-та-відчути-радість» є сильнішою, ніж аналітична програма.

Усі ми знаємо, що тривалий біль від того, що ми повністю загрузли в боргах, є набагато сильнішим, ніж відносно малий біль тимчасової відмови. Яке мудре знання! Та, на жаль, за останні 4 000 років воно так і не призвело до зменшення споживчих боргів. Борги виникають далеко не на раціональній основі. Щоб зрозуміти, як сильно впливає на наші дії програма «зараз-уникнути-болю-та-відчути-радість», я хотів би розповісти вам про вавилонян.

Ще древні вавилоняни накопичували споживчі борги. Вони йшли до предків сьогоднішніх банкірів — лихварів. Лихвар ставив питання, які ми чуємо й тепер у розмовах із банкірами: «У вас є гарантії?» Вавилонянин, окрім звичних і сьогодні гарантій, міг запропонувати ще дещо — самого себе. Завдяки цьому лихварство неймовірно процвітало: кожен мав можливість отримати кредит, адже міг запропонувати самого себе як гарантію. Якщо вавилонянин був більше не спроможний сплачувати борги, його продавали як раба. Як сьогодні будинок іде з молотка, так тоді з молотка йшла людина. Дев'ять з десяти рабів завершували своє життя «на стіні».

За описами античних істориків, наприклад, грецького Геродота, вражаючі стіни Вавилона належали до семи чудес світу. Збудовані за часів царя Навуходоносора, стіни сягали висоти більше 50 метрів, довжини приблизно 18 кілометрів і були настільки широкими, що ними могли проїхати шість коней.

Ці стіни збудували раби. Робота була неймовірно важкою. Сонце немилосердно обпалювало рабів, які тягнули цеглу на стіну. Термін життя такого раба становив у середньому три роки. Коли він падав від виснаження, доглядач бив його батогом. Якщо він більше не міг піднятися, його зіштовхували зі стіни, і він розбивався внизу об скелі. Уночі трупи забирали геть.

Ці сцени жителі Вавилону спостерігали кожного дня. Тяжка праця рабів була звичним явищем, яке супроводжувало кожного вавилонянина. Та цікаво, що дві третини всіх рабів на стіні були не взятими в рабство військовополоненими, а вавилонянанами, які втратили свободу.

Виникає питання: як може людина бути настільки дурною, щоб наважитися на такий ризик? Як вона могла брати кредит і пропонувати саму себе як гарантію, якщо постійно бачила, що з нею може трапитися? Відповідь така: тому що людський мозок хоче пережити радість саме зараз і саме зараз він хоче уникнути болю. Майбутня набагато більша відмова від свободи й біль від рабської смерті важать для нього менше, ніж «зараз». Отже, з аналітичним підходом ми далеко не підемо. Говорити: «Я можу розрахувати, що трапиться, і тому розумно уникну споживчих боргів», — не працювало тоді й точно не спрацює сьогодні. Врешті-решт, це призводить не до таких поганих наслідків, як у випадку древніх вавилонян, — маючи борги, ми потрапляємо в ситуацію, лише віддалено схожу на рабську.

Як запобігти боргам?

Багато з тих вавилонян, які брали кредити, стали рабами. Однак були й такі вавилоняни, які не йшли до лихварів і дуже добре вміли поводитися з грошима. Ці люди збудували особистий добробут і зробили

Вавилон, мабуть, найбагатшим містом із тих, що коли-небудь існували. Якою ж була різниця?

Є талановиті, здібні люди, які розорилися, і є люди, які десять років тому почали з нуля й сьогодні володіють значним майном. Усі вони мають у голові ту саму програму «зараз-уникнути-болю-та-відчути-радість».

Різниця полягає в тому, як ми визначаємо біль і радість. На результат впливає система наших вірувань. Вона визначає, коли ми відчуваємо біль, а коли радість. Я знаю чоловіків, які не надягнуть краватки, якщо вона не зроблена з чистого шовку іменитим дизайнером і не коштує щонайменше 49 €. Ці чоловіки страждатимуть від фізичного болю, якщо пов'яжуть краватку з поліестеру від фірми C&A, а вітер перевертатиме її так, що кожен зможе прочитати етикетку. Однак знаю я й інших чоловіків, які страждали б від фізичного болю, якби їм довелося заплатити 49 € за краватку. Вони радіють, коли заощаджують. Отже, бачимо, що наші засади віри визначають, коли ми відчуваємо радість, а коли — біль.

Усі ми діємо не на основі наших «логічних» поглядів і намірів, а на основі наших засад віри. Якщо ми змінюємо наші засади віри, змінюємо й нашу фінансову ситуацію.

Будь ласка, поставте собі наступне питання: «Чому я заслуговую на те, щоб володіти більшою кількістю грошей?».

Запитайте себе, які засади віри відповідальні за ваші борги. Ось декілька питань, які можуть вам допомогти:

- Що негативного в тому, що я не позбудуся боргів? (Якби таких недоліків не було, то ви не мали би боргів.) Можливі недоліки: відмова від незалежності, обмеження, втрата іміджу, комфорту...

- Які переваги я отримаю, якщо позбудуся боргів?

Свобода залишити ВР, коли настане час, спокій, можливість заощаджувати.

- Які подальші переваги виникають із цього?

→ Благополуччя фінансове, більше віри в себе, можливість обирати — що саме я хочу робити.

- Які засади віри призвели до того, що в мене є борги?

Що в декреті неможливо гарно заробляти, що я не достатньо гарна журналістка для «Голосу».

- Які недоліки мені слід урахувати, якщо я й далі залишуся боржником? *Що маю слухати Куроша, бути працювати навіть там, де не*

Що я весь час буду в скрутному стані

- Яке рішення я прийму?

По-троху підробляти, де можу, щоб підлату-вати мої борги.

Будь ласка, тепер перейдіть до вправ у Розділі 5 і змініть ваші засади віри. Запрограмуйте себе наново: ви – творець свого життя, а не раб якихось випадково прийнятих засад віри.

Тринадцять практичних порад
для зменшення боргів

1. Зосередьтеся на довгостроковій меті. Запитайте себе, чи все, що ви думаєте, говорите й робите сприяє досягненню вашої цілі.

2. Змініть свої засади віри. Застосовувати практичні поради, не змінюючи засад віри, так само беззмістовно, як плювати проти вітру.

3.   Ніколи не кажіть: «Це ж зовсім невелика сума». Зараз *важлива* кожна копійка.

4.   Перелічіть усі ваші витрати. Я знаю, це доволі обтяжливо, але обіцяю, що така практика виправдає себе. Попрацюйте над плануванням свого бюджету.

5.   Розріжте ваші кредитні картки. Негайно. І заведіть знову лише тоді, коли володітимете 50 000 € активів.

6.   Перетворіть ваш диспозиційний* кредит на нормальний. Його відсотки є нижчими, і ви зможете відразу почати погашати його.

7.   Перелічіть всі дебіторські заборгованості. Підіть до боржників самі й домагайтеся повернення коштів. Запропонуйте оплату в розстрочку. Безмежно дякуйте за кожну отриману суму.

8.   Розмовляйте з кредиторами відверто. Приховування інформації спровокує нерозуміння й неприємності. Якщо ж ви розмовляєте відверто, більшість погодиться з вашою пропозицією з погашення кредиту.

9.   Запропонуйте максимум половину суми, яку зазвичай виплачуєте щомісяця. Для цього є дві причини: по-перше, відразу почнете заощаджувати, а по-друге, ви повинні діяти напевно, щоб не розчарувати своїх кредиторів.

10. Запитуйте себе при кожної витраті: *це дійсно необхідно? Мені обов'язково слід платити?*

11. Шукайте нові джерела заробітку.

12. Установіть максимальну суму, яку витрачатимете на місяць, і мінімальну суму грошей, яку зароблятимете.

13. Придумайте причину для невідкладної дії. Зімітуйте ситуацію крайньої необхідності. Дійте так швидко, як це можливо. Ви вже змінили свої засади віри й розрізали кредитні картки?

---

*   Диспозиційний кредит, або овердрафт – кредит, за допомогою якого клієнт банку може витратити більше грошей, ніж лежить на рахунку. Відсотки за таким кредитом значно вищі, ніж за звичайним кредитом *(прим. пер.)*.

Стратегії поводження з боргами

Найкращий спосіб поводження з боргами – погашати їх. Та це не завжди так просто.

Імовірно, вам доведеться пожити з боргами ще певний час, тому я хотів би запропонувати допомогу, щоб ви могли бути щасливими, незважаючи на борги.

Ваше ставлення до боргів

Ви вже знаєте моє ставлення до проблем: у них є два боки, позитивний також. Тепер ми повинні дещо змінювати і, відповідно, рости. Тому я хочу запитати: що може бути позитивним у боргах? Що ви змушені робити тепер, чого інакше, можливо, ніколи б не зробили? З якими людьми повинні знайомитися? Яку користь можуть принести ваші нові засади віри? Як можна перетворити на позитивну рушійну силу той тиск, який на вас чинять?

Ваше ставлення до самих себе

На жаль, я знову й знову бачу під час моїх консультацій, як люди, що заборгували, самі себе мучать докорами. Можливо, ви й маєте борги, але не є невдахою. Не визначайте свою ідентичність лише за кількістю грошей, що вам належать. Врешті-решт ви – людина, а не грошова купюра. Ви – цінна особистість з багатьма привабливими рисами характеру.

На будь-яких хороших курсах менеджерів ви вчите, що слід якомога менше критикувати своїх співробітників. Якщо ж це абсолютно необхідно, то критикувати варто, дотримуючись певних правил:

Перед тим, як когось критикувати, ви повинні сісти й коротко занотувати, які десять якостей цінуєте в цій людині. По-друге, ви повинні завжди відокремлювати вчинок від особистості. Ніколи не ставте під питання саму особистість.

Тепер назвіть мені, будь ласка, причину, чому ми повинні поводитися з самими собою гірше, ніж з іншими? Багато людей знищує себе самокритикою. Вони принижують себе. Тому я пропоную: якщо ви в майбутньому захочете суворо судити себе, скажіть собі голосно: «Зупинись!». Візьміть свій щоденник успіху й перелічіть десять якостей, які вам подобаються в самому собі. По-друге, усвідомте, що причиною поточної ситуації є ваші засади віри, а їх можна змінити в будь-який час.

Не звинувачуйте нікого

Ми схильні звинувачувати інших людей або певні обставини. Згадайте: кого звинувачуєте, тому даєте владу, а вам зараз потрібно так багато сили й влади, як це можливо.

Коли я це усвідомив, то зміг швидко зменшити свої борги. До цього я звинувачував свою фірму, клієнтів, які не платили, державу з її податковою політикою.

Та справа була в тому, що я самостійно завів себе в складну ситуацію й лише сам міг вийти з неї. Чітке усвідомлення цього вивільняє багато енергії — енергії, яка згодом використовується для боргів, а не для звинувачень.

Не бійтеся нічого

У цій ситуації страх може лише паралізувати. Та й чого вам боятися? Якщо насправді станеться катастрофа, то ви й у цьому зможете віднайти позитивний бік. Уявіть собі найгірше з того, що може статися. Навіть тоді життя продовжуватиметься, правда? Таку позицію прийняти важко, але якщо вам удасться, то це неймовірно розкріпачує. Це допомагає звільнитися. Адже катастрофа є кінець старого. Вона руйнує те, що було, і дає можливість народитися новому. Якщо старе зруйновано, виникає вакуум, який можна наповнити новими творіннями. Навіть у катастрофи є позитивний бік, якщо ви його виявите: шанс почати все з самого початку... І, по суті, більшість історій успіху почалися саме після катастрофи.

Не прислухайтеся до інших

Знову й знову під час консультацій боржників я чую: «Що скажуть сусіди? Яка ганьба! Мої батьки помруть з горя...»

Цінність вашої особистості лише незначною мірою визначається вашою фінансовою ситуацією. Ви можете сміливо відмовитися від друзів, які люблять вас лише тоді, коли володієте великою кількістю грошей. І якщо хтось хоче вмирати з горя, то це їхнє власне, вільне рішення. Не дозволяйте вашому благополуччю залежати від думки інших людей.

Уникайте співчуття

Ніколи не показуйте сумніву. Ні з ким не розмовляйте про свої борги. Багато людей говорить про своє скрутне становище під приводом пошуку допомоги, проте *допомога приходить не до тих, хто її потребує, а до тих, хто її заслуговує.* Якщо ви розповідаєте про свої проблеми, то отримаєте, у кращому випадку, співчуття. Хто дістає співчуття, хоче його ще більше, тому розповідає жахливіші речі. Щоб постійно отримувати таке приємне співчуття, ви повинні залишатися в паскудній ситуації – інакше більше не зможете розповідати жахливі історії. Ми всі прагнемо симпатії. Але остерігайтеся того, щоб стати особистістю, яка дозволяє собі отримувати симпатію в формі співчуття. Замість цього ми повинні заслужити повагу.

Ми потребуємо ідентичності переможця. Переможці притягують можливості. Переможці не виказують сумнівів.

Завжди майте готівку — навіть якщо офіційно її у вас немає

Уявіть собі пана Шульденберга* з 175 000 € боргу. У нього взагалі немає грошей, і він їх ніде не може отримати. Його друзі замикають двері, коли він приходить, у банках автоматично вмикається сигналізація, коли камера фіксує його обличчя. Та йому досі доводиться сплачувати орендну плату. Його кредитні картки більше не доступні, а з наступного тижня навіть із харчуванням виникнуть труднощі. Телефонна компанія обіцяє відімкнути телефон, якщо він не оплатить рахунки впродовж тижня. Подібними діями загрожує й електростанція. У зв'язку з відсутністю бензину він більше не може їздити на великі відстані.

За допомогою опису цієї ситуації хочу показати, що 80% проблем пана Шульденберга полягають не в борзі на суму 175 000 €, а в тому факті,

---

*   Шульденберг *(нім.)* – гора боргів.

що в нього зараз немає навіть 5000 € готівкою. Я не натякаю, що до боргу на суму 175 000 € можна ставитися легковажно. Та пан Шульденберг змушений витрачати намарно 80% енергії, бо не має 5000 €. Через це він навряд чи може сконцентруватися на тому, що мало би бути тепер його найголовнішим пріоритетом — на отриманні прибутку. Необхідно завжди мати недоторканний резерв у банківській комірці або сейфі. Зробімо крок уперед: уявіть собі, що пан Шульденберг не має ніякої можливості виплатити 175 000 €. Йому не вдалося чітко відокремити приватні фінанси від грошей фірми. Його особиста ситуація та положення фірми — безнадійні. Він змушений заявити про банкрутство.

Як би тепер змінилася ситуація пана Шульденберга, якби в нього було 25 000 € готівкою, про які ніхто нічого не знає? Хоча він і так би не уникнув банкрутства, та мав би можливість прожити шість–дванадцять місяців відносно безтурботно, сплативши всі найважливіші особисті рахунки. До того ж він би мав можливість у повному спокої обміркувати нову ідею й почати нову справу.

Ви вже запитували себе, чому заможні люди часом стають банкрутами, втрачають все, але, незважаючи на це, зберігають високий рівень життя?

Основні поради

Завжди майте недоторканний резерв у вашому сейфі (наприклад, 25 000 €).

• Тоді понад 80% усіх гнітючих проблем виявляться врегульованими. Вас пригнічує зазвичай не розмір боргу, а безліч «малих» проблем.

- Це — резерв на випадок крайньої необхідності, тобто ці гроші можна використовувати лише задля уникнення банкрутства або у випадку визнання під присягою свого фінансового становища. До того часу ви повинні прикидатися, ніби ці гроші не існують.
- Завдяки цьому у вас з'являється шанс почати все спочатку.
- Ці 25 000 € дуже корисні для зміцнення упевненості в собі й потреби в безпеці.
- Цю стратегію ви зобов'язані застосувати заради себе самих, свого здоров'я й своєї родини.

Оберіть правильний час для вашого банкрутства

Якщо банкрутство неминуче, то необхідно вибрати вдалий час для нього. У цьому випадку вам слід якнайшвидше сконтактуватися з досвідченим адвокатом з питань банкрутства. Він зможе сказати, чи взагалі є сенс продовжувати боротьбу. Найчастіше витягнути стару тачку із трясовини набагато важче й приносить менше задоволення, аніж озирнутися й знайти нову.

Наважуючись на банкрутство, слід врахувати, наскільки важливим є його час. Із багатьох причин «за п'ять дванадцята» — це краще, ніж «рівно о дванадцятій». Такі рішення — зовсім не прості, адже часто йдеться про ваше «любе дітище». Ви, мабуть, емоційно прив'язалися, вклали в нього багато часу, сили, енергії і грошей. Крім того, ймовірно, ви володієте важливою для підприємця якістю — оптимізмом. Зверніть увагу на закон послідовності. Те, що погіршувалося протягом певного часу, навряд чи раптово почне покращуватися, якщо ви нічого не зміните й не підете зовсім новим шляхом. Обов'язково проконсультуйтеся з фахівцями.

Слідуйте правилу «50 на 50»

Ніколи не витрачайте більше 50% грошей, які можете зберегти, для сплати боргів. Тобто якщо ви заробляєте 3000 €, а на життя потрібно 2500 €, то у вас залишається 500 €. 250 € використовуєте для погашення боргів, а ще 250 € – зберігаєте (так, щоб про це ніхто не знав).

Мабуть, ви отримували інші поради від батьків чи банкірів. Та лише подумайте: наскільки мотивуючою може бути мета нарешті звільнитися від боргів після стількох років? Можливо, ви думаєте, що тоді врешті-решт позбудетеся гнітючого тягаря, що лежить на ваших плечах. І це справді дозволить вам відчути полегшення на якийсь час.

Насправді ж отримаєте нуль, адже нічого не матимете. Ви будете настільки далекими від своєї мети, як більшість людей при народженні. Адже нуль – не ціль, а звільнення від боргів – не зовсім те, що викличе багато позитивних емоцій.

Мета – накопичити перші 25 000 € активів. Першу чверть мільйона. Перший мільйон… Тому зразу виробляйте сприйняття добробуту, почавши заощаджувати вже. Ставте перед собою цілі, які дійсно зможуть вас мотивувати.

Коли я зрозумів правило «50 на 50», то різко змінився, адже *зміг одразу почати заощаджувати, не чекаючи, поки опинюся на нулі.*

Ви теж можете почати вже. Байдуже, наскільки глибоко ви загрузли в боргах, – починайте зараз. Вам знадобиться лише трохи більше часу, аніж якби ви були вільні від боргів, – фактично, удвічі більше. Отож ви маєте слідкувати за тим, аби заробляти більше, щоб ті 50%, які можете зберегти, були б достатньо великими, як ті 100% у випадку відсутності боргів.

Основні поради

Із грошей, які зможете зберегти, беріть лише 50% для погашення боргів, а інші 50% заощаджуйте.

- В такий спосіб можете відразу почати розбудову свого добробуту.
- Ви працюєте над цілями, які вас мотивують: будуєте свій добробут і одночасно позбуваєтеся від боргів.
- Ви розвиваєте сприйняття добробуту, створюючи наявний резерв.
- У вас завжди є гроші на випадок крайньої необхідності. І це добре, адже якщо ви вже заборгували, морально дуже важко взяти новий кредит.

Проявіть дисципліну

Колись я хотів швидко позбутися боргів і придумав такий план: спочатку поговорив зі всіма кредиторами, розповів їм про свою ситуацію й запевнив, що вони отримають усі гроші так швидко, наскільки це можливо, проте я попросив їх надати мені право на тримісячну відстрочку платежів. Усі, за винятком одного, були згодні, отож мені швидко вдалося створити резерв. Завдяки цьому повністю змінилося моє ставлення до грошей. Я почав відчувати себе заможним. Одночасно захотів дізнатися, наскільки дисциплінованим можу бути. Я вирішив жити всього на 5 марок в день, не беручи до уваги витрати на квартиру, телефон, автомобіль, страхівку та інші постійні витрати. На 5 марок на день я повинен був харчуватися й сплачувати всі нерегулярні витрати.

Раніше я визначав свободу як можливість робити й дозволяти собі те, що я хочу. Моє нове визначення звучить так: свобода — це володіння достатньою дисципліною для здійснення запланованого.

На це визначення мене надихнула та частина вавилонян, яка накопичила великі статки й володіла достатньою дисципліною, щоб не йти до лихварів. Древні вавилонці раз у раз запитували: «Як можеш називатися вільною людиною, якщо твої слабкості привели до такої ситуації? Хіба ти — шматок м'якої глини, що може змінюватися під впливом будь-якої людини або бажання?»

Реалізація моєї «п'ятимаркової» програми була зовсім не простою справою. Та незабаром я став невимовно гордий за свою послідовність. У той час я їздив «Фордом Фієстою». З боку водія бракувало дверної ручки, бо якось я зачепив паркан, через що не міг відчинити ззовні двері водія. Неначе білка, я був змушений залазити в авто через сусіднє сидіння. (Білка — доволі втішне порівняння, враховуючи те, що тоді я важив 96 кг.) Я завжди турбувався, що під час цього мене міг помітити один із моїх клієнтів, чия довіра до мене стала б підірваною.

Можете собі уявити, якою сильною була спокуса витратити 180 марок на нову дверну ручку? Не вірите, що я намагався класифікувати цю витрату як «безумовно необхідну», бо відмова від неї могла б мати негативний вплив на мою справу? Однак це не відповідало моїй «п'ятимарковій» програмі. Тому я завжди паркував свій «Форд» настільки близько до стіни будинку чи іншого автомобіля, щоб кожен бачив, що я можу залізти тільки через праві двері. Я витримав вісім місяців, за цей час спромігшись не лише створити перший наявний резерв, але й позбутися всіх боргів. Та передусім я здобув купу самодовіри: з того часу знаю, що в мене досить дисципліни, щоб здійснити все, що я запланував.

Перед тим, як розпочати «п'ятимаркову» програму, я був доволі недисциплінованим. Я не знав, що дисципліна надає свободу (засада віри). У той час я вважав дисципліну застарілою рисою не зовсім розумних людей. Врешті-решт я шахраював ще в школі й отримував кращі оцінки, ніж старанні, дисципліновані однокласники.

Сьогодні ж знаю, що отримав хороший атестат не завдяки відсутності дисципліни, а всупереч їй. Дозвольте розповісти, як я навчився дисципліні й змінив своє ставлення до неї.

Одного разу я пішов зі своїм наставником на кухню, щоб принести кави. Він узяв кавник і почав лити каву просто на підлогу. Я відскочив у бік, щоб мене не зачепили бризки, і закричав: «Зачекайте, стійте, у вас же немає чашки!». Він незворушно лив далі. Поки я, геть збитий із пантелику, розглядав кавові калюжі на підлозі, мій наставник повільно й переконливо сказав до мене: «Погляньте, пане Шефер, кава — це ваші таланти, які просто витрачаються намарно. Без чашки кава нічого не вартує, навіть якщо її у вас дуже багато. Так само й талантам гріш ціна без дисципліни». Ви помітили, що зробив мій наставник? Він дуже ефективно змінив мої думки про дисципліну. Витираючи каву з кухонної підлоги, я вперше сприйняв її як важіль для моїх талантів. Дисципліна — це сила, яка формує наш безмежний потенціал. Без неї будь-який талант витрачається намарно.

Що робити, якщо борги безнадійні?

Оберіть правильний час для банкрутства або визнання під присягою свого фінансового становища*, якщо цього вже не уникнути. І пам'ятайте: якщо у вас достатньо готівки (яка вам «не належить»), то обидва

---

* Визнання під присягою свого фінансового становища – процедура, що проводиться на вимогу суду або судових представників безпосередньо в приміщенні суду в разі некредитоспроможності боржника, під час якої той зобов'язаний під присягою переліки всі свої доходи та майно.

випадки – ще не кінець світу. Незабаром ви оговтаєтеся настільки, що зможете запропонувати угоду. Якщо кредитор переконаний, що ви йому більше нічого не принесете, то він задовольниться й частковою виплатою. За допомогою девізу «30% краще, ніж нічого» ви, як правило, зможете далеко зайти.

Я не заохочую вас до банкрутства чи визнання фінансового становища під присягою, та я хотів би показати, що це може бути розумною альтернативою. Подумайте, будь ласка, про те, що ваша стратегія завжди повинна бути спрямованою до віддаленої цілі. Уникнути банкрутства або визнання фінансового становища під присягою — це не мета. Перший мільйон, на противагу, міг би бути ціллю. Дослідження знову й знову показують, що усвідомлення своєї заборгованості не обов'язково сприяє стратегічно кращому рішенню.

Один із моїх колишніх колег якось заборгував 87 000 €. Як людина честі, він не бачив іншої можливості, окрім мужньої виплати боргів. Він брав понаднормову роботу, його дружина найнялася прибиральницею й працювала вчителькою іноземних мов поряд із веденням домашнього господарства та доглядом за двома малими дітьми. Разом вони заробляли 2800 € чистими, із яких щомісяця витрачали понад 1500 € для погашення боргів. Автомобіль і відпустку дозволити собі вони не могли. На жаль, раз у раз з'являлися якісь дрібні борги минулих часів. Виникали непередбачені обставини. Через це вони не могли дотриматися всіх обіцянок щодо повернення коштів. Відповідно, їхні друзі були постійно незадоволені. Я зустрів його сім років потому й проаналізував його ситуацію. Зауважте, що він виплачував близько 1500 € щомісяця й жив однозначно не дуже добре. Він змарнів через нервові порушення сну й став депресивним, у його будинку вже майже не сміялися. І як ви думаєте, скільки в нього залишилося боргів? 85 000 €! Більша частина його щомісячної зарплати була витрачена на виплату відсотків за його позиками.

Залишок же розподілявся між новими борговими вимогами й податковою службою.

Якщо б він визнав свій фінансовий стан під присягою й через три роки запропонував угоду на 25 000 €, то не лише б звільнився від боргів, але й володів би 27 000 € активів ще тоді. Якщо би він продовжував заощаджувати по 1500 €, то за сім років володів би вже сумою в 126 000 €. Але ж у «людини честі» ще є борг на суму 85 000 € — врешті-решт він дав слово банківським службовцям!

Ставте перед собою вищі цілі

Більшість людей, які заборгували, доходить фатальних висновків. Вони думають, що здатні досягнути лише мінімальних цілей. Вони витісняють свої бажання й закопують мрії. Вони вирішують слухати всіх, хто говорить: «Можна задовольнитися й меншим». Скромність перетворюється на їхній девіз. Вони переконують себе, «що не створені для добробуту». Їх утримують засади віри на кшталт «як не коваль, то й рук не погань», проникаючи в їхню свідомість. *Хто починає задовольнятися меншим, той відмовляється від самого себе.* Він хоче задовольнитися мінімальним існуванням, жити в тіні, ховатися в темряві, неначе підвальна мокриця. Проте ви не повинні забувати, що борги виникли не тому, що у вас немає таланту стати заможними, а тому, що ви мали несприятливі засади віри. Єдиною причиною, чому багато людей, заборгувавши, ставить перед собою менші цілі, є недостатня впевненість у собі. Той, хто заборгував дуже багато, та володіє впевненістю в собі, зрозуміє, що тепер в нього немає іншого вибору, окрім «газувати». Він усвідомить, що з його колишніми очікуваннями він ніколи не досягне успіху. *Наші очікування визначають те, що ми отримуємо.*

Життя дає багато тим людям, які мають на нього великі сподівання. Джонатан Свіфт якось іронічно зауважив: «Благословенний той, хто нічого не чекає, адже він ніколи не буде розчарованим».

Отож підвищіть свої очікування. Світло найважливіше тоді, коли ніч є найтемнішою. Зараз — саме час створити альбом своєї мрії. Візьміть фотоальбом і наклейте туди все, що вам подобається: те, ким ви незабаром станете, чим будете займатися й чим володітимете. Зробіть це так швидко, як тільки можливо, — врешті-решт ви ж хочете, аби ваші очікування якнайшвидше стали реальністю. Коли я їхав своїм «Фієстою» вулицями, то вже знав, що незабаром керуватиму автомобілем вартістю в 50 000 €. Я хотів цього, очікував цього і знав, що так воно й буде. Я уявляв, як буду сплачувати за нього готівкою. Так і сталося за два з половиною роки.

Ніколи не задовольняйтеся меншим ніж те, що хотіли. Нізащо не переконуйте себе, що ви «не заслуговуєте» більшого. Лише ви вирішуєте, чого заслуговуєте. Ваші очікування визначають те, що отримуєте. Вам належить місце під сонцем.

Як отримувати задоволення?

Багато людей гадає, що вони можуть бути щасливими лише тоді, якщо не мають жодних проблем. На їхню думку, поки проблему не вирішено, вони повинні ходити з похмурим виразом обличчя. Та ви вже знаєте: «Хто хоче бути заможним, має бути готовим стикнутися й із великою кількістю проблем».

Проблеми існуватимуть завжди. Якщо ми лише сміємося, не маємо ніяких труднощів, якщо забули про всі турботи на деякий час, то не можемо свідомо насолоджуватися проблемою. Поміркуйте: завжди, коли ви пишаєтеся досягнутим результатом, то це саме тому, що впоралися із важкою, проблематичною ситуацією. Не існує проблеми, яка б не принесла з собою позитиву. Тому ми й шукаємо проблеми, адже потребуємо їхніх дарів.

За кожним болем прихована золота жила. Ми потребуємо можливостей, що виникають із проблем. Отже, існує достатньо причин, щоб радіти проблемам. Принаймні ми можемо отримувати задоволення всупереч негараздам.

Тому спитайте себе: як насолодитися цим процесом й отримати від нього задоволення?

Найбільша мудрість про борги

Одного разу дитина гуляла лісом й натрапила на будинок на величезній галявині. З обох боків будинку був великий сад, і в обох садах було по садівникові. Однак сади були дуже різними: один – здичавілий і повний бур'янів, а садівник там був дуже сердитим чоловіком. Він виривав бур'яни й лаявся без упину.

Інший сад являв собою суцільну гармонію. Скрізь цвіли квіти, природа була пречудовою. Садівник у цьому саду, здавалося, і не докладав ніяких зусиль. Він притулився до дерева й задоволено насвистував пісеньку.

Дитина вирішила, що краще зайти до безтурботного, щасливого садівника. Вона запитала, як йому вдається без зусиль утримувати сад у порядку, у той час як інший садівник безперервно працює, та не може зробити свій сад красивим.

«Знаєш, – відповів безтурботний садівник, – були часи, коли я намагався робити так, як мій колега. Я викорчовував бур'яни та з'ясував, що мені їх не здолати. Корені завжди залишалися в землі, а насіння потрапляло в ґрунт під час викорчовування. У будь-якому разі, бур'яни виростали знову й знову. Щойно закінчивши роботу в одному кінці саду, я був змушений знову починати в іншому.

Тоді я придумав нову стратегію: знайшов квіти й рослини, які росли швидше, ніж бур'яни. Незабаром ці рослини повністю витіснити бур'ян. Там, де цвітуть ці квіти, немає бур'янів. Мій сад самостійно тримає себе в чистоті».

Тим часом уже майже стемніло, і дитина увійшла з садівником у його родинний будинок. Коли вони опинилися в кімнаті, садівник раптово вимкнув світло. Вони стояли в цілковитій пітьмі. Він запитав дитину: «Ти можеш позбутися темряви?». Знову ввімкнувши світло, він продовжив: «Єдиний спосіб перемогти темряву — дозволити проникнути світлу. Ти не можеш відгорнути її вбік чи боротися з нею».

Наприклад, боротися зі своїми страхами не дуже дієво. Вдячність, на противагу, — один із найефективніших засобів проти страху. Якщо ви дуже боїтеся майбутнього й сумніваєтеся, чи зі всім упораєтеся, чи все буде добре, випробуйте надзвичайно просту вправу: запишіть п'ять речей, за які ви вдячні. Страх — неначе темрява. Ми не можемо його викорчувати чи відгорнути вбік, але цілком спроможні «затьмарити» страх подякою, наче сонцем темряву.

Не витрачати й заощаджувати — абсолютно різні речі. Те саме стосується й боргів. Боротися з боргами — це часто майже те саме, що боротися з темрявою. Саме тому таким важливим є правило «50 на 50». *Найкращий спосіб перемогти борги — накопичувати статок.*

Коли наступного ранку дитина хотіла йти далі, то побачила третій сад. Вона поцікавилася в привітної родини, що це за сад. Садівник відповів: «Чоловік, якому належить цей сад, — видатний лікар. Він робить ліки з отруйних рослин, що там ростуть».

Перетворіть отруйну ситуацію на ліки — стимулюйте себе своїм складним становищем. Бажайте собі не простіших ситуацій, а більше здібностей. Бажайте не того, щоб проблеми зникли, а здатності вирішити їх. Тиск може бути корисним. Він запобігає марній витраті вашого потенціалу. Тепер ви повинні бути креативними й активними, діяти творчо. *Тиск може стати як отрутою, так і ліками.* Вирішувати вам. Ким ви себе бачите, професіоналом? Але професіонал — це той, хто здатний виконати роботу якісно навіть тоді, коли він фізично не в стані це зробити. Точніше кажучи: кожен може впоратися з успіхом, та з невдачами все інакше. Борги ні в якому разі не є проблемою — проблему становить лише наше сприйняття боргів.

Відступіть на декілька кроків назад

Дистанціюйтеся від своєї ситуації. Не сприймайте проблеми занадто серйозно. Якщо ви гратимете в «Монополію» й не переможете, то не помрете. Так само не помрете й від боргів. Не варто занадто серйозно ставитися до самих себе.

Мій останній наставник, мільярдер, завжди казав мені, коли я мав прийняти ризиковане комерційне рішення: «Бодо, слухайся своєї інтуїції. Кожне рішення, яке ти приймаєш, не більше ніж пшик у нескінченності часу».

У вас було кілька несприятливих засад віри, через які й виникла невигідна ситуація. Тепер ви змінили старі засади віри на такі, що сприятимуть багатству. Ви починаєте будувати добробут. Через це, мабуть, робитимете речі, які б інакше ніколи не зробили. Хто знає, що з цього вийде.

Ключові ідеї розділу

- Ніколи не приймайте короткострокового рішення для довгострокової проблеми.
- Споживчі борги знижують вашу мотивацію та впевненість у собі.
- Наші засади віри визначають, чи ми робимо борги. Ми можемо змінити засади нашої віри в будь-який момент.
- Використовуйте енергію для боргів, а не для звинувачень. Не скаржтеся ні на кого, зокрема й на себе.
- Використовуйте борги, щоб навчитися дисципліні. Якщо зміните свої засади віри, дотримуватися дисципліни стане легше.
- Ставте перед собою вищі цілі, адже ваші очікування визначають, що ви отримуєте.
- Не існує проблеми, яка б не принесла зі собою позитиву. Проблеми можна сприймати *весело*.
- Фінансовий тиск може стати для вас як отрутою, так і ліками. Вирішувати тільки вам.
- Будь-який ідіот може впоратися з успіхом, але впоратися з невдачею — справжнє мистецтво.
- Борги не є проблемою — проблему становить наше сприйняття боргів.

7

Як підвищити свій дохід

*Хто працює цілий день, той не має часу,
щоб заробляти гроші.*

— Джон Д. Рокфеллер

Кожен отримує саме те, чого заслуговує. Та я знову й знову чую, як люди скиглять: «Я вартий набагато більшого, аніж отримую». Та це неправда. *Насправді, якби ви «заслуговували» більшого, то мали би більше.*

Ваш дохід дорівнює приблизно тій цінності, яку ви приносите економічному ринкові. Ринок не любить і не ненавидить вас — він платить згідно з вашою вартістю. Зауважте, тут ідеться не про вашу цінність як партнера, друга, батька чи матері. Ідеться виключно про вашу економічну вартість. Ви не якийсь покинутий долею невизнаний геній, проти якого змовилися обставини, люди чи начальники-невігласи. Лише ви в стані визначити, на що заслуговуєте.

Ви повинні знати закони ринку, за якими визначається рівень доходу. *Поки не зрозумієте, що ваш сьогоднішній заробіток — результат вашого вчорашнього рішення, то не зможете сказати: «Тепер я зроблю інший вибір».* Ви самостійно формуєте свій дохід чи підвищення зарплати — як дизайнер свого життя. Ви не отримуєте підвищення зарплати, а заробляєте його. Якби інші могли визначити рівень вашого доходу, то ці люди мали би владу й над вашим життям. Ви —

і лише ви — підвищуєте свою заробітну плату. Тільки ви відповідальні, адже визначаєте її власноруч.

Наступні закони для підвищення рівня доходу функціонують вже багато тисяч років. Вони однаково стосуються і найманого працівника, і підприємця. Якщо опрацюєте цей розділ, будете в змозі підвищити свій річний дохід щонайменше на 20%.

Проявіть силу

Гроші й можливості з'являються не в разі потреби, а завдяки здібностям. Ви отримаєте підвищення зарплати не тому, що воно вам *потрібне*, а тому, що *заслуговуєте* на нього.

Через це майже всі перемовини щодо підвищення зарплати відбуваються геть неправильно. Службовець, який потребує підвищення, звертається до могутнього начальника: «У нас народилася ще одна дитина, і ми *потребуємо* більшого помешкання. Крім того, нам обов'язково *необхідне* нове авто, інакше я не зможу добиратися до роботи... Мені *потрібне* підвищення зарплати». Могутній начальник не лише відмовить підвищити зарплату, але, можливо, одночасно вирішить, що фірмі незабаром більше не буде *потрібен* такий службовець.

Якщо ж ви хочете отримати підвищення зарплати, поясніть, чому його *заслуговуєте*. Підготуйтеся до бесіди, перелічивши користь, яку приносите фірмі та яку додаткову користь можете принести. Запишіть також усі ваші сильні сторони. Заздалегідь повідомте про бесіду. Уточніть, що в розмові йтиметься про визначення вашої цінності для фірми. Якщо у вас немає досвіду перемовин, то потренуйтеся перед дзеркалом або зі своїм партнером. Проявіть силу. Те саме стосується й підприємців. *Нікому не розповідайте про свій сум-*

нів. Проявіть вашу силу. Люди не слідують за тими, хто сумнівається. Вони йдуть слідом за тими, хто сильно й непохитно прямує до мети. Сила просто краще оплачується.

Запитуйте про свої обов'язки, а не про свої права

Якщо ви занадто сильно зосереджуєтеся на своїх правах, то далеко не просунетеся. Запитайте, що ви можете зробити для свого підприємства замість того, щоб постійно роздумувати про те, що підприємство може зробити для вас. Суспільство, що орієнтується головним чином на свої права, руйнується. Відносини, в яких кожен концентрується лише на своїх правах, зазнають невдачі. Джон Ф. Кеннеді казав: «Не думайте про те, що ваша країна може зробити для вас, а думайте про те, що ви можете зробити для неї».

Причиною може бути чистий егоїзм. Із такою позицією ви здатні просунутися набагато далі. Ви заслуговуєте більшого. Ви зростаєте і стаєте більш задоволеними, адже робите щось, замість того, щоб лише користуватися досягненнями інших людей.

Якщо вам платять за вісім годин — працюйте десять

Завжди давайте більше, ніж хто-небудь міг очікувати від вас. Здивуйте всіх людей довкола себе. Перевершіть усі сподівання.

У фірмі, де я працював учнем під час канікул, ветерани відкрили дуже специфічну можливість, про яку мені радо повідомили: ще за 18 хвилин до перерви можна було йти на сніданок і повертатися з приблизно дев'ятихвилинним запізненням. Можливо читати газету в туалеті — аж 20 хвилин. Якщо потрібно принести матеріал, то можна прогулятися кафетерієм... Загалом вдавалося пропрацювати шість годин, хоча оплачували вісім.

Я ж раджу: якщо вам оплачують вісім годин, працюйте десять. *Заслужіть* більше грошей. Розвивайте робочі звички, які зроблять вас заможними. Ідеться не про те, що ваша фірма отримає від вас «забагато» досягнень. *Якщо занадто довго готувати на повільному вогні, то вогонь врешті-решт повністю згасне.* Навіть якщо роботодавець не бачить вашого внеску й не хоче винагородити за нього, ви принаймні здобудете дещо, що допоможе вам просунутися далі, — робочі звички успішної людини.

Робіть речі негайно

Якщо й існує таємниця успіху, то це здатність неймовірно швидко втілювати в життя буденні речі. Візьміть за основу принцип: *так швидко, як можливо*. Віднайдіть спортивний інтерес у тому, щоб вражати кожного своєю швидкістю. Потурбуйтеся про те, щоб ваш годинник ішов швидше. Можливо, ви скажете: «Якщо я швидко працюю, то допускаю помилки». Це правда, адже той, хто робить багато й діє швидко, допускає більше помилок. Але, по-перше, позитивні сторони однаково переважають. По-друге, помилки можуть бути корисними. Хто зі страху перед помилками стане бездіяльним, той ніколи не зробить нічого великого. Досконалість не в попиті. *Досконалість означає параліч.* У попиті — усе надзвичайне. Хто боїться помилок, той усе хоче робити правильно. Хто ж не боїться помилок, той чинить надзвичайне.

Отож запитайте себе: як робити щось надзвичайне так швидко, як це узагалі можливо? Зверніть увагу на себе. Дайте відповідь на шість факсів за три хвилини. Відповідайте негайно. Не терпіть відстрочок.

Основні поради

Робіть усе так швидко, як тільки можливо.

- Не бійтеся помилок.
- Томас Вотсон з IBM говорив: «Хто хоче просунутися в моїй фірмі, тому слід подвоїти кількість помилок».
- Помилки приносять досвід. Досвід допомагає вам *швидко* приймати правильні рішення.
- Учіться довіряти інтуїції. Приймайте рішення швидко.
- Реагуйте на свій перший імпульс. Ви робитимете помилки, проте все частіше чинитимете правильно.
- Якщо 51% ваших швидких рішень правильні, ви станете заможними.

Не існує неважливих речей

Усе, що вартує того, щоб його зробили, слід робити добре. Чи пишете листа, телефонуєте комусь, готуєте конференц-зал, розставляєте стільці. Не буває незначних речей. Завжди викладайтеся на повну. Постійно уявляйте, що якийсь мільярдер спостерігає за вашим наступним кроком і вирішує, чи хотів би бачити вас у ролі партнера в його фірмі.

Для нагадування: я не натякаю, що ви маєте робити все ідеально. Ідеально — означає без помилок. Страх перед помилками паралізує.

Назвіть мені фірму, в якій є попит на досконалість, а я покажу вам, що ця фірма перебуває в застої. Ні, виконуйте все надзвичайно добре. Робіть усе інакше – неабияк. Адже лише видатні досягнення запам'ятовуються іншим людям.

Станьте незамінними

Візьміть на себе відповідальність і за те, що знаходиться поза межами ваших завдань. Зверніть на себе увагу. У кожній фірмі є одна людина або й декілька, без яких нічого не вдається, – незамінні. Станьте незамінними. Це не значить, що ви маєте взяти на себе всю роботу, а лише відповідальність. Розширюйте сферу свого впливу. Добровільно зголошуйтеся виконувати завдання. Візьміть на себе організацію проектів. Займіть позицію: «Фірма – це я».

І навпаки, зробіть себе замінними у вашому власному відділі або у фірмі, що вам належить. Не уявляйте, що ви зобов'язані робити все самостійно, щоб це вийшло добре, інакше станете рабом своєї фірми.

Отже, станьте незамінними, адже ви готові нести відповідальність, і замінними, адже ви можете делегувати завдання та владу іншим людям.

Підвищуйте свою кваліфікацію

Людський мозок на початку еволюції здебільшого повинен був породжувати спонтанну реакцію. Якщо в поле зору потрапляла жертва, потрібно було відразу завдавати сильного удару, у випадку небезпеки негайно лізти на дерево... Ми зуміли перетворилися з кочівників на осілих людей, бо почали розуміти взаємозв'язки явищ і планувати наперед. Посіяти й за декілька місяців зібрати врожай – важлива зміна свідомості. Отримати трирічну освіту, потім навчатися від чотирьох до шести років, щоб пізніше більше заробляти, – випливає з такого ж усвідомлення.

Але отримання вищої освіти – ще не кінець. Це лише початок. На жаль, ми ще не перенесли це усвідомлення на більшість сфер життя. Інакше не діяли б так короткозоро. Якщо протягом десяти років витрачати все, стаєш бідним. Від десяти років поглинання шоколаду станеш товстим і хворим. Десять років надмірного перегляду телебачення отупляють. Хто протягом десяти років майже не дивиться телевізор та дві години на день читає спеціалізовану літературу для розвитку, той, можливо, не знає актуального стану справ у Бундеслізі, зате буде заробляти в середньому в два-три рази більше, ніж той, хто щодня по дві-три години дивиться телевізор.

Якщо виникла проблема, зголошуйтеся добровільно

Той, хто хоче більше заробляти, не повинен уникати проблем, тому ми радимо вам наражатися на труднощі. Спокійно зголошуйтеся самі, коли розподіляються важкі завдання.

Зарекомендуйте себе як спеціаліста

Робити те, що роблять усі, – не цінніше, ніж пісок в пустелі. Якщо ви володієте буровою платформою в Північному морі й вона палає, кого ви викликаєте? Реда Адаїра*. Майже кожен його знає. Існує, мабуть, мільйон пожежників на світі, про яких мало хто знає, проте

---

* Ред Адаїр – американський пожежник, інноватор в методах гасіння нафтових пожеж (*прим. пер.*).

Реда Адаїра знають практично всі. Чому? Бо він фахівець своєї справи. Він береться лише за великі нафтові пожежі.

Якщо робите те, що роблять усі, ви матимете те, що є в усіх. Недостатньо сказати, що ви приносите кращий результат (навіть якщо це правда), адже так кажуть усі.

Якщо ви робите те, що роблять усі, то повинні шукати своїх клієнтів. Якщо ж ви зарекомендуєте себе на ринку як фахівець, то клієнт сам прийде. Вирішальним є не те, що ви — кращі, а те, що ви *не схожі* на інших.

Що ви зробили, аби вважатися спеціалістом? Ви приймаєте рішення з розрахунком на те, що цьогоріч зароблятимете достатньо грошей, щоб через декілька років «автоматично» опинитися в хорошій позиції? Чи ви цілеспрямовано працюєте над своїм статусом фахівця?

Це починається із самосприйняття. Приймайте рішення з розрахунком, що через три роки ви станете спеціалістом у своїй сфері. Не будуйте свій бізнес навколо клієнтів, яких уже маєте, а організовуйте його в такий спосіб, щоб отримати клієнтів, яких ви хочете.

Ваше бачення є вирішальним. Можливо, ви — лікар, а ваша мета — стати відомішим за доктора Мюллера-Вольфарта*. Раптово вам телефонує міністр закордонних справ, який повідомляє, що інформація про ваші досягнення сягла вищих кіл і бундесканцлер мав би за честь прийняти вас на посаду міністра з охорони здоров'я. Згідно з девізом «Якщо влада закликає, заперечувати не варто», ви погоджуєтеся. Ваше бачення різко змінюється. Ви вірите, що нове бачення цілковито вплине на ваше життя? Чи сприйматимете тепер газету (імовірно, уже іншу газету) і її новини інакше?

---

* Ганс-Вільгельм Мюллер-Вольфарт — німецький спортивний лікар-ортопед, головний лікар збірної Німеччини з футболу і футбольного клубу «Баварія» (Мюнхен).

Мистецтво — розвинути таке бачення без дзвінка міністра закордонних справ. Довідайтеся, що є вашою пристрастю та якими є ваші таланти. Яку нішу зможете зайняти через три роки як *фахівець*? Тоді почніть наполегливо добиватися статусу спеціаліста.

Якщо ви не змінитеся, нічого не зміниться

Якщо хочете, щоб ваше життя змінилося, спочатку повинні змінитися ви самі. Якщо прагнете за три, п'ять чи сім років займатися чимось іншим, аніж сьогодні, то повинні підготувати й сприяти цим змінам. Вирішуйте самі, чи хочете за сім років мати той самий розпорядок дня, що й сьогодні, такі самі результати, так само багато чи так само мало уваги з боку ваших близьких...

Чим хочете займатися? Ви не можете просто якось прокинутися й прочитати в ранковій газеті, що за ніч вас призначили спеціалістом. Людина стає фахівцем настільки, наскільки вона може впоратися з цією роллю. Отож якщо хочете, щоби щось змінилося, виділіть певний час із ваших щоденних робочих завдань. Залиште його для досягнення статусу спеціаліста. Готуйтеся, підвищуючи свою кваліфікацію. Окресліть вашу спеціальну цільову групу. Шукайте підходи, щоб «укорінитися» у цій цільовій групі. Зверніть на себе увагу. Пишіть статті у фахових журналах...

Якщо хочете, щоб обставини стали кращими, то спочатку кращими мусите стати ви самі.

Ось найкращий спосіб із тих, що я зумів віднайти. Він допоможе вам швидко стати спеціалістом. Напишіть сьогодні рекламу обсягом в одну сторінку, що зверне увагу на вас як на фахівця, на ваш неординарний сервіс чи продукт. Це має декілька переваг:

1. Вона змусить вас зважувати кожну вигоду з точки зору клієнта.
2. Вам буде легше зосереджуватися на найважливішому.
3. У процесі формулювання, можливо, зрозумієте, що вам це не подобається. І так зможете своєчасно переглянути плани й запобігти значній втраті часу й енергії.
4. Окремі кроки для досягнення статусу фахівця стануть зрозумілішими, і ви зможете чіткіше визначити свою цільову групу.
5. Ви дізнаєтеся, як найкраще задовольнити потреби клієнтів, і запитуватимете себе знову й знову, що для них найкорисніше.
6. Увесь процес значно прискориться. Ви можете починати вже.

Основні поради

Зарекомендуйте себе як спеціаліста. Знайдіть нішу, яка ще не зайнята, або створіть нову.

- Ваше бачення змінюється й скеровує вас у обраному напрямку.
- Ви орієнтуєтеся не на поточну ситуацію, а на положення, яке ви хотіли б зайняти.
- Мета розвиває креативність. Після того, як ви побачили «загальну картину», то раптово усвідомлюєте, яким чином можна скласти цей пазл.
- Якщо прагнете завоювати широку цільову групу, то повинні надавати якнайдешевші послуги. Якщо ви обмежуєтеся «меншою», спеціальною цільовою групою, то можете продавати роботу дорого.
- Якщо ви — спеціаліст, клієнти самі йдуть до вас.
- Отримати статус фахівця — неважко, адже часто фахівцем є той, кого таким вважають непрофесіонали.

Немає відмінності між заробітком службовця й підприємця

Досягнення успіху як підприємця сильно залежить від того, чи готові ви бути службовцем і начальником в одній особі. Це означає, що як представник вільної професії ви повинні самі перераховувати собі зарплатню з рахунку своєї фірми на ваш приватний рахунок. Також це значить, що ви повинні строго відокремити витрати фірми від особистих. Щомісяця виплачуйте собі однакову зарплату. Якщо робити по-іншому, часто стається наступне:

Зігфрід Зорглоз* отримує від 3000 € до 12 000 € щомісяця, вилучаючи всі кошти, які заробив. У гірші місяці йому доводиться брати невеликі кредити (приблизно 6000 €), щоб утримувати свій звичний рівень життя. У вдалі місяці він себе винагороджує, адже, врешті-решт він так важко попрацював.

Пан Зігфрід живе добре, заробляючи в середньому по 8000 € шість місяців на рік. Інші шість місяців він заробляє в середньому лише по 3500 €, проте живе однаково добре. Врешті-решт, пан Зігфрід — неабихто. Він знає, скільки «заборгував собі» й бере кредит на 15 000 €. Із його доходом — це не проблема, а 15 000 € — «цілком підйомна» сума. Крім того, пан Зігфрід оптиміст.

Він розумно викручується протягом наступних двох із половиною років. Тепер борги зросли до «цілком підйомних» 30 000 €. Лізингові платежі він сюди не зараховує, адже лізинг допомагає знизити податки. Податки за перший рік — також не проблема, адже він може задекларувати «отримані збитки». Однак наступного року йому доводиться заплатити 6000 € податків, дохід падає, при продажу автомобіля, придбаного в лізинг, йому доводиться «доплатити» 4350 €.

---

* Зорглоз *(нім.)* – безтурботний.

Не встиг і озирнутися, а в нього вже 50 000 € боргу та щомісячні внески на суму 1500 €. У зв'язку із «непередбаченими обставинами», його заробіток становить усього 3200 €. «Раптово» виникають податки третього року, попередні податки, деякі старі рахунки... Зіґфрід Зорглоз зі злістю констатує, що усі, хто говорить про оптимізм, «мають неправильне сприйняття реальності». Насправді життя — важке й жорстоке. Зрозуміло, що нова позиція пана Зорглоза негативно впливає на його дохід.

А все ж насправді просто: якби пан Зіґфрід платив собі щомісяця зарплату в 3200 €, він би жив добре, та ще й заощаджував близько 30 000 € на рік. За три роки в нього було би понад 65 000 € після сплати податків. Ці 65 000 € приносили б йому 7800 € річних (12%). Його мотивація висока, а дохід — зростає. *Він розраховує на те, що стане заможним за 7 років, якщо зароблятиме щорічно всього на 10% більше.*

Тому моя пропозиція така: платіть собі фіксовану зарплату, орієнтовану на ваш найнижчий оборот.

Основні поради

Якщо ви підприємець, то платіть собі фіксовану зарплату.

- Ви звикнете щомісяця вдовольнятися постійною сумою.
- Ви розмежовуєте особисті й комерційні фінанси.
- Ви створюєте капітал, тож знаєте, для чого працюєте. Ваша мотивація зростає й покращує дохід.
- Уже за два роки матимете фінансовий захист на 12 місяців. Ви могли би цілий рік нічого не робити й жити лише на заощаджені гроші. Якщо забажаєте, адже ви вільні.

- За сім-десять років ви здобудете фінансову безпеку. Ваша «золота гуска» виросла. Щомісяця ви отримуватимете близько 5000 € завдяки відсоткам.
- Тепер ви працюєте не тому, що повинні, а тому, що насолоджуєтеся вашим хобі.

Як підприємець, ви повинні створювати особистий статок

Напевно, ви вже намагалися вкладати всі гроші у свою фірму. Це помилка, яку припускає багато підприємців. Вони не отримують доходів *поза* фірмою. Так ви робите персональне благополуччя залежним від успіху фірми й від вашої здатності продати її коли-небудь за вигідну ціну.

Якщо ви дійсно хочете вкладати більше грошей у свою фірму, то ми радимо використовувати O.P.M. (*other people's money* – гроші інших людей). Беріть кредити. Отримайте так багато грошей, як тільки зможете зібрати. По-перше, ви не знаєте, скільки вам потрібно, а по-друге, вони таки рано чи пізно знадобляться.

Тут діє правило, прямо протилежне тому, що стосується споживчих боргів. Ще раз: ніколи не накопичуйте споживчих боргів, але побудову й розширення вашої фірми варто фінансувати чужими грошима, адже в цьому випадку діє позитивний ефект: інвестований капітал збільшує ваш оборот. Цінність вашого підприємства зростає. Одночасно внаслідок інфляції зменшується вартість грошей, які ви повинні повернути. Якщо ви, наприклад, завдяки вдалій інвестиції позичених грошей змогли збільшити свій оборот на 12% річних, то за шість років ваш оборот подвоїться. Припустимо, що за цей проміжок часу «справжня» інфляція знецінить суму, яку ви повинні повертати, на 5% на рік, то дійсна (безвідсоткова) вартість грошей через сім років складе лише 69,8% від їх вартості в момент вкладення капіталу.

Із цієї причини підприємцю завжди радять вилучати гроші з фірми й вміло інвестувати їх в особисту сферу. У разі необхідності ці приватні інвестиції зможуть стати гарантією для О.Р.М. — грошей інших людей. (Часто це не є абсолютною необхідністю.) Отож регулярно вилучайте гроші з вашої фірми й фінансуйте її за допомогою чужих.

Як розподілити дохід

Якщо спортсмен хоче покращити свої досягнення, він розкладає свій результат на окремі блоки, такі як: пружність, фізичний стан, сила стрибка, м'язова маса, гнучкість, стиль, техніка, швидкість. Потім він аналізує окремо кожен блок і згодом розробляє програму тренувань. Те саме ми хочемо зробити з вашим заробітком. Спочатку «діагноз», а згодом – «рецепт». Будь ласка, прочитайте окремі абзаци й оцініть самого себе за шкалою від 1 (погано) до 10 (відмінно).

Професійний рівень

Наскільки ви майстерні у своїй справі? Зарекомендували себе як фахівця? Ви знаєте свою спеціальність? У вас є хороші наставники й мережа експертів навколо, які збільшують обсяг ваших знань і, відповідно, професійний рівень? Ви займаєтесь самоосвітою, окрім вашої професійної сфери? Ви ростете як особистість одночасно з вашим професійним зростанням? Ви знаєте й застосовуєте закони успіху? У вас є лідерські якості? Наскільки високим є ваш професійний рівень, порівнюючи з найвидатнішими людьми вашої галузі?

Ваша оцінка: _____ *балів*
(максимум 10 балів)

Енергія

Скільки енергії ви готові вкласти у свою професійну кар'єру? Як багато енергії витрачаєте насправді? Скільки енергії маєте загалом? Ви здатні сфокусувати свою енергію, тобто повністю сконцентруватися на чомусь? Наскільки ви пристрасні й захоплені тим, що робите? Ви любите свою професію? Незважаючи на все, ви знаходите час для здоров'я, спорту, родини, постійного навчання й зростання, адже це принесе так багато енергії у довгостроковій перспективі?

Ваша оцінка: _____ *балів*
(максимум 10 балів)

Розвиток/здобуття слави

Вам відомо, що це найважливіша складова вашого заробітку? Розвиток – найсильніший множник. Як багато людей ви охоплюєте своєю продукцією або сервісом? Борис Беккер* заробляв гроші, адже був одним із кращих у своїй справі й витрачав багато енергії. Але він

---

* Борис Беккер – колишній німецький тенісист, у минулому перша ракетка світу, шестиразовий переможець турнірів Великого шолома, олімпійський чемпіон.

заробляв великі гроші, адже на нього дивилися мільйони людей. Хороших знань, умінь та продукції сьогодні достатньо. Те, чи багато ви заробляєте, залежить від того, скільки людей про вас знає. Увага: тут максимальна оцінка 100 балів.

Ваша оцінка: _____20_____ *балів*
(максимум 100 балів)

Самооцінка

Ви розумієте, що сприйняття – це і є реальність? Як добре можете себе продати? Наскільки впевнено поводитесь? Наскільки високою є ваша самооцінка? Ви свідомі, що ви – видатна й надзвичайна людина? Ви здатні себе добре подати? Інші бачать у вас спеціаліста? Чи хочуть хороші люди зробити вам безкоштовну послугу просто тому, що й ви добрі? Чи думають інші, що знати вас – вигідно? Ви здатні зарекомендувати себе?

Ваша оцінка: _____4_____ *балів*
(максимум 10 балів)

Ідеї

Ви творча людина? Ви відкриті для нового? Ви прагнете до своєї мети й водночас готові постійно випробовувати нові шляхи до неї? Ви гнучкі? Записуєте свої ідеї відразу? Ви довіряєте своїм ідеям і втілюєте їх у життя? Наскільки розвинена ваша персональна «фабрика ідей»? Ви постійно запитуєте себе: «Як це мене стосується?» і «Як мені діяти негайно?»? Ви усвідомлюєте, що будь-яка, справді будь-яка інформація чи необхідне вам рішення десь існує і що ви повинні постійно розробляти нові ідеї, щоб отримати цю інформацію?

Ваша оцінка: _____ балів
(максимум 10 балів)

Щоб розрахувати свій загальний бал, ви повинні лише перемножити всі отримані числа й поділити на два. Максимально можете набрати 500 000 балів [$(10 \times 10 \times 100 \times 10 \times 10)/2 = x$]

Приклад: ви набрали 5 балів за професійний рівень, 10 балів за енергію, 3 бали за розвиток, 6 балів за самооцінку, за ідеї також 6. Відповідно, ви отримуєте 2700 балів (еквівалент місячного заробітку). Якби ви підвищили, наприклад, свій розвиток до 30 балів, то отримали б 27 000 балів (€ на місяць).

Ваш загальний бал: _____ балів.

Напевно, тепер ви чітко побачили, які сфери потребують розвитку. Я можу дати кілька підказок, та роботу ви повинні виконати самі.

Як покращити окремі складові вашого доходу

Професійний рівень

Попередні питання однозначно дали вам багато вказівок. Читайте спеціалізовану літературу та фахові журнали. Приглядайтеся до сусідніх

країн. Якщо ви ще не розмовляєте англійською, було би непогано на-
вчитися. Запропоноване тут навчання виходить далеко за рамки вашої
професійної сфери. Ідеться про загальне зростання як особистості
й про те, щоб стати людиною, яка магічним чином притягує успіх.

Я думаю, що найбільший вплив на наш професійний, а також і на
особистісний рівень має оточення. *Якщо ми оточуємо себе «кращими»
людьми, то стаємо кращими. Якщо ж ми оточуємо себе «демотивую-
чими» людьми, то перебуваємо в застої.*

Будучи малими дітьми, ми найкраще навчалися завдяки несві-
домому засвоєнню й наслідуванню. Цей метод актуальний і в дорос-
лому віці. Ми потребуємо людей, від яких здатні щось перейняти,
тому я взяв собі за звичку щомісяця знайомитися принаймні з од-
нією новою, цікавою й більш успішною в певній галузі людиною,
ніж я сам.

Будь ласка, подумайте вже зараз, що конкретно ви можете зро-
бити за 72 години, щоб підвищити свій професійний та особистісний
рівень.

Енергія

Ми часто блокуємо нашу енергію через дурний, саморуйнівний спосіб
життя. Це аспект, який недооцінює більшість людей. Ви не можете про-
кинутися вранці й захопити світ, якщо настільки хворі, що не здатні
встати з ліжка. Якщо ви ведете здоровий спосіб життя, то помітите:
чим більше енергії витрачаєте, тим більше енергії маєте.

Енергія — це життя. І енергія — не випадковість. Мені не залежить
на тому, щоб написати книгу про здоров'я. Та якщо хочете підви-

щити дохід, то подумайте якось про те, як можна здобути більше енергії.

Що ви можете зробити конкретно сьогодні, щоб здобути більше енергії?

_____

_____

Розвиток/здобуття слави

Ви повинні робити все для того, щоб люди знали вашу продукцію чи ваше ім'я. Ведіть колонку в журналі. Відвідуйте ток-шоу. Підтримуйте зв'язки із хорошим PR-агентством. Пишіть рекламні листи.

Домовтеся про кооперацію з іншими місцевими підприємцями. Якщо ви підете до мого кравця в Лондоні, то він одразу порадить вам майстра з пошиття сорочок, магазин, де виготовляють взуття на замовлення, свій улюблений ресторан...

Проводьте заходи, запрошуючи на них потенційних клієнтів і партнерів у кооперації.

Байдуже, що ви робите й скільки часу вже витратили на це: ви повинні витрачати більше часу для просування й здобуття визнання — свого чи своєї продукції. Робіть усе можливе, щоб привернути до себе увагу.

Не забувайте: хороших фахівців та якісної інформації сьогодні вдосталь. Недостатньо лише бути хорошим — про вас мають дізнатися й інші. Ваше завдання — потурбуватися про це.

Що ви можете зробити, щоб стати більш відомими?

Самооцінка

Як правило, люди можуть уявити собі збільшення доходу лише на 100%. Лише вдвічі більше, ніж мають зараз. Більше ж вони вважають неймовірним, що викликає почуття непевності. Це є винятково питанням самооцінки. Підвищіть свою самооцінку, і ви підвищите свій дохід.

Із самооцінкою пов'язані також здатність і уміння добре продати себе. Якщо у вас немає досвіду продажу, то раджу вам прочитати декілька хороших книг про торгівлю й упродовж року що-небудь продавати. Недарма кажуть: «Навіть незначна торгівля приносить більше, ніж робота». Можливо, ви виявите пристрасть до торгівлі. У будь-якому разі ви навчитеся продавати себе.

Що ви можете зробити, щоб підвищити свою самооцінку й краще продавати себе?

Ідеї

Найкращі ідеї приходять під час поїздки автомобілем, прогулянки, занять спортом чи у півсні. Тоді нам необхідний клаптик паперу або диктофон, щоб зафіксувати їх, інакше вони зникають, і часто – назавжди. Я завів собі щоденник ідей, куди записую усе, що спадає мені на думку. Більшість із цього я ніколи не втілю в життя, проте моя фабрика ідей працює на повній швидкості.

Наполеон Гілл казав: «Кожна фірма, кожнісінький великий успіх почалися з ідеї». Якщо наші ідеї хороші, гроші самі будуть текти в наші руки звідусіль. Одна-єдина ідея може коштувати мільйони.

Що ви можете зробити для того, щоб ваша фабрика ідей запрацювала на повній швидкості?

_____

_____

Ви бачите, що ваш дохід залежить не від волі шефа чи ринку. Щоб підвищити його, подумайте, що є вашим найслабшим місцем. Працюйте над цим. Шукайте рішення, але не забувайте про те, що найсильніший важіль — це розвиток. Якщо ви безперервно працюєте над всіма п'ятьма складовими, то обіцяю, що вже за рік ваш дохід виросте принаймні на 20%, можливо, навіть більше.

Шукайте інші джерела доходу

З одного боку, ви не повинні розпорошуватися, адже сила полягає в концентрації енергії. З іншого боку, існують хороші можливості, якими варто скористатися.

Як боротися з цим протиріччям? Дуже просто. Доки ви не досягли певного цільового доходу, то повинні концентруватися лише на одному виді діяльності. Спокійно встановлюйте досить високу суму. Немає сенсу тікати від труднощів, звертаючись до нових занять.

Якщо ж ви вже навчилися заробляти багато грошей, то вам це вдасться й у інших галузях. Як і де ви зможете знайти такі можливості? Передусім важливо знати, що дохід — це гроші, які входять у ваше життя.

Зробіть, будь ласка, невеличку вправу: озирніться в приміщенні, у якому зараз сидите. Будь ласка, спробуйте запам'ятати десять предметів червоного кольору. Ви знайшли десять предметів? Добре. Тепер прочитайте наступне завдання й відразу заплющіть очі, не озираючись ще раз: назвіть, будь ласка, шість предметів блакитного кольору.

Ми схильні бачити лише те, на чому ми концентруємося. Та хороший прибуток може приносити діяльність й поза межами нашої звичної сфери.

Чотири джерела заробітку

У принципі, нам платять за ту вартість, яку ми даємо ринку. Існує чотири види цінностей:

- Продукція.
- Знання.
- Послуги.
- Ідеї.

За допомогою яких цінностей можете заробляти гроші ви? Як можете продати свої знання? Як перетворити ваші ідеї на гроші? Яку продукцію можете продавати? Подумайте про те, що дохід – це всі гроші, які входять у ваше життя. Хто вам ще щось винен? Що з того, чим володієте, можна продати? Задумайтеся!

Вимагайте грошей

Ви належите до людей, які часом приносять результат, не вимагаючи оплати? Поміркуйте: вимагати гроші – це часто питання самооцінки. Завжди, коли ви робите щось цінне, природно й цілком виправдано отримувати це за гроші. Від того, наскільки ви себе цінуєте, залежить і те, чи вважаєте ви цінним своє досягнення. Якщо те, що фахівці оцінюють дорожче, у вас можна отримати безкоштовно, то часто єдиною причиною є недостатня впевненість у собі. Фахівець знає собі ціну, а ви своєї не усвідомлюєте.

Я б сформулював це більш грубо: ви відповідаєте за якість свого життя. Тому ваш обов'язок — заробляти гроші. І через це ви зобов'язані вимагати оплати, принаймні доки не досягнете фінансової незалежності.

Ви бачите, що успіх залежить радше від ставлення, аніж від здатностей. Працюйте над тим, щоб розглядати себе як цінну особистість. Ведіть персональний щоденник успіху.

Концентруйтеся на діяльності, що приносить дохід

Це дуже просто. Використовуйте свій час лише для діяльності, що приносить гроші. Чітко визначте, які види діяльності у вашій галузі приносять дохід. Велика кількість людей, мабуть, здатна робити більшу частину роботи, з якою можете впоратися й ви, та лише деяким вистачає дисципліни, щоб робити лише те, що приносить дохід.

Ви дізнаєтеся, що турбота винятково про діяльність, яка приносить дохід, дає більше задоволення, однак інші речі робити легше. Проте не забувайте, що рівень вашого доходу дуже сильно залежить від того, чи робите те, із чим інші навряд чи впораються.

Тут також діє правило: так швидко, як можливо. Не чекайте, доки зможете це собі дозволити. Передайте обов'язки іншим так швидко, як це можливо. Доручіть усе комусь, якщо він здатний це виконати, і використайте звільнений у результаті цього час для діяльності, що приносить дохід. Передайте ще більше обов'язків й використайте цей час, щоб зарекомендувати себе. Доки ви заробляєте більше, ніж платите своїм помічникам у цей час, розумієте, що не прорахувалися.

Більшість фірм хоче спочатку вирости, щоб мати можливість платити людям, яких вони потребують, однак правильним є якнайшвидше залучення цих людей, *що дозволить рости саме вам*.

Отже, запитайте себе: що б міг зробити хтось інший? Хто міг би це робити?

Жінка-прибиральниця — допомагати з порядком вдома, няня або садочок — для малюків.

Дохід не дорівнює багатству

Багато людей не розуміє, що таке багатство: заробляти хороші гроші – ще не багатство. Як правило, наш життєвий рівень зростає разом із зростанням нашого доходу. Ми просто починаємо потребувати більшого. На диво, нам завжди необхідно саме стільки, скільки ми заробляємо.

Не слід плутати «необхідно» й «хочеться».

Ще древні вавилоняни знали: те, що ти називаєш «необхідними витратами», постійно зростатиме — відповідно до рівня твого доходу.

Ви багаті лише тоді, коли можете жити з вашого капіталу без потреби працювати: на вас працюють ваші гроші. Ви станете заможними не завдяки грошам, які заробляєте, а завдяки тому, що заощаджуєте. Заощадження створюють різницю між тим, чи ви самі є гускою, що несе золоті яйця, а чи володієте такою гускою. Про це довідаєтеся більше в наступному розділі.

Ніколи не припиняйте...

Нізащо не припиняйте примножувати свій дохід, доки не нагромадите достатньо капіталу, щоб жити на відсотки.

Зрозуміло, що ми можемо й повинні робити паузи. Я взяв за звичку винагороджувати себе після досягнення кожної проміжної мети. Я працюю лише шість днів на тиждень і маю один вільний день. Чотири рази на рік їжджу у відпустку, одна з яких триває три тижні. Я встановив, що завдяки цьому досягаю значно більшого. Я стаю більш сконцентрованим і сповненим енергії. До того ж я проводжу відпустку з користю. Я читаю близько 150 книг на рік, із них 50 — у час відпустки. Під час різдвяних свят я підсумовую старий рік і планую новий. Я встановлюю цілі для кожної сфери свого життя й записую причини, чому хочу їх досягнути. Крім того, переважно в час відпустки я заповнюю свій щоденник пізнання. Тут я формулюю те, чого зміг навчитися. Отже, кожна невдача стає наукою. Щоб упевнитися, що я більше не допущу одних і тих самих помилок, я їх записую. Отож для мене відпустка — це час, коли я повністю відгороджуюся від буденних справ, займаюся лише собою й проводжу час зі своєю партнеркою. Повертаючись додому, я знаю точніше, чому займаюся тою чи іншою справою. Я знову зосереджуюся радше на меті, аніж на шляху її досягнення. Це лише декілька причин, чому я стаю продуктивнішим, беручи відпустку чотири рази на рік.

Отже, робіть паузи, щоб не «вигоріти», та не припиняйте працювати, доки не досягнули фінансової незалежності. Немає нічого складнішого, аніж знову зсунути з місця локомотив, що зупинився. Проте так само важко зупинити локомотив, який рухається на повній швидкості. Ви не повинні постійно тиснути на газ, але, якщо змога, не зупиняйтеся, доки не зможете жити на відсотки від свого доходу.

Тоді більше не будете змушені працювати. Та чому ви повинні припиняти те, що приносить задоволення? Якщо ви більше не будете змушені працювати, але таки працюватимете задля задоволення, знаєте, що тоді станеться? Лише тоді все й розпочнеться по-справжньому.

Ключові ідеї розділу

- Кожен отримує саме те, чого заслуговує. Лише ви в стані визначити, скільки заслуговуєте.
- Ви отримуєте більше не тому, що цього потребуєте, а тому, що заслуговуєте на це. Запитуйте про свої обов'язки, а не про свої права.
- Завжди давайте більше, ніж хто-небудь міг очікувати від вас. Здивуйте людей довкола себе, перевершивши всі сподівання. Бути дуже хорошими — недостатньо. Робіть усе неабияк.
- Станьте незамінними, будучи готовими нести відповідальність. І станьте замінними, делегуючи завдання та владу іншим людям.
- Хто хоче більше заробляти, має бути готовим стикнутися із великою кількістю проблем.
- Робити те, що роблять усі, — не цінніше, ніж пісок в пустелі. Ви не повинні бути кращими, але мусите стати єдиними. Знайдіть свою нішу.
- Ваш дохід росте паралельно із впевненістю в собі.
- Ваш дохід складається з наступних блоків: професійного рівня, енергії, здобуття слави, ідей, самооцінки й уміння себе продати.
- Витрачайте більше часу для просування й здобуття слави й визнання — своїх або своєї продукції.

- Сконцентруйтеся на тих видах діяльності, які приносять дохід. Запитайте себе: це повинен робити я, чи це може зробити й хтось інший?

Якщо хочете заглибитись у тематику цього розділу, прочитайте мою книжку «Нарешті заробляти більше».

8
Заощаджувати — платити самому собі

Людина, яка не лише витрачає гроші, а й заощаджує їх — це найбільш задоволена людина, адже вона отримує обидва задоволення.

— Семюел Джонсон

Одного разу бідний селянин зайшов у свій сарай і знайшов золоте яйце під сідалом своєї гуски. Спершу він подумав: «Хтось хоче наді мною пожартувати», — але, щоб пересвідчитися, узяв яйце й відніс його ювеліру. Той перевірив яєчко й повідомив селянинові: «100-процентне золото, абсолютно чисте золото». Селянин продав яйце й повернувся додому з великою сумою грошей. Увечері він влаштував величезне свято. На світанку вся родина встала, щоб подивитися, чи гуска раптом не знесла ще одне яйце. Справді, у гнізді знову лежало золоте яєчко. З того часу селянин щоранку знаходив золоте яйце, продавав їх і став дуже заможним.

Та селянин був жадібною людиною. Він запитував себе, чому гуска несе тільки одне яєчко на день. І взагалі, він хотів довідатися, як вона це робить, щоб власноруч виготовляти золоті яйця. Він гнівався все більше й більше. Врешті-решт якось він забіг у сарай і розрубав гуску садовим ножем надвоє. Усе, що він знайшов, була половинка яйця в стадії зародження. Мораль цієї історії: не вбивай гуску, яка несе золоті яйця.

Хіба більшість людей не чинить подібно? Гуска — це капітал, а золоті яйця — відсотки. Без капіталу відсотків не може бути. Більшість людей витрачає всі свої гроші. Тому вони ніколи не зможуть виростити гуску, що знесе їм золоті яйця. Ці люди вбивають її ще малим гусеням, до того як вона узагалі могла почати нестися.

Поки у вас немає гуски, що несе золоті яйця, або грошової машини, ви самі — грошова машина, і байдуже, скільки ви заробляєте. Витрачати менше, ніж отримуєш, — звучить зовсім не сенсаційно, однак ви встановите, що заощадження приносить задоволення й має сенс.

Чотири причини, чому люди не заощаджують

Існує багато причин, щоб заощаджувати, та більшість людей знаходить передусім чотири причини проти:

1. Вони думають, що пізніше зароблятимуть стільки, що не потребують заощаджувати зараз.
2. Вони хочуть жити добре вже сьогодні й думають, що економія — це важко й приносить обмеження.
3. Вони не вважають економію важливою і переконані, що не здатні змінити цю точку зору.
4. Вони думають, що в результаті це нічого не дасть (низькі відсотки, інфляція).

Дослідимо кожен із чотирьох пунктів. Ви побачите, що насправді все інакше, аніж ви, можливо, думали. Прочитайте чотири твердження, як вони мали б звучати насправді.

1. Ви станете заможними завдяки заощадженню, а не своєму доходу.
2. Економія приносить задоволення та зовсім не складна — і це стосується кожного.
3. Ви здатні змінити свої засади віри й ставлення до заощаджень у будь-який час.
4. Економія зробить вас мільйонером. Приблизно за 10 років ви отримуватимете в середньому 12% і більше. У цьому інфляція вам навіть допоможе.

Важко повірити? Ви будете вражені, коли побачите, наскільки правдиві ці чотири твердження. Тепер розглянемо послідовно кожен пункт.

Ви станете заможними завдяки заощадженню, а не вашому доходу

Ніхто не стане заможним лише тому, що багато заробляє. Багатство виникає, якщо ви заощаджуєте гроші. Занадто багато людей марно сподівається: «Якщо я буду заробляти достатньо, усе покращиться». Насправді ж рівень життя завжди зростає разом із рівнем доходу. Ви майже завжди потребуєте стільки, скільки маєте. Правда ж перебуває глибше: єдине, чим володіють люди, які не заощаджують, це борги.

Мій перший наставник був успішною людиною, яка мені дуже подобалася і якою я захоплювався. Тому я був щасливий, коли він запропонував займатися зі мною особисто. Зрозуміло, він вимагав від мене, щоб я заощаджував 50% свого доходу. Це неможливо, думав я і аргументував тим, що мені справді потрібні всі 100% і що я не можу заощаджувати, адже навіть 100% мого доходу недостатньо, щоб покрити всі необхідні витрати.

До того ж я був оптимістом. Я гадав, що все складеться саме собою, коли буду заробляти багато. Я повинен був зрозуміти, що це — слабка надія. Нічого не зміниться, якщо ми самі не змінимося.

Думати, що багатство прийде саме, якщо не зміни поводження з грішми, — помилково. Це значить відмовлятися від відповідальності згідно з міркуванням: «Зараз я можу геть по-дурному поводитися з грошима, адже потім, коли зароблятиму неймовірно багато, робитиму все правильно. Чому я повинен себе утискати тепер, якщо пізніше й без того купатимуся в грошах?». Ваш дохід повинен стати чарівним рішенням проблеми, із якою ви не можете впоратися: він повинен зробити вас заможними. Повірте, цього не станеться. Це лише залишиться надією.

Насправді, ви можете заробляти скільки завгодно, але ваша фінансова ситуація ніколи не зміниться. Я знайомий із сотнями людей, які заробляють 25 000 € на місяць і не володіють нічим, окрім боргів. Чому дохід не змінює їхню фінансову ситуацію? Тому що залишається два фактори, що перешкоджають зростанню доходу: відсотки й ви самі.

Якщо вам недостатньо того, що маєте сьогодні, то не впораєтеся також, якщо зароблятимете вдвічі більше. Адже відсотки не змінюються.

Якщо ви сьогодні заробляєте 1000 € й заощаджуєте 10%, то це — 100 €. Відкладати ті самі 10% від 12 000 € (тобто 1200 €) набагато складніше, адже сума вища. Тому при маленькому доході економити навіть легше. Легше відкласти 100 €, аніж 1 200. Чим більша сума, тим більше важать відсотки від неї.

Тому починайте вже. Однаковісінько, у наскільки складній ситуації перебуваєте, адже ніколи не стане легше, ніж сьогодні. Почніть заощаджувати 10% від вашого чистого прибутку вже сьогодні.

Почніть заощаджувати так рано, як можливо. Якщо вам 18 чи 20 років і ви ще живете вдома з батьками, то це найкращий момент. Так легко вже не буде ніколи. Коли у вас ще будуть такі низькі витрати? Навіть якщо вам і доводиться «віддавати» трохи грошей, це — ніщо в порівнянні з витратами, які матимете, коли переїдете у власне житло. Такого шансу більше не буде. Тому заощаджуйте так багато, як зможете.

Більшість людей не змінює своїх фінансових звичок, навіть почавши заробляти більше

Основні погляди майже не змінюються (хіба якщо ви цілком свідомо змінюєте засади віри). Ось одна з точок зору, що перешкоджає заощадженню: «Мені це потрібно». Звісно, ви пригадуєте фразу: «Не слід плутати "необхідні витрати" з бажаннями. Те, що ми називаємо необхідними видатками, завжди зростатиме відповідно до рівня нашого доходу».

Найдурнішим виправданням щодо непотрібних витрат є: «Мені це потрібно. Воно мусить бути в мене». Насправді ж нам необхідно зовсім мало. Ми стверджуємо, що нам це потрібно, щоби виправдатися перед самими собою. *Якщо обставини повинні стати кращими для вас, то спочатку кращими мусите стати ви самі.*

Заощадливість — чеснота багатіїв

Коли серу Джону Темплтону* та його дружині було по 25 років, вони вирішили відкладати 50% щомісячного доходу. Він каже, що інколи це було дуже важко, особливо коли він отримував низькі комісійні.

---

*   Сер Джон Маркс Темплтон – американський підприємець і філантроп, який більшу частину своїх статків пожертвував на потреби науки і релігії *(прим. пер.)*.

Він став мільярдером й одним із найбільш шанованих фондових менеджерів світу. Сьогодні він каже, що найбільш вирішальними моментами були ті, коли він заробляв так мало, що відкласти 50% було майже неможливо.

Воррен Баффетт* був найзаможнішою людей Америки. Ще 1993 року «Forbs» оцінював його статок у 17 мільярдів доларів. Як він став настільки заможним? Його рецепт: заощаджувати й вкладати, і ще раз заощаджувати й вкладати.

Баффетт починав хлопчиною-газетяром — і заощаджував. Він відкладав кожний долар, який лише міг заощадити. Він майже нічого не купував, адже ніколи не бачив грошей, які б міг витратити. Він завжди бачив суму, що буде мати більшу цінність у майбутньому.

Отож він не купував автомобіля. Не через ті 10 000 доларів, які той коштував, а через суму, в яку ці 10 000 доларів перетворяться через 20 років.

Мабуть, скажете, що це дуже нудно. Проте ви вже знаєте, що це питання переконань: є щось нудним чи захоплюючим. У будь-якому разі, якби ви інвестували ці 10 000 доларів у Воррена Баффетта 40 років тому, сьогодні вони б перетворилися на геть ненудні 80 мільйонів доларів.

А знаєте, що спільного в таких засновників підприємств, як Вернер фон Сіменс, Роберт Бош, Фердинанд Порше, Готтліб Даймлер, Адама Опель, Карл Бенц, Фриц Генкель, Хайнц Ніксдорф, Йоганн Якобс, Генріх Нестл, Рудольф Карштадт, Йозеф Некерманн, Райнхард Маннесман, Фрідріх Крупп, брати Альбрехти? Вони були ощадливі, ощадливі й ще раз ощадливі. Вони витрачали менше грошей, ніж заробляли, і робили розумні інвестиції. Зрозуміло, що не лише заощадливість була причиною їхнього багатства, але, очевидно, основною

---

*   Воррен Едвард Баффет — американський інвестор, підприємець, філантроп (прим. пер.).

передумовою, без якої добробут неможливий. Ви не знайдете *жодного* засновника підприємства, який би не був дуже ощадливим.

Багато підприємців розорилося

Можливо, ви заперечуватимете, що часто чули про підприємців, які розорилися. Це правда, але вони не мали споживчих боргів, а їхній життєвий рівень був скромним. Вони були ощадливими. Вони прогоріли не тому, що були неощадливими в особистому житті, а через несприятливі обставини або через те, що втратили гроші під час спекуляцій.

Завдяки своїй ощадливості та іншим підприємницьким якостям, вони витримували такі кризи, часто могли роками обходитися абсолютним мінімумом. Вони майже нічого не витрачали на себе. Вони зазнавали всіх можливих втрат.

Частина з них була настільки заощадливою, що багато людей вигукнуло б із жахом: «Це не для мене. Я цього не можу й не хочу!» Тут діє правило: *«Успішні люди готові робити речі, які б відхилила більшість неуспішних людей»*. Більшість відмовляється заощаджувати. Вони хочуть жити вже й зараз. Ще Ґете зауважив цей феномен: «Кожний хоче бути кимось, та ніхто не хоче стати кимось».

Засновники великих підприємств хотіли стати заможними. Вони присвятили себе цій меті й робили все заради неї, тому не повинні були поводитися, неначе вже володіли великою кількістю грошей. Видимість була байдужою для них. Вони хотіли стати кимось, тому й були ощадливі. Можливо, ви належите до тієї групи людей, яка стверджує: «Я — виняток. Я можу витрачати всі 100%, однак стану заможним». Я не можу ігнорувати таку можливість. Врешті-решт знову й знову з'являються неймовірні феномени, які ми не можемо пояснити.

Однак статистика не на вашому боці. Крім того, значно легшим було б просто змінити засади вашої віри: заощадження — це зовсім не складно.

Економія приносить задоволення та зовсім не складна — і це стосується кожного

Саме тому, що хочете насолоджуватися життям уже й негайно, ви повинні заощаджувати, але не так, як ви вже багаторазово намагалися зробити, але не зуміли у зв'язку з певними обставинами.

Більшість людей заощаджує неправильно. Вони самі все неймовірно ускладнюють: намагаються обмежувати себе цілий місяць, утискають себе тут і відмовляються від чогось там, однак часто нічого не залишається або виникає несподіваний ремонт чи забутий рахунок.

Мабуть, слід поглянути на цю ситуацію з іншого боку. У принципі, ви платите кожному, окрім самого себе. Ви платите пекареві, купуючи хліб, банку, сплачуючи відсотки, м'яснику, купуючи м'ясо, перукареві, коли стрижетеся. Але коли почнете платити собі? Ви повинні бути принаймні настільки ж важливими у власному житті, як ваш пекар, банкір, м'ясник чи перукар.

Заощаджувати — платити самому собі

Отже, ви повинні платити самому собі. Насамперед собі! Ось моя пропозиція: платіть зарплату самому собі. Перераховуйте 10% свого щомісячного доходу на окремий рахунок.

За допомогою цих 10% ви станете заможними. Решту — 90% — платіть іншим.

Ви виявите з подивом: *із 90% так само легко або важко обійтися, як і з 100*. Вам узагалі не бракуватиме цих 10%.

Можливо, важко в це повірити, але ви здивуєтеся, коли насправді спробуєте це. Ніколи не кажіть, що щось не вдасться, доки ви цього не випробували.

У ці 10% не слід зараховувати наявні договори про довгострокові ощадні депозити або страхування життя. За допомогою страхових договорів ви забезпечуєте дві важливі речі: страховий захист і пенсійне забезпечення. Обидві речі — абсолютна необхідність для більшості з нас. За допомогою ощадних договорів ви оплачуєте середньострокові придбання чи витрати — на кшталт нового автомобіля, меблів чи подорожі.

10% дозволять вам виростити «золоту гуску»

Ніколи не торкайтеся цих 10%. За допомогою них ви «вирощуєте» свою гуску, що несе золоті яйця. Ці 10% зроблять вас заможними. Ви одразу побачите, що 10% достатньо, аби зробити вас настільки багатими, щоб ви змогли жити на відсотки від доходу й більше ніколи не були змушені працювати.

Однаково легко або так само важко обійтися 90%, як і 100. Ви навряд чи в це повірите, еге ж? Тоді ви такі самі, як і більшість учасників моїх семінарів. Але після того, як вони це спробували, я став отримувати ось які відгуки: «Я не вірив, що це вдасться, та все ж вперто роблю це вже кілька місяців і геть забуваю про ці 10%. Приємно знати, що ці 10% роблять мене заможним».

Основні поради

Платіть насамперед собі. На початку місяця перераховуйте 10% свого доходу на окремий рахунок.

- Відкрийте «рахунок золотої гуски». Укладіть тривалий договір про перерахунок коштів із вашого звичайного рахунку на «рахунок золотої гуски». Нехай першого числа кожного місяця 10% вашої зарплати перераховуються на нього.
- Ви ніколи не витрачаєте гроші з цього рахунку.
- Ви вкладаєте гроші в цей рахунок за принципами, яких ви навчилися в цій книжці.
- Ви отримуєте більше задоволення від життя й почуваєтеся більш захищеними, доки ваші гроші зростають.
- «Рахунок золотої гуски» — легкий і змістовний спосіб покращити вашу фінансову дисципліну.

Що робити з підвищенням зарплати?

Імовірно, раніше ви заробляли менше, ніж сьогодні. Згадайте період свого навчання та наскільки мізерною кількістю грошей ви тоді обходилися. Як було з вашою першою роботою?

Ми систематично заробляємо більше грошей і зазвичай усе витрачаємо. Наш життєвий рівень зростає паралельно з доступним доходом.

Ось порада, яка допоможе уникнути цього в майбутньому: переводьте 50% від кожного підвищення заробітної плати на «рахунок золотої гуски».

Оскільки зараз ви звикли до поточного доходу, то відкладання 50% від підвищення заробітної плати в жодному разі не означає відмову від чогось. Так ви просто звикаєте до половинного підвищення заробітної плати. Інші 50% ви перераховуєте на «рахунок золотої гуски».

Наприклад, якщо зараз заробляєте 3000 € чистими, то на початку кожного місяця платите самому собі в майбутньому, перераховуючи 10%, тобто 300 €, на «рахунок золотої гуски». Якщо отримуєте підвищення зарплати на 600 €, то перераховуєте 50%, тобто 300 €, на «рахунок золотої гуски». Отож ви одним махом збільшуєте свої заощадження на 100%.

Чому програми заощаджень зриваються

Є дві найважливіші причини, чому більшість людей не витримує своєї програми заощаджень:

Вони мають намір заощадити занадто багато. З цієї причини вам слід відкладати «лише» 10% від зарплатні.

Ви зовсім не помітите цих 10%. 15 чи навіть 20%, на противагу, є більш вагомими. Якщо ж у вас вже є певна дисципліна для заощаджень, то можете подумати про те, щоб зберігати 20%.

Більшість людей хоче заощаджувати те, що залишається в кінці місяця. А це, як правило, не дуже багато. Тому оплачуйте собі майбутнє ще на початку місяця.

Основні поради

Перераховуйте 50% від кожного підвищення заробітної плати на «рахунок золотої гуски». У такий спосіб ваш життєвий рівень зростає не так швидко.

- З кожним підвищенням зарплати ваша гуска отримує поштовх до зростання.
- Ви знаєте, для чого працюєте, і показуєте своїй підсвідомості, що здатні добре поводитися з грошима.
- Кожне підвищення заробітної плати автоматично наближає вас до стратегічної мети.
- Як підприємець, ви — начальник і службовець в одній особі. Час від часу підвищуйте собі зарплату.
- Ви навіть не помітите цих 50%, адже ще не звикли до вищої зарплати.

Ви здатні змінити свої засади віри й ставлення до заощаджень у будь-який час

У багатьох людей є несприятливі засади віри щодо заощадження. Ось декілька прикладів:

- «Мені бракує дисципліни для заощадження».
- «Економія — лише для неталановитих, нудних людей».
- «Я живу зараз, а заощаджувати — означає обмежувати себе. До цього я не готовий».

Якщо ви дочитали розділ до цього місця, то володієте всіма логічними аргументами, щоб піддати сумніву наведені вище несприятливі засади віри. Ви здатні в будь-який час замінити їх новими, кориснішими, засадами віри завдяки способам, описаним у Розділі 5. Можливо, із цим вам допоможе одне або інше з наступних висловлювань:

- «Фермер, що проїдає все посівне зерно, не має чим засіяти поле».
- «Відсутність заощаджень — доказ абсолютної непридатності для бізнесу, наївності та дурості. Не можна сприймати всерйоз того, хто не довів, що вміє поводитися з грошима».
- «Я захоплююся людьми, які так контролюють своє життя, що витрачають енергію на завдання, які приносять їм задоволення. Сюди належить і сприятлива фінансова база».
- «Я враховую те, що залишок мого життя — в майбутньому, тому хотів би бути більш-менш упевненим у тому, яким буде це майбутнє. Такими є мої причини заощаджувати».

Економія зробить вас мільйонером

Ще на початку цього розділу ви прочитали, що отримаєте довгостроковий дохід у 12 і більше відсотків. При цьому інфляція може навіть бути допоміжною.

Мені відомо, що це далеко не панівна думка в Німеччині. Того, хто хоче отримувати більше 5% річних, тут нерідко вважають несерйозним.

Однак ці 5 відсотків майже дорівнюють фактичному рівню інфляції. Отримуючи лише від 2 до 4,5 відсотка на рік, ви дозаощаджуєтеся до бідності. Це значить, що ваші гроші втрачають більше купівельної спроможності, аніж ви здобуваєте завдяки доходам. Тому я розумію кожного, хто каже: «За таких обставин вкладати гроші немає змісту».

Зрозуміло, при інвестуванні діє принцип: якщо робите те, що роблять усі, то матимете те, що є в усіх. Отож не задовольняйтеся звичними доходами. Ваш перший крок — здобуття фундаментальних знань про інвестиції, що описані в наступних розділах.

Що може вийти зі 100 000 €

Ви дізнаєтеся про силу складних відсотків, проте для початку прочитайте приклад. Уявіть, що ви успадкували 100 000 €. Ви вкладаєте їх на 30 років під 7%. Тоді за 30 років отримаєте 761 220 €. Якби ви поклали їх на інвестиційний рахунок під 16 відсотків, то отримали б 8 584 980 €.

Крім того, уявіть, що ви розділили ці 100 000 € на п'ять вкладів, по приблизно 20 000 € кожен. Припустимо, що ви повністю втратили один внесок, другий не приніс ніякого прибутку, третій дав 7%, четвертий — 12%, а п'ятий — 16% прибутку.

У цьому випадку лише п'ятий внесок приніс понад 1,7 мільйона €. Тобто більш ніж удвічі більше, аніж якби ви вклали гроші під 7 відсотків. Усього ви отримали більш ніж 2,6 мільйона €, незважаючи на два невдалі вклади.

Отож виникає питання, як досягнути доходу в приблизно 12% річних і як розподілити ризики так, щоб, з одного боку, уникнути повної втрати коштів, з іншого ж боку — отримати шанс на максимальну вигоду.

Наприкінці я хотів би запропонувати три фінансові плани для досягнення трьох різних цілей, побудованих одна на одній. Ви побачите, що розумні заощадження принесуть добробут.

Навчіть ваших дітей платити самим собі

Коли дітям слід починати заощаджувати? Ще тоді, коли вони отримують перші кишенькові гроші. Якнайшвидше привчіть їх платити самому собі. Потурбуйтеся про те, щоб ваші діти перейняли корисні засади віри щодо заощадження й достатку.

Одного разу мій знайомий вирішив давати кишенькові гроші своїй восьмирічній доньці. Він дав їй 10 € й посадив її в автомобіль, сказавши, що мусить пояснити їй дещо надзвичайно важливе.

Він проїхав з нею через найбіднішу частину міста, в якому вони жили. Там усе виглядало сірим на сірому. Жодної зелені — лише бруд і бетон. Він запитав її, чи вона хотіла би жити тут, а чи в гарному кварталі, де розташований їхній приватний будинок.

Він пояснив їй, що протягом наступних 10–15 років вона ще буде жити з ними, але потім відповідатиме сама за себе. Тоді вона житиме або в цьому жахливому районі, або в чудовому будинку. І повідомив їй, що вона може вибирати вже.

Він витратив півдня, щоб пояснити своїй доньці концепцію заощадження й платні самому собі. Він вийшов з автомобіля з нею в цьому огидному районі й обійшов його довкола. Там вони пообідали в неохайному ресторані. І тому, що маленька почувала себе справді некомфортно, він сказав: «Тут живуть люди, які завжди витрачали 10 € повністю».

Повернувшись додому, вони склали план заощаджень: донька хотіла відкладати 5 € з 10. За кожне заощаджене євро батько вирішив вкладати по 50 €, що становило 250 € щомісяця.

Припустимо, що мій знайомий із його донькою продовжують цю програму протягом семи років. Тоді він припиняє відкладати 250 € щомісяця. Лише завдяки цьому донька, ще не досягнувши 32 років, вже володітиме сумою понад 200 000 €. При цьому мій знайомий інвестував тільки 21 000 €.

Та важливішим є ось що: маленька донька мого знайомого без зусиль вчиться поводитися з грошима змалечку. Імовірно, вона ніколи не потребуватиме батькових коштів.

Подумайте, яким би статком володіли ви, якби завжди заощаджували 50% доходу. Зрозуміло, починати слід ще до того, як вирішите, що «потребуєте» 100% коштів, аби покривати всі «необхідні» витрати.

Просто дарувати гроші нашим дітям безвідповідально. Для того, щоб пояснити їм концепцію накопичення грошей і добробуту, потрібен певний час, проте тоді наші діти здобудуть хорошу можливість, якої немає в більшості людей: гроші стануть чимось природним і приємним для них та займуть саме те місце, на яке заслуговують. Здебільшого гроші перетворюються на найважливішу складову життя лише тоді, коли їх немає. Ви можете зробити багато для того, щоб ваші діти не переоцінювали гроші й сприймали добробут як природну складову свого життя. Також я написав книжку про гроші для дітей. Вона називається «Пес на ім'я Мані, або Абетка грошей» і підходить дітям від 10 років.

Ключові ідеї розділу

- Лише коли володітимете достатньою сумою грошей, щоб могли жити з відсотків, ви — дійсно заможні й незалежні.
- Поки у вас немає грошової машини, *Ви* самі — грошова машина. Байдуже, скільки заробляєте.
- Ви станете заможними завдяки заощадженню, а не вашому доходу. Багатство виникає, коли *зберігаєте* гроші.
- Зі зростанням доходу тенденції лише посилюються. Якщо ви сьогодні не можете впоратися з своїми грішми, то навряд чи зумієте це зробити, заробляючи більше.

- Заощаджувати при меншому доході — легше, адже що більшою є сума, то вищі відсотки.
- Насправді ж нам потрібно зовсім мало речей. Ми стверджуємо протилежне, лише щоб виправдати ці витрати перед самими собою.
- Ви не знайдете жодного засновника підприємства, який би не був дуже ощадливим.
- Не дивіться на поточну вартість грошей. Поміркуйте, скільки вони вартуватимуть за 10, 15 чи 20 років.
- Успішні люди готові робити речі, які б відхилила більшість неуспішних людей.
- Із 90% так само легко або важко обійтися, як і з 100%.
- Наш життєвий рівень завжди зростає паралельно з доходом.
- Ви здатні змінити свої засади віри й ставлення до заощаджень у будь-який час.
- Однаково, наскільки важким може здатися процес заощадження: відсутність економії завжди принесе більше труднощів, аніж звичайні заощадження.
- Якщо ви робите те, що роблять усі, то й матимете те, що є в усіх.
- Здебільшого гроші стають найважливішою складовою життя лише тоді, коли їх немає.
- Привчіть своїх дітей заощаджувати.

9
Диво складних відсотків

*Гроші прибережені для тих, хто знає закони
капіталу й дотримується їх.*

— Джордж С. Клейсон
«Найбагатша людина у Вавилоні»

Хто примножує свої кошти, стає заможним. Хто ігнорує закони примноження грошей, той втратить усе знову. Це надзвичайно просто.

Якщо ви поглянете на чудо складних відсотків, то побачите, що знати їхню силу, не застосовуючи її задля досягнення фінансової незалежності, — це безвідповідальне невігластво. Отже, бідність — не чеснота, а невігластво.

Для початку я хотів би навести декілька прикладів сили зростання в геометричній прогресії.

Створіть нове джерело доходу

Я пропоную вам завести ощадну книжку й вкласти 5 центів першого місяця. Другого місяця подвойте суму й внесіть 10 центів.

Одночасно почніть шукати нові джерела доходу. У вас є 14 місяців, доки «все розпочнеться по-справжньому» й ваші доходи підвищаться. Вам слід використати цей час, щоб створити нове джерело прибутку. На 16-й місяць ви внесете вже 1638,40 €, на 17-й — 3276,80 €, а на 18-й — 6553,60. Ось план:

Місяць €	1 0,05	2 0,10	3 0,20	4 0,40	5 0,80	6 1,60	7 3,20	8 6,40	9 12,80
Місяць €	10 25,05	11 51,20	12 102,40	13 204,80	14 409,60	15 819,20	16 1638,40	17 3276,80	18 6553,60

Ви повинні намагатися зі всіх сил і рости. Ви маєте розвивати креативність і докладати зусиль. Та це виправдає себе. Рівно за півтора року ви матимете 13 107,15 €, яких би інакше не мали. Звідси ви могли би взяти, наприклад, 3000 €, щоб винагородити себе. Інші 10 000 € ви могли б вкласти й за 20 років (при 12% річних) отримати майже 100 000 €.

Основні поради

Заведіть ощадну книжку, роблячи внески протягом 18 місяців, щоразу їх подвоюючи.

- Ви вчитеся шукати нові джерела доходу.
- У вас достатньо часу, щоб знайти нове джерело прибутку.
- Ви тренуєте свій «м'яз доходу».
- Ваша впевненість у собі зростає. Незабаром зможете приймати зовсім нові виклики.
- Ви стаєте незалежними від свого поточного джерела заробітку.
- Вкладаючи гроші, ви закладаєте фундамент значного статку.

Фактори, що визначають рівень доходу

Для складних відсотків важливі тільки три фактори: час, відсотки й правильне застосування.

Я хотів би зупинитися на кожному з трьох. Дозвольте мені в прикладах опертися на такий високий дохід, як 12%. Акції зростали в середньому на понад 11% на рік, починаючи з 1948 року. Багато хороших фондів давали більше.

Через те, що такі результати вважаються в Німеччині майже неможливими, я присвятив два розділи темі відсотків й інвестицій (Розділи 10 і 11).

Час

Уже було сказано, що краще починати якнайшвидше. Ось приклад:

Припустимо, ви заощаджуєте 200 € щомісяця, починаючи з 30 років. Якщо гроші приносять 12% річних, то в 65 років Ви матимете 1 049 570 €. Така неймовірна сума виникає, бо протягом 35 років ви дозволяли грошам працювати на себе.

Якщо почнете, на противагу, в 45 років, то матимете «лише» 20 років. Припустимо, ви хочете отримати з тією ж відсотковою ставкою в 12% також 1,05 мільйона. Тоді вам доведеться збільшити свою щомісячну норму заощаджень ушестеро, тобто до 1200 €.

Якщо ж починаєте лише в 55 років, то у вас залишається тільки 10 років.

Якщо все ж хочете отримати ті ж 1,05 мільйона, то повинні заощаджувати понад 5000 € щомісяця.

Щоб стати власником 1,05 мільйона, вам потрібно або:

- 35 років вкладати по 200 € щомісяця, або
- 20 років вкладати по 1200 € щомісяця, або
- 10 років вкладати по 5000 € щомісяця. — *мільйон.*

Отож подумайте: чим раніше ви почнете, тим спокійніше досягнете своєї мети.

Тому заощаджуйте для власних дітей. І ще важливіше, покажіть дітям процес економії. Якщо при народженні дитини ви почнете інвестувати 100 € щомісяця, то до 35 років вона матиме 524 785 € (при 12% річних).

Відсоткова ставка

Відсоткова ставка є такою ж важливою, як і час. Недарма кажуть, що час – це гроші. Можна сказати й те, що час приносить гроші. Дозвольте мені продемонструвати високі відсоткові ставки, хоча багато хто відмахується від них, як від несерйозних.

Тисячі людей у Німеччині отримують у середньому щорічний інвестиційний прибуток у 12 і більше відсотків. Будь-яка американська домогосподарка лише б втомлено позіхнула, почувши про різноманіття відсоткових ставок, які пропонують у нас. Від 2 до 5% у США викликають, мабуть, тільки співчуття. Недарма весь світ вважає, що ніхто не є настільки заощадливим і не вкладає гроші так нерозумно, як німці.

Якщо ви зараз порівняєте цифри, то побачите, наскільки важливо отримувати високий відсоток. Різниця між 7, 12, 15 і 21% — надзвичайна. Припустимо, Ви вкладаєте 100 € щомісяця понад 35 років. Що з цього вийде, якщо отримуватимете 7, 12, 15 або 21 відсотків річних?

- 7%: 166 722 €
- 12%: 524 785 €
- 15%: 1 078 249 €
- 21%: 4 671 602 €

Отже, якщо ваша відсоткова ставка – втричі більша, то отримаєте не просто трикратну суму. Насправді ви отримаєте майже в тридцять разів більше!

Розгляньмо ще один приклад. Якщо ви інвестуєте 1000 €, що вийде з цього при 7, 12, 15 або 20 відсотках за 30 років?

- 7%: 7612 €
- 12%: 29 960 €
- 15%: 66 212 €
- 20%: 237 376 €

Щиро зізнаюся: 7612 € за 30 років, отриманих з 1000 €, мало кого здивують. Скажу Вам абсолютно чесно: тоді я би краще викинув цю 1000 € на вітер.

Але якщо ви можете збільшити вкладену суму в тридцять разів (12%), можливо, навіть у двісті тридцять сім разів (20%), це, звісно, було би привабливим, чи не так?

Знаєте, що б сталося, якби ваша бабуся 50 років тому інвестувала для вас 1000 € й дійсно отримувала в середньому 20%? Так ось, 1000 € перетворилися би на 9 мільйонів. Отже, ваша бабуся «винна». Та ви можете зробити все краще й своєчасно подумати про своїх майбутніх онуків.

Тепер погляньте на таблицю, щоб побачити, як можуть примножуватися ваші гроші.

Як легко розрахувати
складні відсотки в голові

Для того, щоб ви постійно не звірялися за таблицею, я хотів би дати одну спрощену формулу.

Поділіть 72 на відсоткову ставку й отримаєте кількість років, необхідних для подвоєння інвестованого капіталу.

72 : відсоткова ставка = термін, за який капітал подвоїться

Припустимо, ви отримуєте 12% річних і хочете знати, за який час подвояться ваші 10 000 €:

72 : 12 = 6 років.

Таблиця складних відсотків: інвестиція 1200 € на рік

	5 рік	10 рік	15 рік	20 рік	25 рік	30 рік	35 рік
1%	6134	12 568	19 330	26 437	33 907	41 758	50 009
2%	6271	13 168	20 784	29 192	38 475	48 724	60 040
3%	6411	13 804	22 373	32 308	43 824	57 175	72 653
4%	6556	14 476	24 111	35 835	50 098	67 452	88 565
5%	6704	15 187	26 013	39 831	57 466	79 974	108 790
6%	6855	15 939	28 094	44 361	66 129	95 260	134 244
7%	7011	16 734	30 371	49 498	76 325	113 951	166 722
8%	7171	17 576	32 865	55 329	88 336	136 834	208 094
9%	7334	18 466	35 594	61 947	102 495	164 884	260 876
10%	7502	19 408	38 583	69 464	119 198	199 296	328 295

11%	7674	20 404	41 855	78 002	138 912	241 547	414 495
12%	7850	21 458	45 439	87 703	162 186	293 451	524 785
13%	8031	22 572	49 364	98 727	189 674	357 239	665 966
14%	8216	23 751	53 663	111 255	222 145	435 653	846 744
15%	8406	24 998	58 370	125 494	260 504	532 058	1 078 249
16%	8600	26 316	63 525	141 677	305 822	650 584	1 374 701
17%	8800	27 710	69 170	160 068	359 358	796 292	1 754 246
18%	9004	29 184	75 350	180 968	422 596	975 382	2 240 022
19%	9213	30 742	82 117	204 715	497 278	1 195 438	2 861 493
20%	9428	32 389	89 524	231 693	585 457	1 465 733	3 656 143
21%	9647	34 130	97 631	262 336	689 539	1 797 594	4 671 602
22%	9872	35 970	106 503	297 133	812 352	2 204 839	5 968 323
23%	10 103	37 914	116 210	336 639	957 212	2 704 316	7 622 946
24%	10 339	39 968	126 830	381 476	1 128 004	3 316 542	9 732 515
25%	10 581	42 139	138 445	432 350	1 329 277	4 066 480	12 419 759

При 12-відсотковій ставці ваші гроші подвоюються кожних 6 років. За умови ставки лише в 5%:

$$72 : 5 = 14 \text{ років.}$$

Отже, ви бачите, що 5-відсоткова ставка – радше нудна справа, адже вам доведеться чекати аж 14 років, доки кошти подвояться. А потім ще 14 років, доки вони подвояться ще раз.

Через 30 років із початкових 10 000 € ви отримаєте скупі 45 000 €. За 12-відсоткової ставки гроші подвояться за 6 років.

Як зростає 1000 €, навіть якщо ви не додаєте ні цента більше!

Рік	8%	10%	12%	15%	20%
1	1080	1100	1120	1150	1200
2	1166	1210	1 254	1323	1440
3	1260	1331	1405	1521	1 728
4	1360	1464	1 574	1749	2 074
5	1469	1611	1762	2011	2 488
6	1587	1772	1974	2313	2986
7	1714	1949	2211	2660	3583
8	1851	2144	2476	3059	4300
9	1999	2358	2773	3518	5160
10	2159	2594	3106	4046	6192
11	2332	2853	3479	4652	7 430
12	2518	3138	3 896	5350	8916
13	2720	3452	4363	6153	10 699
14	2937	3797	4887	7076	12 839
15	3172	4177	5474	8137	15 407
20	4661	6727	9646	16 367	38 338
25	6848	10 835	17 000	32 919	95 376
30	10 063	17 449	29 960	66 212	237 376
35	14 785	28 102	52 800	133 176	590 668
40	21 725	45 259	93 051	267 864	1 469 772
45	31 920	72 890	163 988	538 769	3 657 262
50	46 902	117 391	289 002	1 083 657	9 100 438
100	2 199 761	13 780 612	83 522 266	1 174 313 451	82 817 974 522

За 12 років (тобто в подальші 6 років) вони знову подвояться, і так далі. Уявіть собі, що за 30 років із ваших 10 000 € отримаєте приблизно 300 000 €. За умови 20-відсоткової ставки це було би майже 2,4 мільйона.

Висновок: відсоткова ставка є важливою. Настільки важливою, що вам потрібно прочитати Розділи 10 і 11, щоб побачити, як отримати таку відсоткову ставку. Чим менше у вас часу (або чим менше часу хочете приділити), тим більшої відсоткової ставки ви повинні домагатися, якщо хочете накопичити солідний статок.

Що вийде з ваших грошей

Із щойно сказаного слід виділити два питання:

1. Як часто ви хочете подвоювати свої гроші? (Процентна ставка!)
2. Скільки грошей повинно подвоїтися? (Заощадження!)

Навіть найвища процентна ставка не принесе ніякого результату, якщо ви помножите її на нуль. 50 000 €, наприклад, геть не величезна сума. За неї ви можете придбати хороший автомобіль. Отже, 50 000 € – не така ціль, яку б слід було бажати. Проте якщо ви інвестуєте 50 000, то за 20 років отримаєте півмільйона євро (при 12% у рік). Саме тому й заощаджують розумні люди: вони бачать не 50 000 €, а 500 000.

Капіталізм без капіталу — фінансовий кам'яний вік

Лише капіталізм дає кожному можливість отримати добробут і багатство. Незліченні мільйонери й навіть мільярдери виникли завдяки економічній передумові: можливості збільшення капіталу шляхом інвестицій. Лише за капіталізму вирішальну роль відіграє відсоткова ставка.

Інвестиції капіталу вигідні для інвестора, адже він отримуватиме прибуток. Він може брати участь у підприємстві, не будучи підприємцем.

Це має переваги й для підприємця. Він може швидко створити й розширити своє підприємство за допомогою О.Р.М. (грошей інших людей). Без О.Р.М. швидке зростання неможливе. Усі великі корпорації сьогодення виникають на основі позичених коштів.

Візьміть, для прикладу, Сема Волтона*. Він купив невеличкий магазин у маленькому містечку в США. Для цього він позичив гроші в свого тестя. Він створив ринок низьких цін. Сем Волтон гарантував клієнтам: якщо знайдете де-небудь товар дешевше, ніж у моєму магазині, я негайно відшкодую вам гроші. Після початкових невдач Сему слід було би здатися. Та він позичав гроші знову й знову, купуючи на них нові магазини.

Його наступною геніальною ідеєю було створити величезні магазини товарів за низькими цінами там, де, на думку конкурентів, не було достатнього товарообороту — у маленьких містах.

Користь, яку Сем Волтон приніс своєї країні, була неймовірною: він створив робочі місця для тисяч людей, а мільйони змогли й можуть робити дешеві покупки. Хіба це не природно, що Сем Волтон став дуже заможним? У певний час він навіть був найбагатшою людиною Америки. До речі, при цьому він залишився надзвичайно скромним, адже й далі жив у своєму першому будинку та їздив старим побитим пікапом. Можливість позичати гроші була для нього благословенням. Він утілив свою мрію.

Та подивімося ще раз, що отримали інвестори, вклавши гроші 1975 року у «Вол-Март» Сема Волтона. Інвестор, який вклав 90 000 €

---

*   Сем Волтон – американський бізнесмен, найбільш відомий як засновник мережі магазинів «Вол-Март» *(прим. пер.)*.

1975 року, за 10 років отримав 3,2 мільйона. Якби він не рухав цих грошей, то до 31 липня 1995 року мав би 26 630 000 €. Зробити 26 мільйонів із 90 000 € за 20 років — у цьому сила складних відсотків при інвестиціях. Й історія «Вол-Марта» — лише одна з багатьох.

Поміркуйте: у слові «капіталізм» приховане слово «капітал». Якщо ви не дозволяєте капіталу й інвестиціям працювати на себе, то весь капіталізм пройде повз вас. В економічному плані ви живете приблизно в кам'яному віці.

Подобається нам це чи ні, та наша система всіляко підтримує заможного й ослаблює бідного. Це здається іманентною закономірністю нашої еволюції.

Насправді ж наша податкова система повинна створити певну рівність можливостей. Та давно відомо, що вона вигідна лише розумним й обізнаним. Так само й капіталізм допомагає тільки тим, хто вміє поводитися з грошима. Інших він знищує. Ще древні вавилонянами казали про це: «Гроші прибережені для тих, хто знає їхні закони й дотримується їх».

Той, хто має гроші, може дозволити винайняти консультантів, які знають пробіли в законодавстві. Зазвичай люди починають цікавитися хорошими відсотковими ставками, уже маючи певний капітал. До того часу сила складних відсотків проходить повз них.

Чому гроші приносять ще більше грошей

Хороші консультанти коштують грошей. Легальні способи «звільнення від податків» потребують фінансів. Хороші консультанти з податків коштують грошей. Проте вони заощаджують для вас набагато більше, аніж ви їм платите. Той, хто має гроші й хороших консультантів, отримує від 12 до 30% на рік, і часто без податків – цілком легально!

Той, хто має менше грошей і не орієнтується в цьому питанні, отримує 2–7,5% на рік. При цьому податкова служба та інфляція ще й ділять між собою вбогий дохід.

Усе своє життя ви будете грошовою машиною, хіба що приймете свідоме рішення створити грошову машину для себе, виростивши гуску, що несе золоті яйця. Ви вже побачили, як швидко може рости така гуска, але вона дуже неохоче приходить до тих, хто її одразу вбиває.

Просвітництво є необхідним

Загалом капіталізм покращив умови життя багатьох людей. Навіть бідняки, які живуть у країнах із капіталістичною системою, не настільки вбогі, як люди в країнах із іншими економічними системами.

У нас можливо стати заможним, лише якщо ти приносиш користь багатьом. Якщо хтось стає багатим, він створює робочі місця, товари чи послуги, потрібні іншим людям. Ще ніколи в людей не було так багато шансів, як сьогодні. Це також спричинив капіталізм.

Усе ж капіталізм доволі далекий від того, щоб зробити нас задоволеними. Він зовсім не є «благословенням» для всіх. Капіталізм створює нове класове суспільство.

Мені не подобається динаміка, яку розвинув капіталізм. *Настав час зробити «капіталізм для небагатьох» доступним кожному.* Акції і можливість співпраці з фірмами – істотний крок до цього. Фонди дозволяють брати участь у роботі різних фірм усе більшій кількості суспільних прошарків і відносно без ризику.

Чого нам бракує, так це просвітницького капіталізму. Інформаційної політики, яку проводять не лише задля концернів, а заради просвітництва, яке забезпечить гідне існування людям на цій планеті. Життя, в якому капітал — це енергія, що підтримує.

Я хотів би зробити свій внесок за допомогою цієї книги. Ви теж можете зробити це, створивши особистий добробут і ставши прикладом для інших.

Ключові ідеї розділу

- Стосовно грошей діє принцип відповідальності. Хто примножує свої гроші, стає заможним. Хто ігнорує закони примноження капіталу, знову втратить їх.
- Безвідповідальним невіглаством є знати силу складних відсотків, не застосовуючи її задля досягнення фінансової незалежності.
- Для складних відсотків важливі тільки три фактори: час, відсотки й правильне застосування.
- Чим раніше ви почнете, тим спокійніше досягнете своєї мети.
- Якщо ваша відсоткова ставка зросте втричі, то отримаєте майже в тридцять разів більше коштів!
- Якщо не дозволяєте капіталу й інвестиціям працювати на себе, то весь капіталізм пройде повз вас.
- Гроші прибережені для тих, хто знає їхні закони й дотримується їх.
- Капіталізм підтримує заможних, а в тих, хто ігнорує його закономірності, віднімає навіть те, чим вони володіють.
- Настав час зробити «капіталізм для небагатьох» доступним кожному. Ви можете зробити свій внесок, створивши особистий добробут і ставши прикладом для інших.

10
Чому ви повинні примножувати гроші

Німці — чемпіони світу з економії.
У випадку ж справжніх, вигідних інвестиційних
вкладів вони займають останні місця.

— Франц Рапф «Усе про акції»

Мій наставник полюбляв розповідати історії з Біблії. Він використовував ці історії, щоб передати мені важливі знання. Часто він розповідав про відомий сон фараона.

Фараона непокоїв сон: він бачив, як з Нілу виходять сім чудових, відгодованих корів. За ними ж із води з'являлося семеро жахливих і худих. Вони були настільки виснажені, що можна було перелічити всі кістки. Раптово худі корови накинулися на вгодованих і просто зжерли їх. Незважаючи на це, вони залишилися такими ж виснаженими.

До фараона привели Йосифа, адже ходили чутки, що той вміє тлумачити сни. Він сказав: «Сім вгодованих корів означають, що сім років буде багатий врожай і достатньо їжі кожному. Сім худих корів оповіщають про подальші сім голодних років».

Фараон запитав із серйозним виразом обличчя: «Цьому ніяк не можна зарадити?». Йосиф відповів: «Хоча ти не можеш цього змінити, та в стані до цього підготуватися. Признач міністра, що потурбується про те, щоб у хороші роки всі люди зібрали п'яту частину врожаю в зерносховища. Тоді вони матимуть достатні запаси для поганих років і не будуть змушені голодувати».

Цей план було втілено. Сім років єгиптяни збирали багатий врожай. І нікому не зашкодило, що йому довелося віддати п'яту частину.

Голодні роки

Мій наставник казав про це: «Більшість людей живе так, ніби голодні роки ніколи не прийдуть, проте вони однозначно настануть».

Він був одним із перших, хто усвідомив, що станеться зміна системи. Раніше люди були добре забезпеченими, усе життя працюючи на єдиній роботі з хорошим заробітком. Фірма й держава піклувалися про цих людей, коли ті виходили на пенсію.

Пенсії повинні були забезпечити так звану угоду поколінь. Цей договір свідчив про те, що працездатне населення годує старше покоління, що пішло на пенсію. І коли молоде покоління саме постаріє, то про їхню пенсію потурбуються нові молоді покоління.

Сьогодні ми знаємо, що в майбутньому цей договір більше не буде дійсним. З 2020 року в нас буде просто занадто багато пенсіонерів, яких така мала кількість працездатного населення не прогодує. Сьогодні ми повинні, на жаль, констатувати, що колись хтось розповідав усім людям на світі: «Ваша пенсія — надійна». Так було колись... Проте, на жаль, це перетворилося на звичайні небилиці, вигадані історії. Брехню, яку охоче слухаєш, та все ж вона неправдива.

Єгиптяни використали простий рецепт, щоб захиститися від голодних років: міністр фінансів зібрав 20% від загального врожаю. Сьогодні в нас також є міністри фінансів — і з більшості працівників вони збирають значно більше, ніж 20%. Та є велика різниця: сьогодні міністри фінансів збирають кошти й відразу ж їх витрачають. Нічого не залишається для голодних років. Нічого.

Отож у вас немає іншого вибору, аніж стати своїм особистим міністром фінансів і заощаджувати щонайменше 10% від доходу. Було б краще, якби ви навіть послідували прикладу єгиптян і відкладали 20%.

Не дозволяйте себе надурити

Мабуть, ви неодноразово бачили пенсіонерів, яким доволі добре живеться. І, можливо, вважаєте мій опис занадто негативним. Та не дозволяйте себе надурити. Починаючи із приблизно 2020 року ми переживатимемо зовсім інші часи. За допомогою простих розрахунків легко довести, що ви не зможете покладатися на пенсію від держави.

Тоді пенсійна система не зможе впоратися із виплатами належним чином. Люди ставатимуть все старішими, медичне страхування — дорожчим, але хто повинен платити за це?

Не існує Йосифа, який би раптово відчинив величезне сховище, щоб забезпечити всіх. Та й самого сховища не існує. Ми перейшли з промислової епохи в часи інформаційних технологій. У результаті ми самі повинні подбати про свої пенсії. Той, хто йде на покій за 20 або більше років, повинен уже потурбуватися про те, щоб у нього не було занадто голодних років.

Про це можна було дізнатися й повідомити іншим і раніше, та зараз це вже мало що змінює. Ми повинні самостійно створювати склади й бути власними міністрами фінансів. Ми самі мусимо взяти на себе відповідальність.

Переможці й переможені

Вам не здається, що несправедливість у світі вже стала нестерпною? Це легко – вдаватися в непотрібні міркування й ставити улюблене питання *чому*. Як уже було сказано в Розділі 2, питання *чому* – не завжди корисне. Воно змушує шукати пояснення, які ми часто використовуємо як відмовки. До того ж роздуми над ним нерідко стримують від дій.

Під час великих змін завжди є переможці й переможені. Постійно виникає велика несправедливість. Та вдаватися в міркування через це не особливо допомагає. Роздуми не змінять нашої ситуації.

Сьогодні, у нашому інформаційному столітті, переможеними є ті, які досі продовжують покладатися на державу й фірму. Переможці ж беруть на себе особисту відповідальність. Існує суспільство жертв і суспільство відповідальних людей. Ті люди, які вважають себе жертвою, досі покладаються на обіцянки з минулого, які сьогодні вже ніхто не може виконати. Вони довіряються державі й своїй фірмі.

Ті ж люди, які беруть на себе відповідальність, не хочуть допустити, щоб їхнє життєве щастя залежало від того, чи інші дотримаються своїх обіцянок. Перефразуючи Ґете: одного слід очікувати завжди – неочікуваного. Ці люди вважають підготовку *своєю* відповідальністю.

Часто складнощі виникають ще задовго до пенсії

Ще раніше ми дізнаємося про інший наслідок змінених відносин: сьогодні практично немає робочих місць із пожиттєвою гарантією. Тепер багато людей проживає «голодні сім років» задовго до початку пенсії, адже вони не відкладали 20% під час «урожайних» років.

Чому таке стається з людьми? Усі ми схильні ставати жертвою двох ілюзій. По-перше, гадаємо, що якщо економіка процвітає, *то так буде й надалі*. І якщо ми добре заробляємо впродовж тривалого часу, то думаємо, що незабаром отримуватимемо ще більше. Проте мій наставник раз у раз наголошував: часто худі корови з'являються швидше, аніж очікувалося.

По-друге, *ми часто не розпізнаємо «ситі» роки*. Лише коли настають «голодні», помічаємо, як добре нам було насправді. Оскільки багато людей думає, що «врожайні» роки ще прийдуть, вони зволікають із заощадженнями й інвестиціями.

Реальність

Більшість людей заощаджує занадто мало. Вони живуть у прекрасних будинках і помешканнях, їздять чудовими авто, купляють найновіші телевізори та музичні центри. Окрім договору про кредит на будівництво житла, невеликого страхування життя та вбогої ощадної книги в них немає нічого. Вони стали жертвами обох ілюзій. Ті ж, які заощаджують, нічого не вкладають. Вони – несправжні інвестори. Багато хто вкладає гроші в такий спосіб, що вони не можуть правильно примножуватися. Інші плутають *спекуляції* з *інвестиціями*. Та між цими двома термінами є величезна різниця. Більше ви дізнаєтеся в Розділі 11.

Адже ця розбіжність — надзвичайно важлива. Хто займається спекуляціями, не може бути впевненим, що виростить гуску. Передусім він отримуватиме золоті яйця *нерегулярно*, адже спекулянти практично не мають пасивного доходу. Вони заробляють гроші лише тоді, коли продають свій капітал.

Хто хоче примножити гроші, повинен передусім інвестувати, а не спекулювати. Той, хто заощаджує й вкладає, не обов'язково є інвестором. Мій наставник казав: *«Інвестор отримує дохід не тоді, коли він продає, а тоді, коли купує»*. На жаль, я довго не слідував цій пораді, що коштувало мені багато грошей. Правда ж така: той, хто хоче отримувати прибуток лише тоді, коли продає, займається спекуляціями. Спекулянту інколи щастить, а часом — ні. У будь-якому разі, він лише відносно впливає на результат своїх дій. І передбачити все можливо також тільки умовно.

2000, 2001 та 2002 роки

Багато людей втратило купу грошей на біржах упродовж 2000–2002 років. Основна причина така: вони займалися радше спекуляціями, аніж інвестиціями.

У Розділі 11 ми розглянемо ще одну важливу різницю — між *інвестицією* та *зобов'язанням*. Мабуть, ви скажете: «Ну, різниця чітка й зрозуміла», — проте побачите, що багато хто припускається помилки щодо цього. Дуже фатальної помилки. Наприклад, багато людей вважає свій особняк інвестицією. І вони уявляють себе інвесторами, хоча насправді лише витрачають гроші.

Мій наставник завжди казав: «Інвестиції забезпечують прихід грошей у наші кишені, зобов'язання ж — *зворотний* потік». Шлях грошового потоку показує, ідеться про інвестицію чи зобов'язання.

Найфатальнішим є те, що багато людей гадає, що вони роблять інвестиції, хоча насправді укладають зобов'язання. Вони стають не заможнішими, а біднішими, адже витрачають гроші замість того, щоб отримувати їх. Вони одержують усе менше з кожним місяцем, хоча гадають, що роблять усе правильно. Та, на жаль, те, що роблять усі, часто не є правильним. І якщо всі кажуть, що особняк — розумна інвестиція, це все ж не так. Він — розкіш. Жити у власних чотирьох стінах — чудово, я теж так роблю. Та це не інвестиція. Це не приносить грошей і не готує до «голодних років».

Чи переживемо ми ще одну біржову зиму?

З часів Другої світової війни на фондових ринках знову й знову ставалися невеликі обвали.

Озираючись назад, бачимо, що вони не були дуже критичними, а курс згодом швидко відновлювався. Можна сказати, що йшлося про незначні зміни на кшталт зміни *дня й ночі*.

Не йшлося про великі цикли, як *літо й зима*. Мало хто вважав можливим, що колись ще настане велетенська біржова зима, схожа на світову економічну кризу 1932–1933 років.

Я роками не втомлююся нагадувати, що цикли нікуди просто так не зникають. Незважаючи на це, ми навряд чи знайдемо хоч одну газету, в якій у часи підйому не прочитаємо таке: цього разу все буде інакше. Стверджують, що світова економічна криза ніколи більше не настане. Та сер Джон Темплтон, ветеран біржових фондів, каже про це так: «Найнебезпечнішими словами при вкладення капіталу є такі: цього разу все буде інакше».

Нещодавно я спостерігав за однією родиною, що будувала піщаний замок на пляжі. Усі були дуже захоплені справою. Вони звели справді величну фортецю, але, на жаль, наступив приплив. Сім'я в розпачі намагалася побудувати захисні стіни перед замком. Вони копали з надзвичайним поспіхом, та хвилі насувалися все ближче й ближче.

Врешті-решт вони затопили захисні стіни й оминули їх. Якщо приплив наступає, то його вже не зупинити.

Велике падіння так чи інакше станеться. День і ніч — це ще не все. Пори року також існують. Після довгого літа приходить зима. Так само, як існують короткочасні тенденції і довгі фази. Так було завжди й далі так буде. Так є в природі та й у економіці теж. Приплив знову наступить.

Такі кризи існуватимуть, доки житимуть люди, якими, з одного боку, керує жадоба, з іншого — страх. Багато хто думав, що такі «низькі» мотиви не можуть вплинути на економіку, та Нова економіка*, Бульбашка доткомів** і Новий ринок*** переконали їх у протилежному.

Я міг би перелічити чимало причин для великого краху. Та найважливішою є така: обвал станеться, адже такі падіння відбуваються завжди, оскільки люди зовсім не змінилися.

У 2000, 2001 та 2002 роках вкладники зазнали значних втрат на біржах. Три роки поспіль. Такого не траплялося з часів кінця Другої світової війни. Мало хто міг уявити собі таку ситуацію, у тому числі і я. Я очікував, що зміна тенденції, падіння курсу станеться лише 2010 року. Раптово виникли думки про *великі* цикли, через які проходять економіка й біржі.

Найстрашнішим при падінні є знищення накопичень, задуманих спеціально для «голодних років». Особливо сильних втрат зазнали старші люди, які вже вийшли на пенсію. Та й багато молодих людей заощаджувало й думало, що зробили розумні інвестиції. Тепер вони залишилися без роботи й цента в кишені. Кепська ситуація. Важливо

---

*   Нова економіка – це економіка, в якій основним капіталом стає інтелектуальний капітал, тобто вона базується не на екстенсивному споживанні вичерпних природних ресурсів, а на знаннях.

**   Бульбашка доткомів – економічна бульбашка (торгівля продуктами або активами за завищеними цінами), яка існувала у період приблизно з 1995 по 2001 рік.

*** Новий ринок – сегмент німецької біржової організації Deutsche Börse, створений 1997 року.

знати, як правильно інвестувати, і не слід плутати зобов'язання та спекуляції із інвестиціями.

Я вважаю, що біржова зима та фінансова депресія – іще попереду. Однак це не обов'язково станеться незабаром.

Та хто ж візьметься за передбачення майбутнього? Я часто намагався зробити це. Декілька разів мені вдавалося, а інколи – ні. Я почувався так само, як і ті, які намагалися робити схожі прогнози: у випадку влучного передбачення ми отримуємо задоволення. Якщо ж воно не справджується, ми згадуємо, що ніхто не може прорахувати майбутнє. Саме тому передбачення ніколи не втратять своєї популярності.

Важливо, щоб ми як інвестори внесли можливість світової економічної кризи у свої міркування, проте ми не повинні опускати руки у зв'язку з такою можливістю. Розумний інвестор, незважаючи на всі цикли, може вигодувати свою гуску й досягнути хорошого прибутку, але для цього йому слід знати декілька важливих фактів. Насправді саме в часи кризи в інвесторів з'являється шанс отримати особливо хороший дохід. Поки чисті спекулянти стають жертвами кризи, інвестори перетворюються на багатіїв.

Готуйтеся непохитно

Ви знаєте історію Ноя? Він жив у місцевості, де споконвіків не дощило. Раптово він отримав від Бога завдання: побудувати великий корабель – ковчег, який би мав забезпечити захист у випадку величезного потопу. Можете собі уявити, що люди думали й говорили про Ноя, коли він почав будувати свій ковчег серед пустельної місцевості? Його друзі й знайомі намагалися його переконати в цілковитій беззмістовності цієї діяльності. Мені легко уявити, як вони йому казали: «Чому ти витрачаєш час на цей безглуздий проект? Ми живемо лиш один раз».

Оскільки Ной не піддавався впливу, друзі відвернулися від нього. Мудреці й розумники детально пояснювали, чому до всесвітнього потопу точно не дійде. Відтепер його вважали лише впертим фантазером. А дотримуватися плану, коли тебе всі вважають божевільним, — доволі нелегко. Та історія визнала правоту Ноя: величезний потоп насправді настав.

Я не знаю, коли ви читаєте цю книгу. По-перше, не знаю, яка в цей час економічна ситуація та становище на біржах. Можливо, якраз панує ейфорія, і застерігати від можливої депресії — не особливо актуально, але про Ноя слід згадати й у цьому випадку.

Можливо ж, наступив похмурий період, і тоді це пропаще діло — думати про вигідні інвестиції. У період спаду багато хто думає, що неможливо створити будь-які накопичення. Тоді мій заклик інвестувати буде настільки ж популярним, як і будувати ковчег в пустелі.

Та все ж важливо не впадати в крайнощі. *Поки не настала справжня економічна криза, нам слід заощаджувати.* Повірте мені. Світова економічна криза 1929 року була набагато гіршою, ніж хотілося б уявити. Тогочасна реальність перевершила би сподівання навіть найгірших песимістів. Отже, готуйтеся. Завжди існуватимуть прибуткові роки. І «голодні» також. Не слід опускати руки, та не варто й тішити себе ілюзіями. Навпаки, розвивайте фінансовий інтелект. *Приймайте важливі рішення.* При цьому слідуйте принципам, викладеним у наступному розділі. Завдяки ним усі ваші рішення автоматично не стануть правильними, але ви побачите, що це й необов'язково. Хороший інвестор примножуватиме гроші, незважаючи на цикли. І його капітал зростатиме, навіть якщо він прийме те чи інше хибне рішення. Головне — дотримуватися певних принципів.

Ніяких відмовок

Мій тренер часто казав: «Відмовки – це слова, які промовляє невдаха всередині нас». Він хотів знати, якими є мої цілі. Щодо ж моїх відповідей зауважував: «Неважливо, що ви коли-небудь матимете. Важливим є те, якою особистістю станете». Справжньою особистістю для нього був той, хто зберігав чесність із самим собою.

Пригадуєте Розділ 2? Того, кого звинувачуєте, ви наділяєте владою. Ніякої користі нам не принесуть слова: «Винний спад. Я занадто молодий/старий. Винна влада. Мої батьки...» Багатство не виникне, якщо заперечувати відповідальність. Достатку не буде, якщо ми не є чесними самі з собою й витрачаємо енергію на пошук відмовок замість рішень.

Відмовки – брехня, яку ми розповідаємо самі собі. Беручи відповідальність на себе, ми стаємо набагато чеснішими з собою. Багато хто стверджує: «У мене немає часу, щоб навчитися робити правильні інвестиції». Це справді так? Це вся правда? Чи ці люди могли б бути чеснішими зі собою? Хіба не правдивішим було б сказати: «Я не готовий витрачати на це більше часу». Справжня особистість не зловживає виправданнями й відмовками. *Через відмовки ми залишаємося вбогими.*

Два голоси всередині нас

У кожному з нас дрімають дві різні сутності. Одна з них – фінансовий невдаха, інша ж, навпаки, відрізняється фінансовою обізнаністю. Усередині нас промовляє голос жертви, та є й інший, який бере на себе відповідальність. Щось у нас охоче шукає відмовки, інша ж сила хоче досягнути результатів. Вони є абсолютно протилежними. Причина існування обох цих сил така: нас сформувала велика кількість вражень та різних людей.

Вирішальним при досягненні фінансової незалежності є те, до якого з цих голосів ми прислухаємося: до голосу жертви чи до тієї сутності, яка бере на себе відповідальність.

Ніколи не дозволяйте, щоб дріб'язкова людина всередині вас перемогла велику.

У цьому розділі мені б хотілося додати ще кілька слів щодо «передбачень». Я не вірю в те, що існує пророк, який радіє, коли його негативні передбачення дійсно справджуються, адже мені це теж не приносить задоволення. Я прошу не про те, щоб ви постійно роздумували, чи збудуться мої передбачення. Моє прохання полягає в тому, щоб ви були готовими у випадку їх здійснення. Ідеться не про *передбачення*, а про *передбачливість*. Якщо раптово з'являться «худі корови», ви будете готовими до цього. Та навіть більше: якщо наступить світова економічна криза, а ви володієте грошима, тоді перед вами з'являться неймовірні можливості. Якщо ж «худі корови» не прийдуть, то ви точно не розчаруєтеся, ставши хорошим інвестором.

Воррен Баффет, найзаможніший інвестор світу, казав: «Лише коли приплив відступає, видно, хто пішов плавати голим».

Ключові ідеї розділу

- Ви повинні самі взяти відповідальність за своє майбутнє. Станьте своїм особистим міністром фінансів і заощаджуйте щонайменше 10, а якщо змога — 20% від свого доходу.
- Хто хоче примножити гроші, повинен їх вигідно вкладати.

- Зміни на біржі завжди відбуваються циклічно. Важливо внести у свої міркування можливість кризи.
- Поки чисті спекулянти стають жертвами кризи, інвестори перетворюються на багатіїв.
- Не впадайте в крайнощі. Не прислухайтеся до більшості. Слідуйте своєму плану.
- Дотримуйтеся певних принципів і приймайте відповідні рішення.
- Відмовки — брехня, яку ми розповідаємо самі собі. Через них ми залишаємося вбогими.
- Кожен з нас чує два голоси: фінансового невдахи й фінансово обізнаної особистості. Вирішальним при досягненні фінансової незалежності є те, до якого з них прислухаємось.

11
Принципи інвесторів і вкладників

Різницю між капіталізмом та соціалізмом легко
пояснити: великий пиріг, який ділять нечесно,
або малий пиріг, який ділять чесно; та результат
такий, що чесні шматки малого пирога є меншими,
аніж найкрихітніші шматочки великого пирога.

— Андре Костолані

Багато журналістів у Німеччині та за кордоном називає мене «фінансовим гуру», хоч я однозначно ним не є. Фінансові гуру не припускають помилок, я ж зробив їх чимало й у подальшому не виключаю такої можливості. Навпаки, я хочу посприяти тому, щоб інші здобули кращі умови життя та більше гідності. Цьому сприяє певний рівень достатку.

У цьому розділі ви довідаєтеся, як виростити «гуску» й отримати високі відсоткові ставки.

Для цього вам потрібно засвоїти викладені тут принципи й бути готовими приймати важливі рішення.

У першій частині цього розділу знайдете принципи, що зроблять вас успішним інвестором. У другій частині ми розглянемо важливі рішення, які вам слід буде прийняти.

Частина I: Принципи

Наступні принципи – однаково чинні для кожного. Адже сенс книги – не в тому, щоб дати вам спеціалізовані поради для інвестицій. Це було б не лише необачно, а й навіть небезпечно. Занадто часто змінюються можливості в наш стрімкий час, тому в подальшому я обмежуся лише найважливішими принципами й рішеннями.

Однак хочу надати якнайбільше найактуальнішої інформації. Інтернет робить це можливим. На сайті www.reintgen.de ви знайдете найактуальніші пропозиції щодо капіталовкладення від мене та моєї команди експертів. Інформація безкоштовна й постійно оновлюється відповідно до поточної ситуації.

Бернд Райнтген — мій партнер, та, на мою думку, один із найкращих інвестиційних консультантів. На цьому сайті ви також знайдете інформацію про маловідомі можливості й зразки актуальних інвестиційних портфелів.

Навчіться розрізняти

У вас коли-небудь ставалося харчове отруєння? Кілька років тому в Мексиці я з'їв страву з яєць, «збагачену» отрутою від комах. Потім виявилося, що кухар переплутав отруту з борошном і замісив із неї тісто. Якби на місці не виявилося лікаря, я б не вижив.

Усюди в природі є нешкідливі та допоміжні рослини й живі істоти, а також інші – небезпечні для нас. А деякі взагалі становлять смертельну загрозу. Певні гриби – дуже смачні, інші ж призводять до отруєння.

Те, що стосується вашого здоров'я, має відношення й до ваших грошей теж: деякі можливості вкладення капіталу збагачують вас, інші ж роблять бідними. Той, хто не може відрізнити одні від інших, живе в небезпеці. Часто корисне й шкідливе легко сплутати. Навіть отрута від комах схожа на борошно. Щоб вижити, ми повинні вчитися. Щоб стати фінансово незалежними, ми повинні вчитися. Навіть для того, щоб *залишатися* фінансово вільними, ми повинні вчитися. *Навчання — уміння помічати відмінності.* Лише помічаючи різницю, ви можете приймати розумні рішення, тому важливо узгодити критерії, які б легко запам'яталися кожному.

На наступних сторінках ви знайдете кілька важливих відмінностей, засвоївши які, розвинете фінансову грамотність. Ви зумієте приймати швидкі й найчастіше правильні рішення, адже знатимете, що відповідає вашому плану, а що — ні.

Ось найважливіші:

1. Різниця між інвестиціями й спекуляціями.
2. Між зобов'язаннями й інвестиціями.
3. Між трьома видами інвестицій.
4. Між середньостатистичним вкладником й інвестором-професіоналом.

1-ий принцип: Зрозумійте різницю між інвестиціями й спекуляціями

Мабуть, жодним іншим принципом сьогодні не нехтують так сильно, як цим. Люди економлять і вкладають свої заощадження. Тоді ж починають вважати себе інвесторами. Насправді ж вони або залишаються ощадливими, або стають спекулянтами. Вони *ніякі* не інвестори.

Із першим усе очевидно. Той, хто заощаджує гроші й потім кладе їх на ощадну книгу, не може стверджувати, що став справжнім інвестором. Він — заощадливий. Він економить, кладе гроші на ощадну книжку й більше нічого не робить, тому вона й називається ощадною, а не інвесторською. Коли ми говоритимемо про третій принцип, ви побачите, що в цьому немає нічого поганого. Навпаки, той, хто заощаджує, перебуває в кращому становищі, аніж той, хто не заощаджує. Та лише інвестор справді *примножує* гроші.

Щодо спекуляцій досі панує чимало непорозумінь. Раніше навіть я не знав основоположної різниці між інвестицією та спекуляцією. Та це й не дивно, адже я виріс у родині середнього класу, де звичним було розглядати все як інвестиції. Навіть наш дім вважався інвестицією. Ремонт удома отримав фінансову цінність і теж став необхідною інвестицією. Прикраси, автомобіль... Усе перетворювалося на «інвестиції».

Кілька років тому я купив чудовий годинник і був упевнений, що його вартість значно зросте й за кілька років мені вдасться продати його, отримавши непоганий прибуток. Я справді думав, що зробив хорошу інвестицію. Із гордістю я розповів про це своєму наставнику.

Його реакція мене геть здивувала. Він повідомив, що цей годинник був спекуляцією, а не інвестицією. Він сказав: «Інвестор отримує дохід не тоді, коли він продає, а тоді, коли купує».

Завдяки інвестиції, на противагу, ми з самого початку отримуємо регулярний дохід. Доки не отримуєте гроші, Ви, можливо, і вклали їх, та не зробили інвестицію. Мій тренер казав: «Інвестори отримують регулярний прибуток зі своїх інвестицій. Хто бачить гроші лише тоді, коли продає — не інвестор, а спекулянт».

Більшість людей заощаджує занадто мало. Ті ж, які економлять, вкладають гроші в такий спосіб, що не отримують від цього прибутку.

Спекуляції

По суті, у спекуляції немає нічого поганого. Андре Костолані був спекулянтом. До речі, доволі успішним. Завдяки своїм спекуляціям він став дуже заможною людиною. Костолані не лише став відомим через них — вони були його пристрастю протягом усього життя.

Та Костолані застерігав: «Не варто вірити, що спекуляції забезпечують регулярний *дохід*. На біржі можна багато виграти й багато втратити, та *заробити* на біржі — неможливо».

Отож можна сказати: інвестор заробляє гроші; спекулянт ж може їх виграти. Нагадую: спекуляція — не зло, *але погано, коли ви гадаєте, що інвестували гроші, хоча насправді займалися спекуляціями. Ви маєте знати, куди насправді вклали кошти. Вам не слід сподіватися на регулярний дохід, якщо його може й не бути.

Спекулянтам інколи щастить, а інколи — ні. І найчастіше те чи інше трапляється, а ви не здатні на це повпливати, тому що не все залежить від вас. Зрештою, якщо ви не постійно перемагаєте, це не так і погано.

Переважно кількох вдалих вкладів вистачить, щоб збагатитись. Я й сам роками займаюся спекуляціями. Це приносить не лише задоволення, а й гроші. Але я не очікую регулярного прибутку, адже такого у спекуляціях просто не існує.

Акції й акційні фонди

Дозвольте повторити: одного вам не слід очікувати від спекуляції — регулярного доходу. Інакше це може призвести до неприємних несподіванок. Багато людей отримує такі неприємні сюрпризи від акцій й акційних фондів. Вони очікували від них регулярного доходу. Та ці люди не помітили, що акції значною мірою і є спекуляціями.

Щоб запобігти непорозумінням: я не виступаю проти акцій та акційних фондів. Зовсім навпаки. Ви навряд чи оминете акції. Навіть більше: акції — базис нашої економічної системи. Усе ґрунтується на них.

Без інвесторів, що надають фірмам у розпорядження гроші з метою створення нових робочих місць, подальшого вкладення інвестицій і можливості майбутнього зростання увесь світ, у якому ми сьогодні живемо, був би зруйнованим. Більшість робочих місць зникли б, й нічого більше би не працювало.

Роками я займаюся спекуляціями на акційних фондах. Незважаючи на численні помилки, у підсумку я досягнув непоганого прибутку. Акційні фонди були надзвичайною можливістю примножити гроші в минулі роки. Та акції й акційні фонди були й залишаються спекуляціями. Це — ніякі не інвестиції.

Якщо не враховувати дивіденди, ви отримуєте гроші від акцій лише тоді, коли продаєте. При цьому можна як виграти, так і зазнати поразки.

Що ж робити?

Із цієї причини в спекуляції слід вкладати лише певну частину ваших грошей. Зазвичай досить половини, адже ніхто не може точно сказати, яким буде майбутнє. А поки ви не продаєте, то не здобули ніякого доходу від спекуляцій. По суті, ви не маєте нічого, доки не почали продавати. До того ж існує важливе обмеження: ви можете значною мірою позбутися фактора випадковості, інвестуючи в акції й фонди, що виплачують регулярні дивіденди. Дивіденди – це регулярні виплати, а отже, дохід. Отож акції, призначені для дивідендів, стають інвестиціями.

Інакше ж є лише два типові випадки інвестицій: підписання договору про зворотний лізинг нерухомості або створення підприємства. Якщо оберете хороший об'єкт, то з самого початку отримуватимете регулярний дохід. Активне підприємство також даватиме вам регулярний прибуток, однак ви повинні точно знати, що робите. Хто хоче навчитися інвестувати, повинен приділити цьому багато часу. Хто боїться цих зусиль, у того залишається можливість розподілити гроші по інвестиційних фондах. У цьому ж випадку вам слід володіти достатнім резервом готівки.

Спекулянти — це торгівці

Насправді, спекулянт – це торговець. Багато хто вважає себе інвестором, хоча в дійсності ж є продавцем. Інвестор купує, щоб зберегти це. Він з самого початку заробляє гроші. Торговець купує за непогану ціну й сподівається продати за вищу. Ви можете купити курку через одну з двох причин: щоб отримувати яйця або щоб продати її дорожче м'яснику.

Обидві справи потребують знання. Торговець має знати, на що є попит при купівлі й продажу. Не обов'язково, що це пов'язано з реальною вартістю товару. *Вистачає лише спроможності продати за вищу ціну, аніж ти заплатив сам.* Йому слід навчитися оцінювати ринок. Інвестор же, на противагу, повинен уміти оцінювати нерухомість або фірму, вираховуючи можливі прибутки.

Отож випливає висновок, що добре було б знати обидві речі: коли слід купувати й продавати і вміти вираховувати реальну вартість та можливий дохід. Хороший інвестор повинен знати й те, й інше.

Згідно з цими міркуваннями, хороший інвестор буде займатися спекуляціями також. По-перше, тому що це допоможе йому з інвестиціями — корисно навчитися правильно оцінювати ринок і його тенденції. Але ще й тому, щоб утримувати певний неактивний інвестиційний портфель. Це додає впевненості й не вимагає багато зусиль.

<h2 style="text-align:center">2-й принцип:
Відрізняйте зобов'язання від інвестицій</h2>

Ще в минулому розділі я вказав на різницю між зобов'язаннями та інвестиціями. Розбіжність стане чіткою, якщо поставите собі вирішальне питання: в який бік течуть гроші? Вони пливуть до вас чи від вас? Якщо вони йдуть від, то це зобов'язання, якщо ж до – інвестиція.

Багато людей тупцює на місці зі своїми фінансами. Не тому, що вони замало заробляють, а тому, що занадто багато витрачають і мало інвестують. Чим більше зобов'язань ми укладаємо, тим менше можемо інвестувати. Мій наставник хотів, щоб я вирощував «золоту гуску». «Гуска» була символом інвестицій. Символом зобов'язання він обрав дорогий автомобіль. У графічному змалюванні зобов'язання виглядає так:

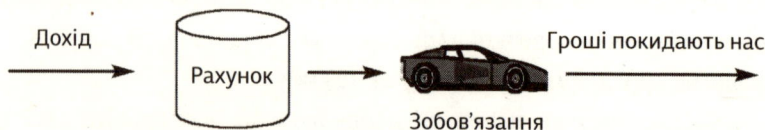

Графічне зображення інвестиції виглядає зовсім інакше:

ІІІлях, яким рухається грошовий потік, і є вирішальним. Якщо гроші зрештою покидають вас – ідеться про зобов'язання; інвестиції ж, навпаки, примножують дохід.

Як щодо вашого особняка?

Пригадуєте, що мої батьки вважали свій будинок інвестицією? Та будинок чи квартира, у якій зараз живете, не є інвестицією. Це зобов'язання.

Я свідомий того, що раніше ви, мабуть, чули щось інше щодо цього. Хіба багато людей не кажуть: «Особняк – найкраща інвестиція». Та лишень подумайте, *хто* так стверджує. Хто пускає цю чутку в світ? Головним чином – будівельно-ощадні каси* й банки. Коли я пояснив це учасникам своїх семінарів, одна старша жінка запитала: «Чому ж тоді банкіри стверджують, що особняк – це інвестиція?». Моя відповідь її здивувала: «Бо це правда».

---

* Будівельна ощадна каса – це спеціалізований банк з обмеженим колом операцій із надання кредитів виключно на поліпшення житлових умов. Система ощадно-будівельних кас працює у багатьох країнах Західної та Східної Європи і дозволяє громадянам накопичувати кошти під 2–3% річних.

Вона спантеличено запитала: «Ви щойно сказали, що наш особняк — зобов'язання, а не інвестиція. Тепер же кажете, що особняк — таки інвестиція. Що з того — правда?».

Я пояснив: «І те, й інше є правдою. Адже вирішальним є питання: *для кого це інвестиція?* Інвестиція сприяє регулярному потоку грошей у ваші кишені. Зобов'язання змушує гроші втікати з ваших кишень.

Якщо купуєте будинок, беручи для цього гроші в позику, то зобов'язані платити щомісячні відсотки. Отож гроші витікають із ваших кишень. Відповідно, для вас будинок стає не інвестицією, а зобов'язанням».

Люб'язна жінка закивала: «Поки що мені все зрозуміло». Я продовжив: «Ті ж відсотки, які покидають ваші кишені, пливуть у кишені банкіра. Для банку це ідеальна угода. Він позичає вам гроші, отримує за це відсотки, та ще й має ваш будинок і все майно в якості гарантії.

Банк має рацію, кажучи, що будинок — інвестиція, та він не повідомляє, *для кого* саме це є інвестицією — однозначно не для вас. Для вас це є зобов'язанням. Та для банку ваш будинок — це інвестиція. Він з самого початку отримує за це відсотки (дохід), а будинок належить йому, доки ви не виплатили всі внески».

А якщо ваш будинок вільний від боргів?

Я пояснюю цю різницю так чітко саме тому, що хочу, аби ми усвідомили, що інвестуємо, якщо чинимо так само, як банк. Наші витрати – це завжди прибуток інших людей. Наші зобов'язання – це інвестиції інших людей.

У старшої жінки було ще одне питання: «Але врешті-решт я виплачу всі внески за дім. Тоді він належатиме лише мені одній. Отож він стане інвестицією?».

Я відповів: «Те саме питання я поставив своєму наставнику, коли він мені пояснив цю різницю вперше. Тоді він сказав: *коли-небудь* – це для більшості за 25–30 років. Та навіть коли ви повернете позику, гроші не пливтимуть у ваші кишені, адже ви отримаєте дохід лише тоді, коли почнете продавати».

Жінка запитала: «Ну, добре, я розумію, що мій будинок і тоді не стане інвестицією. То чим же він є насправді?».

Я відповів: «Ваш будинок залишається зобов'язанням навіть тоді, коли ви повністю сплатили за нього. Ви й далі продовжуєте за щось платити: податки, страхові внески, ремонтні кошти тощо… Найкраще вважати свій будинок не інвестиційним майном, а предметом розкоші. Якщо ви розглядаєте його як предмет інвестицій, то почуваєтеся щасливими. Предмети розкоші ж коштують вам грошей.

Інвестиції передусім

Я не відмовляю вас від придбання будинку. Зовсім навпаки. Будинок або квартира дають певну життєву насолоду, відчуття розкоші – як на мене, особливої розкоші. Питання лиш ось в чому: *коли нам слід купувати будинок?* Спочатку треба інвестувати чи укласти зобов'язання?

Якщо ви спочатку купуєте будинок, не зробивши інвестицій, може статися, що для них забракне коштів. Якщо ж, навпаки, спочатку інвестували, то завдяки додатковому доходу зможете легше придбати будинок.

У той час мій наставник пояснив мені, що багато сімей витрачало намарно шалені суми, бо не дотримувалося цього порядку. Багато хто купував настільки дорогий будинок, що їхній дохід ще дозволяв це, але в них уже не залишалося грошей на інвестиції. Мій наставник називав таких людей «домобідняки». Вони справді тяжко працювали й заробляли багато грошей. Та працювали вони переважно на банк. Хоча думали, що будуть гарувати за свій будинок, насправді ж вони робили це для банків. Відсотки, які сплачували «домобідняки», ставали прибутком банку.

Та найгірше, коли різницю між зобов'язанням й інвестицією взагалі не розпізнають. Багато хто купує особняк як так звану «інвестицію». Вони гадають, що зробили все правильно... і геть не розуміють, чому перебувають у такій поганій фінансовій ситуації.

3-й принцип: Визначте можливі способи інвестицій

Ви повинні чітко розуміти, який спосіб інвестицій вам пропонують. Лише в такий спосіб можете пересвідчитися, що робите інвестиції відповідно до своїх принципів. Існує лише три категорії, за якими можна розподілити всі вклади:

1. Грошові вклади.
2. Майнові вклади.
3. Ставки.

Роблячи грошові вклади, ви інвестуєте свої фінанси знову ж таки в гроші. Недолік: інфляція й податки відбирають більшу частину скупого прибутку. Перевага: такі вклади – доволі безпечні, тому вам не слід нехтувати ними.

Роблячи майнові вклади, ви обмінюєте гроші на майно – наприклад, нерухомість, акції, частки в фірмах або акційних фондах. Майнові вклади більш ризиковані й потребують певних знань, зате можуть принести вам вищі відсотки.

Роблячи ставки, граєте на свої гроші. Мій наставник казав: «Ви можете спокійно грати, але для розваги. Проте ніколи не слід плутати авантюру з інвестицією». Моя порада: облиште ставки, поки не знаєте точно, що робите.

Для чого вам знати ці відмінності?

Відповідь: щоб створити класифікацію, адже ви ніколи не повинні робити інвестиції навмання.

Вам слід визначитися, яку частину фінансів хочете використати для грошових, а яку – для майнових інвестицій. Питання ж *не* звучить так: кращими є грошові чи майнові інвестиції?

Ось правильне питання: *яка частина грошей іде на майнові, а яка – на фінансові інвестиції?*

На нього я не можу дати однозначної відповіді, адже це залежить принаймні від чотирьох факторів:

1. Якими є ваші цілі (свої фінансові цілі зможете з'ясувати в наступному розділі)?
2. Скільки грошей у вас уже є?
3. На який ризик ви готові піти?
4. Скільки вам років (або коли ви хочете стати заможними)?

Щоб дізнатися, яку частину фінансів витратити на грошові, а яку – на майнові інвестиції, вам потрібно прийняти кілька важливих рішень, які ми розглянемо в кінці цього розділу.

4-й принцип:
Майнові інвестиції кращі, ніж грошові

Вкладення в майно завжди було вигіднішим у довгостроковій пер-
спективі, аніж грошові інвестиції. Причина передусім полягає в інфля-
ції. Якщо ви робите певний грошовий вклад, то вартість цих грошей
зменшиться через інфляцію. Сьогодні за гроші не купити стільки ж,
як десять років тому, адже все подорожчало. Інфляція зростає.

Це значить також ось що: хто кладе гроші на ощадну книжку, «до-
заощаджується» до бідності. Припустимо, на вашій ощадній книжці
1000 €. При інфляції у середньому в 3% за рік гроші матимуть вартість
лише 970 €. З іншого боку, ви отримали 2%, отже 20 €. Отже, через ін-
фляцію ви втратили більше грошей, ніж здобули завдяки відсоткам.

Інфляція знищує ваші гроші, бо все дорожчає. Та якщо все стає до-
рожчим, то майно теж додасть у вартості. Якщо ви інвестували в не-
рухомість, її ціна зростає. Так само й з акціями. Якщо все дорожчає,
вартість ваших майнових вкладів зростає.

Ми знову й знову чуємо, що чиста інфляція (знецінення грошей)
становить у середньому 3% на рік. Виходячи з того, що це правда
і так залишиться й у майбутньому, ваша 1000 € матиме таку вартість:

- За 10 років: 737,40 €.
- За 20 років: 543,80 €.
- За 24 роки: 481,40 €.

Чиста інфляція

Це дійсно не дуже обнадійливо. Насправді ж усе ще більш критично.
Адже 3-відсоткова інфляція не відповідає дійсності. Згадайте введення
євро. За допомогою статистики можливо дуже вправно спотворити

реальну картину. Після введення євро майже все подорожчало. Ми всі про це дізналися. Та статистика хотіла переконати нас, що інфляція сягала лише 1%! Насправді ж реальна інфляція була радше в межах 4–5%.

Згадайте ще й те, скільки коштувала булочка у 1965 році? 10 пфеннінгів = 5 центів. А поштова марка? 20 пфеннінгів = 10 центів. Газета «Більд» коштувала 10 пфеннінгів, тобто 5 центів. Чоловіча стрижка — 3,8 марки, тобто менш ніж 2 €. А «Мерседес 200 D» тоді коштував близько 4300 €.

На цих прикладах ви бачите, що насправді ціни підвищувалися від 4 до 5% на рік. Вони подвоювалися приблизно кожних 18 років. Це значить, що ваші гроші кожних 18 років удвічі зменшуються у вартості. Та водночас цінність ваших майнових вкладів подвоюється в середньому кожних 18 років.

Існує спрощена формула, за допомогою якої ви легко вирахуєте наслідки інфляції в голові:

$$72 : \text{рівень інфляції} =$$
$$= \text{термін, за який вартість грошей зменшиться вдвічі}$$

Якщо річна інфляція становить, наприклад, 4%, то поділіть 72 на 4. Результат — 18. Це значить, що за 18 років ваші гроші вартуватимуть лише половину своєї ціни. При інфляції у 9% потрібно лише вісім років, щоб гроші знецінилися вдвічі. Такий рівень інфляції ми вже спостерігали, причому зовсім нещодавно.

Інфляція — ваш друг

У підсумку можна сказати: інфляція – ворог грошових інвестиций, але друг майнових. Хороша новина: гроші втрачають свою вартість прямо пропорційно до зростання вартості вашого майна.

Кажучи просто: *те, що у випадку грошей називається інфляцією, у майнових вкладах, навпаки, є зростанням вартості.* Отже, інвестуючи в майно, вам не слід боятися інфляції, адже та сама інфляція, що знижує вартість ваших грошей, підвищує цінність майнових інвестицій. Отож не залишається нічого іншого, окрім вкладів у майно.

5-й принцип:
Ви повинні наважуватися на ризик

Ви хочете досягнути фінансової незалежності чи прагнете максимальної безпеки? Багато людей відповідає на це питання так: «Я хочу й те, й інше». На жаль, це неможливо. Ніхто не може йти одночасно шляхом фінансової незалежності й абсолютної безпеки.

Причина проста: свобода й безпека — два взаємовиключні поняття. Ідеться, певним чином, про два шляхи, що ведуть у прямо протилежних напрямках. Роблячи крок в одному з напрямків, ми завше віддаляємося від іншої мети.

Багато людей мріє про фінансову незалежність і робить певні кроки в цьому напрямку. Одночасно вони не можуть відмовитися від високого рівня безпеки й рухаються в тому напрямку теж. Образно кажучи, вони тупцюють то туди, то сюди. У результаті вони ж просто залишаються на одному місці. Вони нагадують хом'яка, який біжить у своєму колесі. Хоча він усе біжить і біжить, та залишається на місці.

Свобода та безпека — протилежні речі. Люди, що шукають незалежності, налаштовані геть інакше, аніж ті, які прагнуть значного рівня безпеки. Останні охоче жертвують своєю свободою заради ще більшої безпеки. Чим більше безпеки ви шукаєте, тим менше свободи у вас залишається.

Безпека не є безпечною, а свобода не є вільною

Хто шукає безпеки, хоче передусім не програти. Страх перед програшем більший, аніж бажання перемогти. Хто ж, навпаки, обирає свободу, хоче перемогти. Їхнє прагнення до багатства – більше, ніж страх перед втратами. Мій наставник завжди казав: «Грай не для того, щоб не програти. Грай, аби перемогти». Це можна інтерпретувати так: інвестуйте гроші, щоб їх примножити, а не щоб дозаощаджуватися до бідності.

Турбота про безпеку має величезний недолік. Хто шукає абсолютної безпеки, той знаходить страх. Цей тип людей є найбоягузливішим. Їхній світ завжди чорний та сповнений небезпек. Хто занадто зосереджений на безпеці, розвиває негативне світосприйняття. Така людина постійно знаходить нові небезпеки.

Насправді ж безпека ніколи не є безпечною, адже коли інвестуєте безпечно, то можете бути впевненими лише в тому, що інфляція й податки знищать ваші гроші. Той, хто обирає «безпечні» вклади, матиме з роками набагато менше грошей, ніж інвестор, що наважується на ризики. Щоправда, свобода не є вільною також. Незалежність має свою ціну: відвага, сила й готовність робити помилки. Ціна свободи не така вже й мала: страхи, невпевненість, найчастіше — нерозуміння іншими… Та якщо наберетеся мужності, щоб наважитися на щось, матимете силу чинити помилки й навчитеся обходитися з поразками, то пізнаєте таку свободу, про яку мало хто коли-небудь довідається.

Поразки

На ризик наважується лише той, хто готовий зазнати поразки. Коли хтось каже: «Це занадто ризиковано», – то одночасно промовляє:

«Я не хочу помилитися». Він каже ще й таке: «Я вважаю помилки поганими в принципі». Справжні інвестори знають: поразка — це частина перемоги.

Тільки той уміє кохати по-справжньому, кому якось розбивали серце. І жодна людина не стала заможною, не зазнавши втрат. Я ще ніколи не зустрічав багатих інвесторів, які б не втрачали гроші, та я знаю багатьох бідних, які ще ніколи не втрачали вкладів...

Це небезпечно — бажати повністю уникнути ризику, адже через це від вас втече більше грошей, ніж ви можете дозволити. З точки зору перспективи, ви переможете, лише наважившись випробувати нове. А хто вирішує зробити щось нове, той чинитиме й помилки. Проте помилки стають причиною надзвичайного: вони роблять нас смиренними й уважними.

Смиренні люди навчаються більшого, аніж ті, які думають, що знають відповіді на всі питання.

Питання лише в тому, що саме ми помічаємо в помилці: наприклад, розглядаючи іпотеку, бачимо майбутнє обтяження чи розрізняємо в ній інвестицію у власне майбутнє?

Висновок

Що це значить на практиці?

Загалом, ви повинні тримати частину своїх коштів у грошових вкладах (банківські рахунки, грошові фонди й цінні папери), але іншу половину слід вкладати в майно. Якщо у вас немає часу для інвестицій у акції, оберіть акційні фонди. Якщо ви готові докласти зусиль, щоб стати інвестором, вкладайте ще й у нерухомість і підприємства.

6-й принцип: Розподіляйте

Цей принцип – найважливіший з усіх. Однаково, яке рішення ви приймаєте: іти швидким або повільним шляхом – розподіляйте.

Ніхто з нас не може заглянути в майбутнє. І оскільки ми не здатні цього зробити, то довідаємося лише за багато років, які з давніх вкладів були найкращими. Тому не залишається нічого, окрім розподілення.

Ми не знаємо, що принесуть нам наступні десять років: інфляцію чи дефляцію. Економічний бум, спад чи взагалі депресію – а може, тупцювання на місці. І саме з цих міркувань інвестуйте частково в гроші, а частково – у майно. Розподіляйте кошти між різними грошовими вкладами. Так само ми не знаємо, які майнові вклади стануть найвигіднішими. І тому, що нам це не відомо, розподіляйте й тут. Купуйте акції фондів, щоб брати участь у загальному світовому ринку. Придбайте також нерухомість (частки). Якщо у вашому розпорядженні замало грошей, вкладіть половину в грошові фонди, іншу ж розподіліть між кількома великими акційними фондами.

7-й принцип: Існує різниця між інвестором і середньостатистичним вкладником

Середньостатистичний вкладник цікавиться посереднім. Наприклад, він питає: «Як зростав цей вклад у середньому впродовж останніх 5, 10, 15, 20 років?». *Посередність – для посередніх вкладників*. Середні результати пасують для повільного шляху, та якщо ви хочете швидко розбагатіти, то повинні стати кращими, аніж посередність.

Середньостатистичний вкладник здобуває прибуток зазвичай лише в той час, коли біржі зазнають підйому. Коли вони переживають спад, йому залишається лише одне: чекати, доки знову настануть кращі часи. Інвестор же не чекає під час несприятливих фаз — він діє. Це потребує дуже багато часу й знання.

При цьому, звісно, інвестор не завжди діє успішно. Але він вчиться на своїх помилках і не опускає рук. Інвестор сприймає помилки як складову будь-якого успіху, вищого за середній. І навпаки: середньостатистичний вкладник не любить помилок, він вважає їх особистою поразкою.

Середньостатистичний вкладник вірить, що злети й падіння біржі в середньому принесуть непогане зростання курсу. Він певною мірою ставить літак на автопілот і чекає.

Упродовж останніх 50 років завжди виникав середній результат у 12% — у довгостроковій перспективі. Незважаючи на кризи, падіння й декілька війн. *Отож середній результат — це непогано.* Посередність — середньостатистична, ось і усе. Це лише питання вибору.

Усе має ціну: якщо ви зупиняєтеся на середньостатистичному, то практично безсилі перед несприятливими фазами. Ви можете лише продати свої акції, та однаково нічого не здобудете. Можете їх утримувати й сподіватися на кращі часи, але поки вони не настануть, ви знову ж таки нічого не виграєте. Однак є неймовірна перевага: ви не змушені витрачати багато часу на свої інвестиції. Незважаючи на це, у минулому ви отримували середній прибуток у 12%. Якщо ж хочете бути інвестором, то повинні постійно багато вчитися й витрачати достатньо часу.

Гедж-фонди

Уже було сказано, що справжні інвестори не задовольняються тим, чим середньостатистичні вкладники, які здобувають прибуток лише за зростання ринку. Тому багаті інвестори часто послуговуються гедж-фондами. Як паркан не дає втекти отарі овець, так гедж оберігає вклад від сильної втрати ціни. Гедж-фонд намагається захиститися за допомогою опціону в складні часи. «Гедж» – означає страхування, захист від втрат.

У той час як середньостатистчний інвестор не є захищеним від втрат, гедж-фонд намагається вберегти себе. Гедж-фонд може отримати дохід також і під час падіння курсу. Навіть великий прибуток.

Звісно, і тут немає гарантій, хоча гедж-фонди довго вважали ідеальним рішенням. Насправді ж через заплутані угоди ризик може навіть зрости. Середньостатистичний інвестор вважає опціони дуже ризикованими. А вони такими і є. Та справжній інвестор, навпаки, думає так: «Набагато ризикованіше — не захищати свої інвестиції».

Тут не йдеться про те, що є «правильним». Завжди існують дві сторони медалі. Мені ж залежить на принципі справжнього інвестора: не просто чекати, а робити, і значно більше, ніж посередні вчинки. Не задовольнятися ситуацією, а шукати нові шляхи.

Два шляхи...

У житті, а також у цій книзі, постійно йдеться про вибір між двома шляхами: повільним і швидким. Якщо вас задовольнить досягнення фінансової безпеки приблизно за 20 років, то обирайте повільний шлях. Шлях посередності. У цьому немає нічого поганого, це лише питання вашого життєвого плану, цінностей та пріоритетів. Це рішення, яке не повинне завдавати вам дискомфорту.

Якщо ж ви, навпаки, наважуєтеся на швидкий шлях, то повинні стати кращими, ніж посередність. Ви мусите або значно більше заробляти, або заснувати підприємство, або як інвестор досягати непересічних успіхів. У кожному з цих трьох випадків вам слід витрачати багато часу й вчитися, вчитися, вчитися. Пригадайте: найшвидше навчання відбувається з наставником.

Ми підійшли до важливих рішень, які вам доведеться прийняти...

Частина II: Важливі рішення

Після того, як ви прочитали принципи, саме час прийняти кілька важливих рішень. Природа рішення полягає в тому, що ви не можете вибрати одночасно дві альтернативи. Ви повинні відмовитися від однієї з двох можливостей.

Якщо ви дочитали книгу до цього моменту, то припускаю, що не хочете дозаощаджуватися до бідності. Робити лише грошові вклади — не альтернатива.

Питання 1. Чому ви йдете на зобов'язання?

Що є важливішим для вас: жити якомога краще й поважніше чи досягнути певних фінансових цілей? Прочитайте, будь ласка, Розділ 12 і поверніться до цього питання, щоб відповісти остаточно. Найшвидше ви розбагатієте, погодившись на зобов'язання лише *після* того, як досягнете фінансової впевненості. Найзаможнішими людьми є ті, які здобули фінансову свободу, перш ніж уклали зобов'язання.

Питання 2. Ви хочете інвестувати чи спекулювати?

Я уже згадував, що частину грошей вам слід у будь-якому разі вкладати в акції або акційні фонди. Навіть якщо ви вирішуєте бути інвестором, я рекомендую ці вклади. Зрештою, найважливіший принцип вкладника звучить так: розподіляйте.

Питання лише в тому, чи достатньо вам стати спекулянтом, а чи прагнете працювати й інвестором? Обміркуйте наступні питання: скільки часу ви готові витратити? Ваші зобов'язання дозволяють бути ще й інвестором? Ви сподіваєтеся лише на середній результат чи прагнете отримувати прибуток від інвестицій із самого початку?

Дозвольте назвати вам ще один аргумент, чому шлях інвестора — швидший: купуючи нерухомість, ви отримуєте позику від банку. І навпаки: при купівлі акцій ви не отримуєте такої позики від розсудливих банкірів. Що швидше: накопичити 500 000 € й вкласти їх (спекуляція) чи накопичити 100 000 € капіталу, а решту 400 000 € витратити на купівлю нерухомості за 500 000 €?

Не забувайте одного: для цього ви потребуєте багато знання й досвіду. Якщо хочете ознайомитися з шляхом інвестора, то однозначно повинні й далі читати книжки, відвідувати семінари та набиратися досвіду в успішних людей.

Питання 3: Ви хочете інвестувати самостійно чи за допомогою консультанта?

У минулому людство завжди значно покращувало якість життя, коли кожен концентрувався передусім на тому, що йому вдавалося найкраще. Інші галузі доручалися людям, у яких вони, знову ж таки, були найкращими. Довідавшись про це, я завжди покладався на хорошого консультанта. І це було правильним рішенням.

Отже, вирішіть, чи власноруч обиратимете й керуватимете своїми інвестиціями як інвестор, чи наймете компетентного консультанта. Найкращий шлях пошуку провідного експерта — порада: запитайте в заможних знайомих про хороших консультантів.

*Питання 4: Як ви прагнете розподілити кошти
між грошовими й майновими вкладами?*

Уже було згадано, що це питання великою мірою залежить від ваших цілей. Ви зможете чіткіше окреслити їх в наступному розділі, де знайдете також пропозиції щодо можливого розподілу.

Також важливою є ваша налаштованість на ризик. Її важко розпізнати, адже наші висновки змінюються залежно від ситуації і біржового становища. Якщо хочете детальніше довідатися про свою готовність до ризику, я раджу пройти тест. Ви знайдете такий на сайті www.reintgen.de.

Крім того, розподіл ваших коштів залежить ще й від того, яку суму грошей вже маєте. Якщо поглянете на аналіз результатів згаданого тесту, то знайдете пропозицію щодо розподілу відповідно до вашого поточного фінансового становища.

Наостанок слід врахувати, скільки вам років. Стара спрощена формула послугує директивою:

100 – вік = максимальна частка акцій та долі в акційних фондах

Питання 5: Який вид вкладів обрати?

Щоб знайти вид, який вам пасує, маєте декілька можливостей: запитайте в хорошого консультанта або читайте актуальну спеціалізовану літературу.

Якщо хочете дізнатися мою актуальну оцінку та думку моєї команди експертів, зайдіть на сайт www.reintgen.de. Як я уже згадував, там ви безкоштовно отримаєте підбірку акційних фондів та інші можливості, які ми ретельно перевірили.

Наприклад, ви знаєте, що завдяки страхуванню життя можете отримувати в середньому 12% річних?

Вигадки й ілюзії

У наступному розділі я пропоную вам скласти три фінансові плани, але планування майбутнього – непроста річ. Майбутнє, яким ми його собі уявляємо, ніколи не настане. Щось завжди стається не так, як ми думаємо. Часто – абсолютно інакше, інколи – лише трохи. Часом гірше, часом краще, але завжди по-іншому. Усе наше уявлення про майбутнє – вигадка. І наші уявлення про *власне* майбутнє ніколи не здійсняться на 100%

Отож усе, що ми кажемо про своє майбутнє, – вигадка або ілюзія. Ми не здатні передбачити його. Власне, ми можемо піддати сумніву будь-які плани. Чи взагалі є сенс планувати, якщо ми не знаємо, що принесе нам завтра?

Відповідь – ні. Навпаки: нам необхідно планувати в будь-якому випадку. Адже все, що ми думаємо й говоримо, має властивість справджуватися. Вигадки й ілюзії, які ми розповідаємо самі собі про наше майбутнє, здебільшого й стають ним.

Формування майбутнього

Існує правило: усе завжди заплановано. Якщо не плануєте ви, хтось зробить це за вас. Або ви створюєте ескіз свого життя, або інша людина чинить це замість вас. Хто слідує власному плану, розпочинає формування свого майбутнього. Така людина втілює мрії крок за кроком.

Ми не можемо передбачити майбутнє, але здатні його сформувати. Тут беруть участь уже не лише позитивні думки й слова, а й рівною мірою негативні. Песимістичні думки також мають тенденцію справджуватися. Безліч людей переконує себе, що в їхньому житті станеться багато негативного. Проблема в тому, що ці думки можуть справдитися.

Поговоріть якось із дуже нещасливими людьми, які не здобувають успіхів і не переживають здійснення мрій. Часто це люди, які створюють жахливий сценарій свого майбутнього. Вони кажуть: «Я ніколи не стану заможним»; «Фінансова свобода — лише вигадка для мене»; «Моє майбутнє виглядає дуже похмурим».

Усе це — теж вигадки й ілюзії, несправжні сценарії, але фантазії, набуваючи сили, стають реальністю.

Щоб підтвердити свої думки, ці люди розмовляють з іншими, які теж передбачають собі негативне майбутнє. Песимісти притягують одне одного.

Хто постійно пророчить собі похмуре майбутнє, той, зрештою, і житиме в такому. І тоді він скаже: «Я мав рацію. Усі оптимісти перебувають далеко від реальності».

Насправді ж така людина не влучно *передбачила* своє майбутнє, а власноруч *створила* його.

Чудова можливість

Із цього випливає чудова можливість: усе, що ми говоримо про майбутнє, є, з одного боку, вигадкою й ілюзією. З іншого ж боку, воно має тенденцію здійснюватися. Це стосується як негативних уявлень, так і прекрасних мрій. Чому ж ми не уявляємо ситуації, які нам подобаються? Чому не обираємо такий варіант майбутнього, в якому б охоче жили? Чому з безлічі варіантів ми повинні знайти такий, який нам не підходить для життя?

Цю правду виразно підкреслюють зустрічі випускників. Нещодавно я був на святкуванні з нагоди 20-річчя випуску зі школи. Я знову побачив старих друзів і товаришів і пригадав, що вони колись, багато років тому, казали. Наприклад, був один знайомий, що часто говорив про своє прагнення коли-небудь розбагатіти. Він зображав своє блискуче майбутнє в світлих тонах. Було цікаво побачити: він став дуже заможним.

Інший казав: «Я хотів би коли-небудь володіти підприємством роздрібної торгівлі, але в мене завжди будуть проблеми з числами». Ще в школі він продавав ковбаски й солодощі. Врешті-решт йому дозволили облаштувати невелику палатку в шкільній майстерні. На зустрічі нашого класу він сказав: «Я мав успішну справу, але оскільки в мене були складнощі з числами, партнер мене обдурив».

Обидва розповідали абсолютно протилежні вигадки про своє майбутнє, обоє не могли передбачити насправді, що принесе їм завтра, — проте обидві вигадки стали реальністю.

А якщо я дійсно вірю в негативне майбутнє?

Це питання, наскільки я пригадую, знайоме всім. Наприклад, деякі учасники кажуть мені перед семінаром: «Мене просто охоплює думка про негативні ситуації. Я знаю, що це нерозумно, та нічим не можу собі зарадити».

Насправді ж це серйозна проблема. Щодо цього мені хочеться сказати дві речі. По-перше, колись у мене самого була така проблема. Наприкінці я коротко опишу, як мій наставник допоміг мені впоратися з нею. Детальний опис процесу вийшов би за рамки цієї книги. По-друге, я розробив семінар, завдання якого полягають переважно у вирішенні схожих питань. Більше інформації ви знайдете в наступних розділах.

Наші слова в лиху годину

Які слова ви промовляєте самі до себе в годину негоди? Яку небилицю розповідаєте собі й іншим? Який сценарій з'являється перед вашими очима?

У 26 років я опинився без грошей. Моя ситуація була дійсно поганою. Мама казала: «Бачиш, усе випливає з того, що ти не завершив свого навчання й не обрав пристойної професії».

Тоді я був схильним до меланхолії і туги. Я полюбляв залізти на ліжко й спати, спати... Тоді в мене не було й частки сили, яку маю сьогодні, — сили, яка з'являється лише в складних ситуаціях.

Проте я не хотів допустити, щоб застереження моєї матері стали правдою, отож сказав: «Одного дня я стану справді заможним, можемо побитися об заклад. І коли-небудь ти пишатимешся мною. Я обіцяю».

Переді мною постала дилема. Я щойно пообіцяв матері, що стану заможним. Крім того, я вже склав із своїм наставником кілька фінансових планів (схожі зможете зробити й ви, прочитавши наступний розділ). Також я пообіцяв своєму ментору напружитися й не здаватися. Своїм друзям і нечисленним співробітникам я також поклявся стати успішним. Я не хотів порушити обіцянки, інакше мене б сповнили ще більші сумніви.

Легко бути позитивним щодо майбутнього, якщо все гаразд. Та як бути в похмурі моменти? У ті часи мені з моїм наставником довелося пережити багато справді складних ситуацій. У нього була звичка казати: «Настав час поставити перед собою ще більшу мету», — на що я заперечував: «Це справді нереально».

На це мій наставник відповідав: «Усе, що ви розповідаєте собі й іншим про власне майбутнє — вигадка, тому краще за все розказувати прекрасну небилицю. Коли ж вигадка стане реальністю, ви житимете в мрії, а не в нічному кошмарі».

Час від часу він запитував мене мимохіть: «Якою є ваша фантазія про майбутнє?». Негативні сценарії він не приймав, тому я розповідав про неймовірне майбутнє, в яке часом і сам не хотів повірити. Я ділився з ним і своїм сумнівом.

Він відповідав: «Сумніви — це нормально. У цьому випадку йдеться лише про наше негативне уявлення майбутнього. Важливими є дві речі: по-перше, ви не повинні розповідати про свій сумнів нікому, окрім мене, а по-друге, телефонуйте негайно, коли ці сумніви виникають, — тоді ми можемо відразу переключитися на позитивні фантазії».

Я це зробив. З часом мої сумніви слабшали, а позитивні фантазії ставали все сильнішими. Тому ще раз нагадую свою пораду з першої частини книги: оточуйте себе позитивними людьми, особистостями, які хочуть чути від вас прекрасні мрії, а не жахіття.

Хто боїться чорного чоловіка...

Ви також грали в гру «Хто боїться чорного чоловіка» в дитинстві? Я довго відчував страх перед цим чорним чоловічком. Я зазирав під ліжко та в шафу. Поготів мені не хотілося спускатися в підвал із настанням темряви.

Багато людей ще довго боїться цього чорного чоловічка — вже після того, як вони виросли. Тепер їхнім «чорним чоловіком» став злий шеф, податковий службовець, конкурент... Отож вони лягають спати й змальовують жахливі ситуації в темних тонах. Нічні жахіття.

Результати для багатьох такі самі, як у випадку дитячої гри: «Коли він приходить, ми тікаємо». Хто тікає від майбутнього, той біжить не лише від невдач, але й від удачі. отже, вони тікають від майбутнього, якого дійсно заслуговують. Втеча перетворюється на план — задум, який займає місце корисних оптимістичних фінансових планів.

Згадайте про дві протилежні сутності, що дрімають всередині кожного з нас. Перша із них має голос фінансового невдахи, інша — фінансово обізнаної особистості. Одна сутність бачить нічні жахіття, інша — величне майбутнє. Обидві розповідають небилиці, та всі мрії мають тенденцію збуватися.

Слідуйте голосу, що розповідає про фантастичне майбутнє. Не прислухайтеся до сумнівів і негативних історій. Слухайте про прекрасні мрії. Оберіть вигадку, що коли-небудь має стати реальністю, і сплануйте її вже за допомогою наступного розділу.

Якщо слідуватимете цьому плану крок за кроком, ваші мрії стануть реальністю.

Ключові ідеї розділу

- Навчіться розрізняти інвестиції, спекуляції та зобов'язання.
- Інвестор отримує дохід коли купує, а не коли продає.
- Не погоджуйтеся на зобов'язання *занадто рано*. Перш ніж купити особняк, вам слід заощадити певну суму.
- Ваш особняк не належить до інвестиційного майна — це предмет розкоші.
- Інвестор *заробляє* гроші, спекулянт може їх *виграти*.
- Майнові вклади є вигіднішими, ніж грошові.
- Якщо хочете досягнути фінансової незалежності, то повинні наважуватися на ризик.
- Розподіляйте: інвестуйте частину коштів у грошові вклади, іншу — у майнові.
- Інвестори повинні бути готовими до постійного навчання й значної затрати часу.
- Прийміть рішення: вам досить досягнути фінансової безпеки за 15–25 років чи хочете йти швидшим шляхом? Вам достатньо стати спекулянтом чи прагнете працювати й інвестором?
- Ми не можемо передбачити майбутнє, але здатні його сформувати.
- Слідуйте голосу, що передбачає фантастичне майбутнє. Мрії мають властивість здійснюватися.

12
Фінансовий захист, фінансова безпека та фінансова незалежність

Існує два шляхи до щастя: зменшувати наші
бажання або збільшувати наші кошти... Якщо
ти мудрий, то робитимеш одночасно обидві речі.

— Бенджамін Франклін

Кожний має право слідувати власним фінансовим мріям. І ви теж! Та для того, щоб ці мрії стали реальністю, насамперед ви повинні їх точно визначити.

Коли ви здобуваєте фінансовий захист, фінансову безпеку чи фінансову незалежність? Що це таке і яка між ними різниця? Скільки грошей вам потрібно і скільки триватиме досягнення цих цілей?

Перший план: фінансовий захист

Мабуть, ви вже багато чули про правильну постановку цілей, та чи задумувалися про те, щоб застосувати цю силу до ваших фінансів?

Будь ласка, дайте відповідь на питання. Припустимо, ваші джерела доходу раптово вичерпалися, а ніхто з боржників більше не платить; ваша фірма збанкрутувала, вас звільнили або ви захворіли. Як довго ви б змогли жити й оплачувати рахунки?

Саме про це йдеться у випадку фінансового захисту: ви, незважаючи на появу несподіваних обставин, можете й далі жити добре, бо володієте резервами. Доктор Мерфі стверджував: «Багато чого з того, що може не вдатися, невдачею і закінчується».

Для початку слід встановити, скільки грошей вам потрібно на місяць у випадку крайньої необхідності. Будь ласка, запишіть усі свої стабільні витрати, які необхідно сплачувати навіть у випадку хвороби.

Якщо ви найманий працівник, заповніть лише частину «приватні витрати». Якщо ж підприємець, заповніть також частину, яка стосується «ділових витрат».

Приватні:	Іпотека/оренда:	_____ €
	Їжа/господарчі витрати:	_____ €
	Автомобіль:	_____ €
	Страхування:	_____ €
	Передоплата податків:	_____ €
	Аліменти:	_____ €
	Телефон:	_____ €
	Кредити:	_____ €
	Інше:	_____ €
		_____ €
	Місячна сума:	_____ €

Ділові витрати:	Іпотека/оренда:	_____ €
	Офісні витрати:	_____ €

Зарплати: _____ €

Телефон: _____ €

Ваш заступник: _____ €

Кредити: _____ €

Інше: _____ €

_____ €

Місячна сума: _____ €

Отож яким є щомісячний дохід, необхідний для вашого фінансового захисту?

Приватні витрати: _____ €

Ділові витрати: _____ €

Як довго ви потребуєте фінансового захисту?

Від вашої потреби в безпеці та оптимізму залежить, протягом якого часу вам буде необхідний фінансовий захист.

Припустимо, ви захворіли й втратили робоче місце. Скільки місяців пройде до того часу, коли ви знову будете здорові й знайдете нову роботу, яка ще й приноситиме задоволення? Щоб почуватися захищеними, більшість людей потребує резерву на шість-дванадцять місяців.

Як гадаєте, скільки часу вам необхідно, щоб почати знову отримувати дохід?

36,000 _____ місяців.

Тепер візьміть дохід, необхідний для фінансового захисту, і помножте його на кількість місяців, упродовж яких ви потребуватимете цього захисту.

_____ € × _____ місяців = _____ €

Число, яке ви щойно записали, є абсолютним мінімумом, необхідним для захисту. *Ви зобов'язані перед самими собою, своїм здоров'ям та емоційним станом володіти цієї сумою. Також це ваш обов'язок перед родиною.*

Лише якщо володієте вищезгаданою сумою, можете виділити час, щоб у спокої шукати нову діяльність, яка б вас задовольнила. Тільки тоді у вас є можливість спокійно поїхати на відпочинок. Навіть якщо нічого не відбувається, лише завдяки цьому резерву ви відчуваєте себе захищеними, а захищеності потребує кожна людина. Байдуже, наскільки міцні ваші нерви, — у сильній позиції зможете діяти ефективніше. Фінансовий захист і є сильною позицією.

Ніхто не захищений від випадковостей, нещасних випадків чи ударів долі, але кожен може потурбуватися, щоб зустріти їх гідно. Як це негідно — коли до випадкових ударів долі додається ще й нестача фінансів. Коли через фінансові проблеми вам доводиться йти на компроміси.

Фінансовий захист для вашої фірми

80% усіх новостворених фірм Німеччини зазнають невдачі протягом перших п'яти років. Чотири з п'яти. Основна причина – нестача капіталу.

Наступною такою ж важливою причиною є низька платіжна дисципліна клієнтів, як зазначили дві третини опитаних власників фірм. Відповідно, найбільшими проблемами є списання боргів і затримка платежів.

Тому ви потребуєте фінансового захисту не лише для себе, але й для власної фірми. Подумайте, якщо ваша фірма раптово перестане отримувати гроші, як довго потребуватимете фінансового захисту? Деякі з ваших клієнтів платять із запізненням, інші ж лише після настійних нагадувань вашого адвоката. Часом клієнти віддають гроші тільки за рішенням судового процесу, за який вам доводиться заплатити наперед. Інколи ви програєте процес через несподівані обставини, іноді виграєте, та все ж доводиться взяти на себе витрати, адже з супротивника через неплатоспроможність навіть нема що стягнути.

Отже, створіть фінансовий захист для своєї фірми й не рухайте його ніколи.

Але я таки хочу інвестувати...

Мабуть, ваша підприємницька душа болітиме, якщо ви, особливо на етапі створення й росту фірми, не зможете використати всі гроші для її розширення. Та подумайте про несподівані обставини. Не складайте розрахунку, забувши про слова доктора Мерфі. *Інвестувати — це добре. Але інвестувати у правильний час — ще краще.*

Наша економіка розвивається циклічно. Після підйому наступить спад. Припустимо, ви бачите перед собою ущелину. Можливо, ваше підприємство буде поховане в цій ущелині. Однак, можливо, саме в цій ущелині є досить готівки, щоб використати свої шанси. *Шанси для інвестицій ніколи не бувають такими великими, як в часи най-*

тяжчих спадів, але лише у випадку, якщо у вас є готівка. Нам би знадобилися тисячі книжок, щоб перелічити всі фірми, яким довелося закритися, бо в них не було фінансового захисту, і щоб перерахувати всі фірми, які в кризові часи перетворилися на гігантів завдяки готівці.

Тому ви зобов'язані створити собі фінансовий захист, особливо якщо у ваших грудях б'ється серце справжнього підприємця. Якщо вкладати правильно, зростання неймовірно швидке. А в кризові часи гроші захищають від банкрутства й створюють певні фінансові можливості.

Скільки часу вам потрібно, щоб досягнути фінансового захисту?

Тут діє просте правило: *чим менша мета, тим швидше її досягнете.* Це не суперечить сказаному в Розділі 4. Там я мав на увазі довгострокові цілі. Чим більшими вони є, тим реальніше їх досягнути.

Фінансовий захист – ближня мета. Саме він має стати вашою наступною ціллю. Метою, яку маєте досягти якомога швидше (якщо ще цього не зробили).

Існує три причини, які засвідчують переваги невеликої першої мети. Для прикладу розгляньмо ситуацію:

Пол Прассер заробляє 2500 € чистими, з яких потребує 2375 €, отож щомісячно може заощаджувати лише 125 €. Щоб почуватися захищеним, він охоче б створив фінансовий захист на 10 місяців. Для цього йому потрібна сума в 23 750 €. Щоб досягнути цієї суми з щомісячними заощадженнями в 125 €, йому знадобиться 15 років і 10 місяців (без відсотків). Оскільки у випадку фінансового захисту йдеться лише про досягнення мінімальної мети, Прассер швидко втрачає ентузіазм і здається. А доктор Мерфі вже підстерігає за рогом.

Гайді Гамстер також заробляє 2500 € щомісяця й прагне фінансового захисту. Але для життя їй достатньо 1750 € на місяць. Отже, її мета є меншою. Їй потрібно лише 17 500 €. По-друге, вона більше заощаджує й швидше досягає маленької мети: їй це вдалося всього за два роки!

Отож трьома причинами, чому невелика перша мета — краща, є:

1. *Якщо перша мета є меншою, ви досягнете її швидше.*
2. *Якщо задовольняєтеся меншим, зможете більше заощаджувати й швидше здобудете фінансовий захист.*
3. *Ви не здаєтеся, адже мета настільки близько, що практично можете торкнутися її.*

Бюджетний план

Я не великий прихильник строгих бюджетних планів, але кожна людина повинна час від часу цим займатися. По-перше, щоб усвідомити, скільки грошей витрачає щомісяця насправді, а по-друге, щоб побачити, на що їх віддає. Доки ви ще не досягнули фінансового захисту, мусите обдумати свій бюджет.

Якщо сумлінно зробите це, то будете вражені. Далі ви знайдете зразок бюджетного плану. Для початку перелічіть усі доходи й витрати. Лише перелічення, звісно, недостатньо для створення плану, та за допомогою цього ви отримаєте цінне уявлення про свою фінансову ситуацію. Крім того, ви побачите, що в певних графах опиняється занадто багато грошей: податки, авто й телефон.

Бюджетний план, звісно, виходить далеко за межі звичайного переліченя. Планування починається лише після того, як ви перечислили всі витрати. Існує дві можливості:

1. Запишіть навпроти кожної позиції, скільки хочете на неї витрачати насправді. Не думайте, наскільки це реалістично та як сильно вам доведеться себе обмежувати. План часто самостійно знаходить шляхи втілення, навіть якщо спочатку здавався неможливим.

2. Спочатку занотуйте, яку максимальну суму прагнете витрачати щомісяця, і подивіться, які позиції слід обмежити, щоб не перетнути цю межу.

	Є		Має бути	
	Брутто	Нетто	Брутто	Нетто
1. Наймана праця				
2. Підприємницька діяльність				
3. Сільське та лісове господарство				
4. Дохід з оренди				
5. Позапрофесійна діяльність				
6. Пенсія				
7. Безпосереднє страхування				
Каса взаємодопомоги				

Пенсійна каса				
8. Капіталовкладення				
9. Страхувальні виплати				
10. Допомога на виховання				
11. Допомога на дитину				
12. Інше: _____				
13. Інше: _____				
14. Відпускні				
15. Особливі виплати (13-та зарплата)				
Загальна сума доходу				
Оподаткований річний дохід				
Клас оподаткування/пільги на дитину				
Ставка церковного податку				
Максимальна податкова ставка				

Транспорт	€		Має бути	
1. Податок на транспортний засіб				
2. Пальне				
3. Ремонт				
4. Загальне автомобільне страхування				

5. Літак		
6. Автобус, залізниця, таксі		
7. Лізинг, фінансування		
Зв'язок		
8. Телефон		
9. Мобільний телефон		
10. Факс		
11. Електронна пошта		
Розваги		
12. Податок на радіо й телебачення		
13. Членські клубні та громадські внески		
14. Хобі		
15. Спорт		
Витрати на життя		
16. Дитячий садок		
17. Утримування тварин		
18. Тютюнові вироби		
19. Продукти харчування		
20. Господарство в цілому		

21. Одяг		
22. Розваги		
23. Відпустка, подорожі		
24. Придбання		
25. Ресторани		
26. Перукарня, косметика		
27. Кишенькові гроші		
28. Підвищення кваліфікації, семінари		
29. Книги, газети		
Житло		
30. Оренда включно з комунальними послугами		
31. Відсотки, погашення		
32. Ремонт		
33. Витрати на здачу в оренду		
34. Податки на нерухомість		
Офіс		
35. Оренда		
36. Комунальні платежі		
37. Канцелярські товари		

38. Поштовий збір		
39. Офісні меблі		
40. Зарплата персоналу		
Заощадження, кредити, страхування		
41. Пожертви		
42. Ощадний договір 1		
43. Ощадний договір 2		
44. Ощадний договір 3		
45. Податки		
46. Кредит 1		
47. Кредит 2		
48. Кредит 3		
49. Особисте страхування здоров'я		
Загалом		
50. Особисте страхування в разі нещасних випадків		
51. Особисте пенсійне забезпечення 1		
52. Особисте пенсійне забезпечення 2		
53. Особисте пенсійне забезпечення 3		

54. Особисте пенсійне забезпечення 4		
55. Особисте пенсійне забезпечення 5		
56. Особисте пенсійне забезпечення 6		
57. Страхування відповідальності		
58. Юридичне страхування		
59. Страхування майна		
Інше		
60. Регулярні витрати 1		
61. Регулярні витрати 2		
62. Регулярні витрати 3		
63. Регулярні витрати 4		
64. Регулярні витрати 5		

Що робити,
якщо планування бюджету не належить
до ваших сильних сторін?

Особливо влучним при плануванні бюджету є вираз: *знайди наставника для своїх сильних сторін і рішення для слабких*. Для багатьох людей складання бюджету передбачає труднощі. Якщо це стосується й вас, то потрібно знайти рішення.

Якщо раніше це не вдавалося, то, мабуть, воно ніколи не стане однією з ваших найсильніших сторін. Ви могли би щомісяця купувати три порції морозива, а не десять, а замість молочного їсти лише фруктовий лід. Та це все має зміст лише у випадку, якщо планування бюджету й так є вашою сильною стороною. Інакше, як уже було сказано, вам потрібне рішення.

У цьому випадку важливо пам'ятати таке: *не будьте спеціалістом у неважливих речах*. Або: *не перетворюйте другорядні речі на свої головні завдання*. Шукайте рішення для тих позицій бюджету, від яких, на вашу думку, залежить дійсно багато: податки, автомобіль і телефон. Якщо ж планування бюджету — ваша сильна сторона, можете досягнути неймовірних висот у цих трьох сферах і творити справжні дива...

1. Податки

Середньостатистичний німець працює півроку на себе, після чого весь його заробіток іде державі (яка використовує більша частину цього доходу для сплати відсотків державного боргу). Наші податки зростають все більше, а нам залишається все менше.

Податки — те, на що ми витрачаємо найбільше в житті. Якщо ви заробите 1,25 мільйона € протягом трудового життя, понад 500 000 € відійде державі.

Знову й знову в нашій державі з'являються люди, які багато заробляють, але платять мало податків. Частково завдяки розподілу витрат, частково — через легальні іноземні фірми.

Якщо ви хочете багато заробляти в Німеччині, то повинні, на мою думку, сплачувати податки також у Німеччині, але розумним способом, знайомим фахівцям і не суперечним податковому законодавству. Існують й інші місця, де можете заробляти гроші.

Тому моя пропозиція полягає в пошуку хорошого консультанта. Під порадниками я не маю на увазі «податкових консультантів», які обмежують свою діяльність радше бухгалтерськими завданнями, а тих, які дійсно допоможуть вам заощадити податкові кошти. Такі консультанти виправдовують себе переважно за річного доходу понад 125 000 €. За умови доходу понад 150 000 вони стають обов'язковими. Або, як казав Аристотель Онассіс*: «Я б зробив усе так само, як раніше. За винятком одного: я б раніше зайнявся пошуком кращих порадників».

2. Автомобіль

Багато німців витрачає занадто багато коштів на автомобіль, але він – не інвестиція, а предмет побуту.

Якщо поглянете на таблицю складних відсотків, то оцінюватимете свій автомобіль інакше. Якщо б ви впродовж наступних десяти років їздили автомобілем, що коштує половину від того, яким володієте сьогодні, то за 25 років ви, імовірно, стали би багатшими на суму від половини до одного мільйона євро. Адже кожні 5000 €, які ви щорічно заощаджуєте на придбанні автомобіля, пальному, страхуванні, податках, ремонті, перевірках, за 20 років перетворюються на суму, у кілька разів більшу за цю, і все завдяки ефекту складних відсотків (за умови 12% ці 5000 € перетворяться на 50 000 € за 20 років). Тому я хочу навчити вас «правилу», яким зі мною колись поділився мій наставник: ніколи не витрачайте на купівлю авто більше, ніж дві середні місячні зарплати.

---

* Аристотель Онассіс – грецький підприємець-судновласник, мільярдер.

Вам відразу спадає на думку: «А що ж подумають інші?». Та однаковісінько, що вони подумають, точно можемо ствердити одне: це не так вплине на вашу справу, як, можливо, гадаєте, але сильно повпливає на ваш особистий добробут.

Врешті-решт різниця між автомобілем середнього й вищого класів не настільки велика, щоб виправдати суму від половини до одного мільйона євро. Тим більше, поки у вас немає перших 500 000 або навіть 1 000 000 €.

3. Телефон

Ми занадто багато часу витрачаємо на телефонні розмови, через що втрачаємо забагато грошей.

Кілька років тому я перейняв корисну звичку, яка швидко зменшила телефонні витрати майже вдвічі: перед тим, як комусь зателефонувати, я коротко записую причину розмови. Я не теревеню занадто довго, а веду цілеспрямовану розмову. Коли я досягаю своєї мети, то швидко завершую дзвінок.

Установіть, які три позиції є найбільш витратними для вас. Крім уже згаданих, такими можуть стати: подорожі, одяг, спорт, хобі…

Плануйте вже

Тепер ви знаєте, який капітал необхідний для вашого фінансового захисту. Крім того, знаєте, де його отримати. Сподіваюся, ви готові скласти бюджетний план для досягнення вашої першої фінансової мети.

Отож вам потрібен план. Вирішіть уже, скільки коштів потрібно заощаджувати для створення достатнього фінансового захисту:

Я хочу заощаджувати _____ € щомісяця.

Отже, я досягну фінансового захисту до _____

Основні поради

Створіть собі фінансовий захист так швидко, як це можливо.

- Не може бути, щоб людина не досягнула цієї мінімальної мети.
- Ви зобов'язані зробити це перед самими собою, своїм здоров'ям, своєю сім'єю та почуттям упевненості в собі.
- Однаково, що станеться, адже ви — фінансово захищені.
- Зберігайте ці гроші в безпеці та швидкому доступі.
- У такий спосіб ви закладаєте підвалини свого добробуту.
- Завдяки цьому нарешті досягнете мінімального рівня справжньої свободи.

Або більше заробляти, або менше витрачати

Ви хотіли б більше заробляти, чи менше витрачати? По суті, у вас є ці дві та ще одна можливість. Бенджамін Франклін дуже влучно це висловив:

«Існують два шляхи до щастя: зменшувати наші бажання або збільшувати наші кошти. І те, й інше веде до мети — результат той самий. І кожен повинен вирішувати за себе та розвивати звичку, яка здається йому найлегшою.

Якщо ти хворий або бідний, байдуже, наскільки важко зменшити твої бажання, збільшити кошти — набагато складніше.

Якщо ти активний і заможний або молодий, здоровий і сильний, збільшити кошти, напевне, легше, аніж зменшити бажання. Та якщо ти мудрий, то робитимеш і те, й інше одночасно — молодий чи старий, багатий чи бідний, хворий чи здоровий; а якщо ти дуже мудрий, то чинитимеш так, що принесеш користь суспільству».

Отож робіть те, що вам вдається найкраще, а ще ліпше — і те, й інше, принаймні до того часу, поки не досягнули фінансового захисту. Тоді ви пройдете 50% шляху. Те, що слідуватиме далі — відносно просте. Початок — це завжди складно. Ви мусите змінити свої переконання та звички. *Легке спочатку здається важким, а складне потім стає легким.* Заощаджувати — нескладно, та оскільки для вас це щось зовсім нове, принаймні спочатку цей процес буде доволі незвичним.

Розумна інвестиція ваших заощаджень — це вже трохи важче, але і це вдасться легко, адже ви використовуватимете види інвестицій, які полегшать процес, і тому, що матимете розумних консультантів, досвідченіших знайомих й корисні звички.

Що робити з капіталом для фінансового захисту?

Вам потрібен план, філософія для поводження з вашим капіталом. Остаточну інвестиційну філософію ви визначите в кінці цього розділу, після того як складете два фінансові плани.

Розгляньмо кілька основних міркувань. Згадайте про те, що ми говорили про борги в Розділі 6. Вам потрібна сума близько 25 000 €, про яку ніхто не знає. Крім того, ця сума повинна бути легкодоступною, принаймні частково.

Наприклад, частину свого капіталу для фінансового захисту можете покласти в банківський сейф. Іншу частину можете вкласти так, щоб вона була швидкодоступною.

У будь-якому разі, ви повинні інвестувати ці гроші дуже безпечно. Якщо йдете на малий ризик, то й прибуток отримаєте помірний. Та тут ідеться насамперед про захищеність, тому вам не слід торкати цих грошей — лише у випадку крайньої необхідності. Тут не місце для спекуляцій.

Інвестиції спрямовані на отримання щорічних відсотків. Спекуляції ж, навпаки, мають іншу природу. Тут ви щось купуєте, щоб потім вигідно продати, та протягом проміжного етапу не отримуєте ніякого доходу від спекуляцій, відповідно, приватний будинок чи дорогий годинник — не інвестиція, а спекуляція.

Історія «Coca-Cola»

Раніше неможливість повернути кредит вважалася злочином. У древньому Вавилоні за це могли продати як раба, а потім посадити в так звану боргову вежу.

Та й сьогодні ми бачимо знову й знову, як життя карає тих, хто не має фінансового захисту. Це чітко видно на прикладі історії виникнення «Coca-Cola».

Доктор Джон Стіт Пембертон створив екзотичну суміш із цукру, води, листів коки, горіхів і кофеїну. Він стверджував, що цей напій зможе вилікувати всі нервові хвороби, а також головний біль, істерію та меланхолію. Крім того, він призводив до особливо піднесеного настрою покупців.

Протягом першого року під час спроб продажу доктор Пембертон витратив 73,96 долара на рекламу. Товар він продав, однак, лише на 50 доларів. Це співвідношення не особливо покращилося за наступних п'ять років. Через нестачу капіталу доктор Пембертон здався й продав рецепт за 2300 доларів аптекареві з Атланти.

Аптекар Кандлер мав достатньо грошей, щоб розсудливо просувати збут. Уже за одинадцять років він продав фірму «Coca-Cola» та рецепт за 25 мільйонів доларів Ернесту Вудруффу. Вудруфф був банкіром і перетворив фірму на акціонерне товариство. Уже за перший рік він продав акцій на 40 мільйонів доларів, отож швидко повернув витрати за купівлю фірми й додатково отримав непоганий прибуток в 15 мільйонів доларів.

З 1929 до 1937 року тривала величезна світова економічна криза. Незважаючи на це, були деякі люди, які інвестували капітал і тоді. Хто 1932 року купив акції «Coca-Cola» за 20 доларів, зміг продати їх за 160 доларів 1937 року. У той час, коли всі говорили про кінець світу, були люди, які за п'ять років помножили вкладені кошти у вісім разів!

Що ж створило різницю? Володіння грошима! Отже, не дозволяйте більше грошам витікати крізь пальці. Утримуйте міцно принаймні частину. Це щедро винагородить вас у всіх аспектах — не лише фінансово. Мабуть, вам видасться складним негайно почати створювати свій фінансовий захист. Повірте мені, не мати його — набагато складніше в усіх планах.

Разом зі створенням фінансового захисту ви створите передумову для досягнення великих фінансових цілей. Якщо вам, наприклад, потрібно 75 000 € для фінансового захисту й ви вкладете цю суму на 20 років під 15% річних, то отримаєте приблизно 1 200 000 €. Раніше ми побачили, що таких відсоткових ставок дійсно можна досягнути.

Якщо впродовж цих 20 років додатково заощаджуватимете 750 €
на місяць і вкладатимете їх під 12% річних, то отримаєте ще 650 000 €.
Загалом матимете 1,85 мільйона € — доволі привабливу суму.

Питання полягає лише в тому, чи вам цього достатньо. Ви дійсно
зможете втілити свої мрії з цим капіталом? Що означає фінансова не-
залежність для вас, і скільки грошей для цього потрібно? Перед тим,
як розібрати це питання, слід створити вашу фінансову безпеку.

Другий план: фінансова безпека

У вашої першої мети, фінансового захисту, є багато переваг: ви мо-
жете гідно пережити кризу, маєте відчуття захищеності, готові до
всіх несподіванок. Та у фінансового захисту є один суттєвий недолік:
у випадку необхідності вам доведеться витратити всі гроші. І хоча
переборете кризову ситуацію, вашому капіталу кінець. Насправді
впевненими ви будете лише тоді, коли накопичите достатньо капі-
талу, щоб жити на відсотки. Будь ласка, перелічіть ще раз позиції,
за які вам обов'язково необхідно платити. Тут не йдеться про те, що
маєте зробити величезний стрибок уперед. Пізніше ми складемо план
досягнення фінансової свободи для ваших мрій. Зараз же ми лиш
створюємо безпечну ситуацію. Що б не сталося, ви зможете жити,
не задумуючись, звідки взяти гроші. Ви вже володітимете грошовою
машиною. Ви вже виростите гуску, яка нестиме золоті яйця.

Отож перелічіть усі необхідні місячні витрати:

1. Іпотека/оренда: _____ €
2. Їжа/домашнє господарство: _____ €
3. Автомобіль: _____ €

4. Страхування: _____ €

5. Податки: _____ €

6. Виплата аліментів: _____ €

7. Телефон: _____ €

8. Кредити: _____ €

9. Інше: _____ €

10. Заощадження (відпустка, великі придбання) _____ €

11. Підвищення кваліфікації: _____ €

12. Пожертви й допомога нужденним: _____ €

Місячна сума: _____ €

Скільки капіталу вам потрібно?

Ви щойно встановили мінімальну суму, необхідну щомісяця для більш-менш задовільного життя.

Отож ви знаєте, наскільки великими мають бути золоті яйця, що їх потребуєте кожного місяця. Отже, дуже легко визначити й необхідний розмір золотої гуски.

Інакше кажучи: вам необхідно мати достатньо капіталу, який, розумно інвестований, щомісячно приноситиме достатньо відсотків, аби ви змогли покрити витрати на вищезгадані позиції. Питання лише в тому, під які відсотки вкладати цю суму. Будьмо дуже обережними й інвестуємо під «лише» 8%. Врешті-решт тут ідеться про безпеку. Формула є дуже простою:

Необхідна місячна сума × 150 = розмір капіталу

Приклад. Припустимо, Гайді Гамстер потрібно 2000 €, щоб сплатити всі місячні витрати. Вона рахує за формулою:

$$2000 \text{ €} \times 150 = 300\,000 \text{ €}$$

Відповідно, Гайді Гамстер потрібно 300 000 €, щоб щомісяця мати ті 2000 €, які їй необхідні. Вона не має більше торкатися своєї гуски. Ці 300 000 € виробляють золоті яйця, якщо вона не бере жодного євро з цієї суми.

За допомогою цього вона цілком може сплачувати всі свої рахунки, та ще й відкладати трохи грошей на різноманітні придбання й відпустку. Отже, із 300 000 € вона досягнула фінансової безпеки, може жити зі свого капіталу й теоретично не змушена більше працювати.

Будь ласка, тепер підрахуйте суму, необхідну для досягнення вашої фінансової безпеки.

$$\text{Місячна сума} \underline{\hspace{2cm}} \times 150 = \underline{\hspace{2cm}} \text{ €}$$

Подумайте на хвильку, що б Ви змогли робити, якби вже мали такий капітал. Я хочу Вам допомогти, щоб полегшити пошук відповіді на це питання.

Уявіть собі, що вам залишилося жити лише шість місяців. Що б ви тоді хотіли зробити? Які б місця захотіли відвідати, із якими людьми побути разом і які речі створити, що б жили ще довго після вас?

Імовірно, ви житимете набагато довше, аніж шість місяців, але однаково не зможете жити вічно. *Що утримує вас від того, щоб робити справді важливі для вас речі, як не гроші?* Бачите, як небезпечно не приділяти грошам тієї уваги, на яку вони заслуговують? Ви зобов'язані перед самими собою жити щасливо.

Сума, яку ви щойно записали, не на жарт змінить ваше життя. Поставте собі запитання: наскільки ці гроші вплинуть на ваш звичний розпорядок дня? Ви й далі продовжуватимете роботу, яку виконуєте зараз?

Якось Франциск Ассізький косив траву, коли інший монах спитав його: «Якщо б ти помер за годину, що би ти зробив?». Франциск Ассізький відповів: «Продовжив би косити». Це все, що він сказав. Продовжував би косити, адже найбільшу радість йому приносило саме те, що він робив. Зауважте, він не сказав: «косити швидше» чи «докосити», а лише «продовжувати косити».

Якщо ви задля фінансової безпеки не обрали захищеність замкових стін, то необхідно серйозно задуматись про якнайшвидше створення необхідного капіталу.

Ви зобов'язані здобути добробут

За сім років ви або взагалі не зміните свою фінансову ситуацію, або принаймні частково створите фінансову безпеку. За сім років розпочнеться майбутнє, яке готуєте вже сьогодні.

Основна причина того, чому люди не роблять саме те, що приносить їм справжнє задоволення, — нестача грошей. Шкода, адже це марнування енергії. Сумно, оскільки *ми особливо вправні лише тоді, коли робимо те, що справді любимо*. Хто ніколи довгий час не працював над проектом, який би сповнював його радістю й здавався змістовним, той не знає насправді, скільки потенціалу ховається в ньому.

Знову й знову люди не роблять вирішального кроку через гроші й не присвячують себе завданням, які приносять їм задоволення.

Основні поради

Створіть фінансову безпеку так швидко, як це можливо.

- Доки ви не досягнули фінансової безпеки, інвестуйте всі доступні гроші, щоб це зробити.
- Коли матимете фінансову безпеку, вам не слід витрачати капітал.
- Ви зможете жити так, як хочете, робити те, що до вподоби, та ще й сплачувати всі рахунки.
- Ви нарешті зможете присвятити себе речам, які приносять радість і відповідають вашим талантам.
- Перейміть засаду віри В. Клемента Стона: «Людина, яка не вміє заощаджувати, не заслуговує на те, щоб вважатися розумною й розсудливою».
- Ви маєте дві можливості:

1. Дозволяєте часу працювати на вас і спокійно досягаєте мети за 20 років.
2. Знову й знову опрацьовуєте Розділ 7 і неодноразово подвоюєте свій дохід. Тоді досягнете мети за сім років.

Наступна таблиця дозволяє побачити, скільки капіталу потрібно при ставці у 8% річних (0,67 місячних), щоб покрити ваші щомісячні витрати. Та всі ці числа ґрунтуються на гіпотезі, що ви почнете заощаджувати вчасно.

Із Розділу 5 ви вже знаєте, що існують стратегії для професіоналів й аматорів. Аматорські стратегії розраховані лише на короткострокове щастя. Професіональні же — на довгостроковий успіх. Адже ви вже знаєте, що фінанси впливають і на інші сфери життя.

Капітал	Місячний дохід
62 500 €	416 €
125 000 €	833 €
250 000 €	1 667 €
375 000 €	2 500 €
500 000 €	3 333 €
625 000 €	4 167 €
750 000 €	5 000 €
875 000 €	5 833 €
1 000 000 €	6 667 €
1 250 000 €	8 333 €
1 500 000 €	10 000 €
1 750 000 €	11 667 €
2 000 000 €	13 333 €
2 500 000 €	16 667 €
3 000 000 €	20 000 €
3 500 000 €	23 333 €
4 000 000 €	26 667 €
4 500 000 €	30 000 €
5 000 000 €	33 333 €
6 000 000 €	40 000 €
7 000 000 €	46 667 €
8 000 000 €	53 333 €
10 000 000 €	66 667 €
15 000 000 €	100 000 €
20 000 000 €	133 333 €
25 000 000 €	166 667 €
50 000 000 €	333 333 €
100 000 000 €	666 667 €

Аматори концентруються лише на «тепер» і забувають, що житимуть далі. Тому їм усе життя знову й знову доводиться боротися з тими самими проблемами, адже вони втратили можливість створити завдяки економії таку ситуацію, в якій більше не було б фінансових турбот.

Професіонали ж діють геть інакше. *Вони живуть зараз, але готують своє майбутнє.* Саме тому вони насамперед платять собі. Станьте й ви фінансовим професіоналом.

Оскільки ви вже дочитали до цього місця, то знаєте, що вибачень не існує. Лише ви відповідальні. У вас є повна влада над своїм життям. І ви можете змінити свої засади віри в будь-який час. Ви здатні перейняти нові погляди. А тепер перейдімо до ваших мрій.

Третій план: фінансова незалежність

Можливо, вашою найбільшою метою стане лиш досягнення фінансової безпеки. А може, ви хочете більшого, тобто бути справді вільними. У цьому випадку ми прагнемо застосувати той самий метод для створення плану досягнення фінансової свободи. Тут ітиметься про ваші мрії.

Ви знаєте, що більшість людей не досягає своїх мрій переважно лише тому, що вони не подумали, що для цього потрібно зробити? *Вони не знають, скільки би коштували їхні мрії.* І саме цим ми зараз займемося.

Більше не торкайте свій капітал

Передусім слід пояснити важливий принцип: ви ніколи більше не захочете зарізати свою гуску. Ви також не будете відрізати від неї маленькі шматочки. Ви ніколи більше не торкатиметеся свого капіталу. За допомогою золотих яєць ви здійсните всі свої мрії. Це значить, що ваші золоті яйця мають бути досить великими, щоб сплатити за них усіх.

Якщо ви, наприклад, прагнете придбати будинок, то можете, звісно, купити його за свій капітал, досягнувши фінансової свободи.

Проте тоді ваш статок зменшиться, а цього ви точно не хочете. Тому всі великі придбання купуєте в кредит, який цілком можете дозволити собі сплатити завдяки щомісячним відсоткам від вашого капіталу.

Як вирахувати, скільки коштують ваші мрії

1. *Спочатку перелічіть всі свої бажання.* Не думайте про те, наскільки вони є реалістичними. Насамперед ми лише хочемо довідатися про ваші мрії і дізнатися, скільки б вони коштували.

2. Після того, як ви перелічили окремі позиції, *напишіть поруч, скільки приблизно коштують ці придбання.*

3. Не забувайте про те, що ви ніколи більше не захочете торкати своєї золотої гуски, тому всі великі придбання купуйте в кредит. *Вирахуйте щомісячний кредитний внесок.* Заради полегшення для нерухомості я пропоную використовувати дільник 120. Для інших, звичних придбань, — 50.

Ви хочете купити будинок за 1,3 мільйона. Тоді ділите цю суму на 120 і отримуєте місячний внесок у розмірі 10 833 € з урахуванням 4–6-відсоткової ставки.

Крім того, ви хочете стати власником яхти вартістю 240 000 €. Цю суму ділите на 50 — й отримуєте щомісячний внесок у розмірі 4800 € за погашення кредиту впродовж п'яти років.

Припустимо, ви охоче подорожуєте й хочете щорічно проводити кілька поїздок із загальною вартістю 35 000 €. Тоді ділите ці 35 000 € на 12 і зараховуєте 2916 € до суми, яку мусите відкладати щомісяця, аби реалізувати ці поїздки.

4. *Перелічіть усі поточні витрати*, що залишаться у вас, коли станете фінансово вільними. Їх ви також прагнете оплачувати з відсотків від капіталу. Орієнтуйтеся на витрати, які ви перелічили при плануванні свого фінансового захисту, та врахуйте, що при розкішнішому стилі життя видатки можуть значно зрости.

Отож перерахуйте все. Наприкінці підрахуйте, яким повинен бути щомісячний відсотковий дохід від капіталу, щоб ви могли за все це сплатити.

Мрія	Ціна придбання	Щомісячні витрати
1. Будинок		
2. Другий будинок		
3.		
4. Автомобіль		
5.		
6.		
7.		
8.		

Щомісячні витрати на ваші мрії: _____ €

(рукописні нотатки: 11 000 / 2 000 / 5 000 / 18 000)

Тепер установіть свої поточні щомісячні витрати:

1. Їжа/домашнє господарство: _____ €
2. Службовці: _____ €
3. Автомобіль: _____ €
4. Страхування: _____ €

5. Податки: _____ €
6. Телефон: _____ €
7. Відпустка: _____ €
8. Невеликі придбання: _____ €
9. Розваги: _____ €
10. Подарунки: _____ €
11. Підвищення кваліфікації: _____ €
12. Волонтерство, пожертви й допомога нужденним: _____ €
13. Інше: _____ €

Поточні кошти загалом: _____ €
Щомісячні витрати на ваші мрії: _____ €
Щомісячні витрати для фінансової свободи: _____ €

Тепер знаєте суму, необхідну для хорошого життя. Отож ви усвідом-
люєте, наскільки великими повинні бути золоті яйця, щоб забезпечити
стиль життя вашої мрії.

Тепер залишилося лише встановити розмір золотої гуски. Ви по-
требуєте достатньо капіталу, який, розумно інвестований, щомісячно
приноситиме достатньо відсотків, щоб мати змогу сплатити за пере-
раховані позиції. Знову візьмемо за основу 8-відсоткову річну ставку
(тобто 0,67% щомісяця). Суму, яку прагнете отримувати щомісяця,
слід помножити на 150:

_____ € × 150 = _____ €.

Тепер ви знаєте, якого розміру повинен бути капітал, необхідний, щоб
втілити всі ваші мрії. Отож слід подумати, як найвигідніше інвестува-
ти кошти, аби досягнути своїх цілей.

Ваші інвестиційні стратегії

Тепер у вас є три різноманітні взаємопов'язані фінансові плани. Для кожного плану потрібна окрема інвестиційна стратегія.

Ніякого ризику для вашого фінансового захисту

Важливим критерієм є доступність. Ви повинні мати можливість отримати свої кошти у будь-який час, тому найкраще помістити гроші в сейф або готівковий грошовий фонд. Доки ви не досягнули фінансового захисту, не слід йти на ризик, тому вибирайте безпечні капіталовкладення. *Та й у цьому випадку слід звернути увагу на розподіл ризику.* Ніколи не інвестуйте всі гроші в одне єдине місце, навіть якщо «всі гроші» – лише 1000 €. *Подумайте про те, що розподіл ризику завжди означає збільшення шансів на успіх.* Не забувайте, що коли говоримо про фінансовий захист, то насамперед йдеться про безпеку. Вам слід врахувати низький відсоток доходу від капіталу й внести частину готівки на збереження в банківський сейф. Якщо ж все-таки хочете інвестувати в фонди, то пораджу вам план заощаджень.

40-40-20 для вашої фінансової безпеки

Щоб досягнути фінансової безпеки, слід розподіляти гроші трохи інакше. Хоча велика частина ваших коштів перебуває в безпечних вкладах, 40% грошей можете інвестувати з помірним ризиком. Завдяки тому, що ви не використовуєте ці кошти впродовж тривалого часу, а також через ефект середньої вартості, ризик значно зменшиться. Решту 20% можете інвестувати з високим рівнем ризику. Наприклад, у спекулятивні фонди, які займаються вкладами в ринки, що швидко розвиваються, або в певні країни, тобто всі спеціалізовані фонди. І тут ризик зменшиться, якщо кошти вкладені на достатньо тривалий час, а також завдяки ефекту середньої вартості. З іншого боку, ви матимете шанс отримати неймовірний прибуток.

Важливо не використовувати гроші, призначені для вашої фінансової безпеки, для дуже ризикованих або зовсім спекулятивних речей. Вам слід узагалі ніколи не використовувати ці гроші. Ви вкладаєте їх так, щоб ні в якому разі не зашкодити своїй безпеці.

50% середнього і 50% високого ризику для вашої фінансової незалежності

Досягнувши фінансової безпеки, візьміть частину грошей й інвестуйте її в досягнення фінансової свободи. Тут ви можете йти на значний ризик, адже шукаєте можливості капіталовкладення під значно більше, ніж 12%, і навіть якщо втратите кошти одного чи іншого вкладу, то легко компенсуєте завдяки вкладу з високими прибутками. Також є багаті фонди, відомі своїми традиціями, що впродовж останніх років отримували в середньому значно більше, ніж 12%. Увага: чим більшого зростання вартості прагнете отримати, тим більше ви повинні піклуватися про стан своїх вкладів.

І навіть якщо всі змовилися проти вас, то ви ризикуєте лише частиною капіталу, яку не потребуєте для фінансової безпеки.

Як підсумок, усе можна зобразити у вигляді трьох глечиків:

Примітка: завжди заповнюйте спочатку перший глечик, а потім другий. Щоб заповнити третій, використовуйте лише ту частину, що переливається з другого (гроші, не потрібні вам для фінансової безпеки). Отже, ви ніколи не ризикуєте фінансовою безпекою.

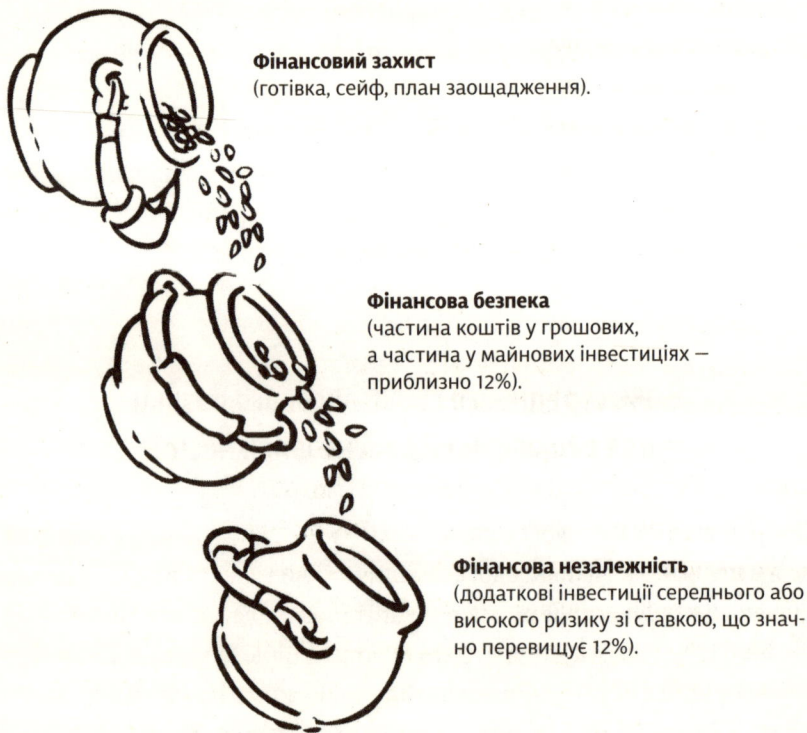

Фінансовий захист
(готівка, сейф, план заощадження).

Фінансова безпека
(частина коштів у грошових,
а частина у майнових інвестиціях —
приблизно 12%).

Фінансова незалежність
(додаткові інвестиції середнього або
високого ризику зі ставкою, що значно перевищує 12%).

Якщо слідуєте цій інвестиційній філософії, нічого не може піти шкереберть.

Ви завжди перебуваєте в безпеці, однак маєте можливість досягнути усіх своїх мрій.

Рішення щодо мети — уже половина шляху

Тепер йдеться про вирішальний крок: вам слід прийняти свідоме рішення. Ви справді прагнете досягнути фінансової незалежності? Ви хочете насамперед зобов'язати себе до цього? Ви готові раз у раз візуалізовувати щойно придуманий сценарій, доки він не стане для вас абсолютною необхідністю?

Будь ласка, не читайте далі, поки не приймете свідомого рішення. Воно передбачає, що ви робите все необхідне для досягнення своєї мети, про обов'язковість такого підходу вам відомо. Ви знаєте, що слід починати із засад віри. Ви повинні асоціювати сильний біль з уявленням про те, що не реалізували цих мрій, і велику радість із уявленням про те, що ви їх досягнули. Вам необхідно усвідомити причини, чому обов'язково маєте вести таке життя. Пригадайте: ви щодня повинні викладатися на повну. Ви зобов'язані постійно вчитися й зростати. Ви мусите віддавати 110% своїх сил. Ви повинні робити все, щоб стати найкращими.

Ви справді цього бажаєте? Ви дійсно готові заплатити ту ціну, яку зобов'язаний платити кожен, хто прагне стати багатим і щасливим? Якщо наважуєтеся на це (а я спонукаю вас до цього), то зобов'язуєтеся *пообіцяти собі, що ніколи більше не будете задоволені меншим, ніж найкраще*. Коли я вперше почув цей план кілька років тому, то навряд чи міг у нього повірити. Та він дійсно правдивий. Якщо ви зважилися на якусь мету й написали план, то вже досягнули її наполовину. Для такого твердження є чотири важливі причини.

1. Цілі розширюють сприйняття можливостей

Через ці зобов'язання ви по-іншому дивитеся на людей, яких зустрічаєте в житті. Кожна ситуація для вас має певне значення.

Ви постійно запитуєте себе: «Як це може допомогти мені досягнути мети? Як можливо це відразу застосувати в дію?».

Чим чіткіше ви сформулювали свою мету й чим сильніше зобов'язали себе досягнути її, тим більше вигоди можете отримати від двох вирішальних питань: «Як це мене стосується? Як мені діяти негайно?».

2. Цілі спрямовують вас до рішення

Більшість людей марнує час на занадто довгі роздуми про проблеми. У людей із метою для цього просто-таки немає часу. Вони хочуть наблизитися до своєї цілі, тому постійно шукають рішення й шляхи. Вони зосереджуються на меті. *І поки людина спрямовує погляд на ціль, жоден страх над нею не владний.*

3. Цілі змушують вас грати, щоби перемогти

Є велика різниця в тому, чи ви граєте для того, щоб не програти, а чи для того, щоб виграти. Коли знайомитеся з людиною, то відразу відчуваєте, чи вона лише хоче не програти, чи прагне перемогти. Ми бачимо це в її очах, розпізнаємо в ході її думок й чуємо в мові.

Великі цілі не допускають, щоб ми вели негідне мізерне існування. Ви повинні досягнути максимуму. Ви мусите жити, щоб перемогти.

4. Усе стає важливим, коли у вас є мета

Люди без мети живуть за девізом: трохи поганого мені не зашкодить. Та для того, хто має ціль, усе й кожна деталь є важливими.

Візьмімо, для прикладу, велогонщика. Ви вірите, що він може сказати: «Кілограм надлишкової ваги не зашкодить»? Професійні гонщики ніколи так не подумають, адже вони знають, що на шляху вгору через кожен кілограм зайвої ваги їхатимуть повільніше на хвилину, яка може стати вирішальною.

Коли у вас є мета, важливим стає все. Усе, що робите, або наблизить вас до цілі, або віддалить від неї. Середини не існує.

Як кажуть, свідоме рішення є передумовою. І той, хто думає: «Я можу вирішити й пізніше», — обманює сам себе. *Адже якщо ви не приймете рішення (негайно), то вже все вирішили*: нічого не змінювати й віддалитися від своєї мети. Отож приймайте рішення вже!

Хіба це складно — досягнути фінансової незалежності?

Я думаю, ви знаєте відповідь. Так, це складно, та набагато важче її не досягнути. Старатися зі всіх сил - це складно, але набагато важче повільно помирати. Жити на цьому світі й не знати, на що ми здатні, – погано, адже лише коли ми викладаємося на повну, то усвідомлюємо справжню вартість життя. Тільки тоді виконуємо нашу місію, а наше життя має зміст.

Я не стверджую, що це буде просто, але запевняю: у нас немає альтернативи, якщо хочемо жити повним життям.

У своїй книзі *Іоанн* Хайнц Кернер пише: «Кожен глибоко всередині себе відчуває здатність покинути болото й жити на сонці. Та страх перед сонцем, свободою, навіть власними можливостями змушує нас залишатися у звичному оточенні. Він змушує вважати сморід, знерухомленість, темряву й трясовину прийнятними. І тому з дня у день ми все глибше грузнемо в цьому болоті. Із кожним днем, проведеним у ньому, покинути його стає все важче. І кожен зайнятий тим, як найкраще позбутися смороду, як найлегше перенести слизьку й брудну трясовину і як найприємніше провести час поступового занурення в грузьку твань. Проте кожен, хто це усвідомлює, повинен взяти відповідальність за самого себе й шукати найкращі шляхи до сонця».

Задоволеність і комфорт — це те, що врешті-решт відрізняє й розділяє людей. Ми не повинні ставати жертвами задоволеності.

Кращий світ не з'явиться сам собою, якщо кожен лише мріятиме про нього. Тільки коли почнемо діяти в межах власних можливостей, станеться те, про що ми всі мріємо. Я не кажу, що слід намагатися й сподіватися, що що-небудь станеться, але стверджую, що ви повинні взяти на себе відповідальність за свої таланти й можливості та втілювати свої мрії у реальність.

Наше завдання — не говорити й мріяти про світ без боліт, а створити його. Нам потрібні цілісні особистості. Люди, які роблять те, що кажуть. Особистості, що здійснюють свої мрії.

Страх — поганий порадник

Ви знаєте, що утримує більшість людей від такого життя, про яке вони мріють? Страх. Боязнь помилитися. Страх зазнати невдачі, знеславити себе, розчарувати інших і себе самого, боязнь неправильного рішення.

Страх ні в якому разі не має стати вашим порадником, адже невдач не існує. Так, ви прочитали правильно: невдач не існує. Американська ведуча ток-шоу Опра Вінфрі висловлює це так: «Я не вірю в невдачі, адже якщо виконання чогось принесло задоволення, це нізащо не може бути невдачею».

Не існує невдач, є лише результати. Проводячи консультації, щонайменше в 70% випадків я стикаюся зі страхом невдач як із найбільшим гальмом. При цьому без сумнівів можна стверджувати, що майже всі найбільші успіхи в світі виникли лише після початкових невдач.

Настав час змінити наше ставлення до невдач і помилок, оскільки через них незліченна кількість людей не наважується йти переможцями крізь життя.

Помилки — це добре

Ми повинні діяти, не боячись помилок. Ми маємо стати не такими людьми, що не припускають помилок, а тими, які не здаються.

Вотсона-старшого*, засновника IBM, якось запитали, що потрібно робити в його підприємстві, як і в будь-якому іншому, щоб просунутися вгору. Він відповів: «Подвоюйте кількість своїх помилок».

Якщо вивчатимете історію найуспішніших людей, то завжди стикатиметеся з історією багатьох помилок. Як відомо, Томас Едісон винайшов електричну лампочку. Після того, як він провів приблизно 9000 невдалих спроб, друзі його запитали: «Ти справді хочеш зазнати невдачі в 10 000-й раз?». Едісон відповів: «Я не зазнав невдачі. Я лиш ознайомився зі способами, які не допоможуть створити електричну лампочку. Кожен експеримент наближує мене до відкриття».

---

* Томас Джон Вотсон (старший) – американський підприємець і організатор виробництва, один із засновників і перший президент компанії IBM.

Герд Мюллер увійшов в історію як чоловік, що забив більше голів у національній збірній, аніж будь-хто інший, та він був лідером і в іншій статистиці — не було нікого в національній збірній, хто би так часто промахувався.

Про тих, хто здається, пам'ятають як про невдах, завзяті ж залишаються в пам'яті як визначні особистості. Отже, ідеться не про те, щоб уникати помилок, а про те, щоб ніщо й ніхто не відмовив вас від свого шляху. *Інші можуть затримати вас лише тимчасово, і тільки ви можете зупинити себе назавжди.*

Ви дійсно хочете фінансової незалежності?

Щоб відповісти на це запитання, ми повинні розглянути шанси стати мільйонером. У Німеччині мільйонери розподіляються на такі категорії:

- 74% підприємців
- 10% топ-менеджерів (особливо на рівні керівництва)
- 10% представників вільних професій (переважно лікарі, архітектори та адвокати)
- 5% торговців
- 1% інших

Отже, бачимо дві речі: по-перше, у вас навряд чи є шанс стати мільйонером, якщо не створите власну справу або як підприємець не будете обрані до керівництва.

І по-друге: якщо ви підприємець, то маєте найбільші шанси стати фінансово незалежними. Може бути багато ризиків і недоліків, що відмовлять вас від ідеї створення власного підприємства, але троє з чотирьох мільйонерів – підприємці.

Саме тому Пол Ґетті, який свого часу був найзаможнішим чоловіком у світі, казав: «Існує лише один-єдиний шлях, не рахуючи кількох виключень, який дозволяє побудувати справжній статок, – заснувати власне підприємство».

Тут думки розходяться. Це дійсно більш необхідно, аніж трохи заощаджувати або інвестувати. Недостатньо йти в правильному напрямку – ви мусите робити велетенський стрибок у цей бік.

Тому ви не повинні дозволяти страху помилок і ризику змушувати вас вести мізерне існування. Адже насправді задоволеними ми є лише тоді, коли викладаємося на повну.

Хто нічого не робить, не припускає помилок

Мій останній наставник вважав: «Якщо ти постійно не робиш помилок, то це лише ознака того, що недостатньо ризикуєш і не викладаєшся на повну».

Наставники витискають із нас найкраще. Вони змушують іти на ризик. Вони кажуть нам речі на кшталт: хто нічим не ризикує, нічого не має і є ніким. Наставники зачіпають нас своїми словами, і ми повинні радіти, що нас ще можна зачепити. Адже це – ознака життєздатності.

Шлях до успіху лежить через помилки. Лише коли ми йдемо вперед, не боячись помилок, життя розкривається перед нами в усіх барвах. Тоді ми дізнаємося, що в нашому житті є дещо на кшталт збігу обставин. Усе, що ми пережили, має сенс. Увесь наш досвід і пережиті речі формують місію, яку ми повинні виконати. Усе має

значення, ми лише повинні його дізнатися. Кожна помилка, яку при-
пускаємо, допомагає нам. Кожна людина, із якою ми познайомилися
в минулому, приводить нас до нових людей та інших можливостей.
Розпізнавання взаємозв'язків — наше завдання. І це передбачає, що
ми мусимо постійно навчатися й зростати, незважаючи на всі мож-
ливі страхи.

Винагорода за таку позицію перевершить усі ваші сподівання.

Основні поради

Прийміть нарешті рішення, що хочете жити у фінансовій свободі.

- Ви ніколи більше не будете задоволеними меншим, аніж
найкраще.
- Ви розширюєте своє сприйняття можливостей.
- Ви граєте, щоби перемогти.
- Кожна дрібничка має для вас значення. Усе стає важливим.
- Ви живете за принципом, який полягає в тому, щоб стати кра-
щою особистістю з усіх тих, ким можете бути.
- Ви не боїтеся робити помилки.
- Щоб стати дуже заможними, ви повинні створити власну
справу.

Після того, як ви прийняли рішення, у наступному розділі я хочу по-
казати, як убезпечити себе від «падіння». Ви побачите, що здатні ство-
рити оточення, яке допомагатиме й підтримуватиме вас.

Ключові ідеї розділу

- Одного можете очікувати завжди — неочікуваних обставин.
- *Ви зобов'язані перед самими собою, своїм здоров'ям, емоційним станом та своєю родиною якнайшвидше здобути фінансовий захист.*
- *Фінансовий захист дає вам змогу зайняти сильну позицію.*
- Ніхто не захищений від нещасних випадків чи ударів долі, але ви можете до них підготуватися й гідно зустріти їх.
- Поки ви ще не досягнули фінансового захисту, мусите обдумати свій бюджет.
- Онассіс казав: «Я б зробив усе так само, за винятком одного: раніше зайнявся б пошуком кращих порадників».
- Існує два шляхи до щастя: зменшувати наші бажання або збільшувати наші кошти. Якщо ти мудрий, то робитимеш одночасно обидві речі.
- Фінансово впевненими ви будете тоді, коли матимете достатньо капіталу, щоб його відсотки покривали всі щомісячні витрати.
- *Ми дійсно вправні лише тоді, коли робимо те, що справді любимо.*
- Ви повинні довгий час працювати над проектом, який сповнює радістю й здається вам змістовним, щоб довідатися, скільки потенціалу насправді ховається всередині вас.
- Станьте фінансовим професіоналом: живіть зараз і готуйте своє майбутнє.
- Щоб досягнути фінансового захисту, ви повинні вкладати гроші якомога безпечніше. Для фінансової безпеки шукайте безпечні вклади, які в довгостроковій перспективі приноситимуть вам у середньому 12% річних. Щоб досягнути фінансової свобо-

ди, візьміть гроші, непотрібні для фінансової безпеки, та інвестуйте частину з середнім, а частину — із високим ризиком.

• Першим важливим кроком до фінансової свободи є прийняття свідомого рішення. Якщо ви зараз не вирішуєте, то вже прийняли рішення залишити все, як було.

• Хто записав свою ціль і вирішив досягнути її в будь-якому випадку, той пройшов уже половину шляху, адже:

   1. цілі розширюють сприйняття можливостей;

   2. цілі спрямовують вас до рішення;

   3. цілі змушують нас грати, щоби перемогти;

   4. усе стає важливим, якщо у вас є мета.

• Ми не повинні ставати жертвами задоволеності.

• Ми маємо стати не такими людьми, що не припускають помилок, а тими, які не здаються.

• *Інші можуть затримати вас лиш тимчасово, тільки ви можете зупинити себе назавжди.*

• Якщо ви постійно не робите помилок, то це лише ознака того, що недостатньо ризикуєте й не викладаєтеся на повну.

13
Наставник і мережа експертів

*Мільйони людей залишаються на місці — і це їхнє
власне рішення. Оточуючи себе бідними людьми, ви
також станете бідними. І тоді решту життя про-
ведете в скаргах щодо цього.*

— *Річард Девос*

Лише читання цієї книги не зробить вас багатієм. Ви повинні діяти,
і якомога швидше. Найважливішим є таке: *ви зобов'язані створити
ситуацію, яка змусить вас досягнути успіху.*

Повсякденність занадто швидко втягує більшість людей. Одна
річ – знати, що проблема дає шанс зростанню, та коли проблеми ви-
никають – це вже дещо інше. Найчастіше вони з'являються в найменш
слушний час і зачіпають за живе. А коли проблеми нагромаджуються,
часто забуваються найблагородніші наміри.

Нас формує наше оточення

Вам потрібне оточення, яке б раз у раз нагадувало про ваші добрі
наміри. Ви вже здогадуєтеся, що це бажане оточення не обов'язково
складатиметься з людей, які зараз перебувають поряд із вами.

Ви знаєте стару приказку: *скажи мені, хто твій друг, а я скажу, хто ти*. Ми схильні себе переоцінювати. Ми гадаємо, що достатньо сильні, щоб наші знайомі не впливали на нас, проте з раннього дитинства вчимося завдяки імітації. Найчастіше це відбувається несвідомо. Наші знайомі та друзі впливають на нас сильніше, ніж ми думаємо, не даючи нам усвідомити це.

Станьте якось на стіл. Попросіть когось, хто слабший за вас, стати перед столом і помірятися з вами силами: ви намагатиметеся затягнути іншу особу на стіл, поки та старатиметься стягнути вас донизу. Хто переможе?

Це закон фізики, що легше когось стягнути донизу, аніж підняти догори. Ви не зможете перемогти, адже іншому залишається лише чекати, поки ви тягнутимете його й повністю вичерпаєте свої сили.

Це все можна звести до простого знаменника: оточуючи себе біднішими, ніж ви самі, залишаєтеся на одному місці. Якщо ж перебуваєте серед багатших, то також стаєте заможнішими. *Наше життя завжди приносить користь іншим людям. Ми служимо їм або прикладом, або застереженням. А що оберете ви?*

Три групи, які вам особливо допоможуть

Вам необхідні *приклади*, люди, чий успіх зможете спостерігати, аналі-
зувати та наслідувати. Ви бачите, що успішні люди завжди мали такий
приклад. Техніку, яку вони застосовували для «копіювання» успіху,
ми називаємо *модель досконалості* – термін, що походить зі спорту.
Приклад для наслідування знайти легко. Погляньте, хто найкращий
у вашій галузі. Забезпечте себе всією інформацією про цю особу, при-
дбавши книжки або прочитавши газетні статті. Відшукайте її номер
телефону та домовтеся про зустріч. Це легше, аніж ви, мабуть, гадаєте.

Вам потрібен принаймні один *наставник* або *ментор*. 99% усіх
надзвичайно успішних людей мали наставника. У цьому розділі
я хочу описати, як ментор може змінити ваше життя. Мій останній
наставник був мільярдером. Від такої людини за шість місяців мож-
на навчитися більшого, ніж зазвичай отримуєте за десяток років.
Значення наставників я вже вичерпно описав у Розділі 4. У цьому ж
розділі ви довідаєтеся, як працюватимете з ним або він із вами.

Вам потрібне оточення, що складається з *експертів*. Людей, які б
вели вас за собою. Особистостей, що розуміють концепцію відпові-
дальності й досягнули високої майстерності у своїй галузі. Вам необ-
хідна мережа експертів. Про це теж ідеться в цьому розділі.

Прислухайтеся лише до людей, успішніших за вас самих

Отож ваше оточення повинне складатися з наставника, а іще зго-
дом – з прикладів для наслідування та мережі експертів. А що ж тоді
з іншими людьми, які є навколо?

Я вважаю, що ви не повинні дозволяти людям, менш успішним, аніж ви, повпливати на вас. Інакше небезпека, що вас стримають від досягнення ваших цілей, була б занадто великою. Краще, що б не робили ці люди, ігнорувати все, аби не зашкодити вашим планам та ідеям.

Успішні люди дотримуються таких принципів:
- Люди, яким не вдалося зробити щось самостійно, не мають жодного права давати поради. А у вас немає абсолютно ніякої причини прислухатися до них.
- Легко бути успішним, оточуючи себе успішними людьми.
- Щоб стати багатим, для початку слід комфортно почуватися з багатством. Найпростіший спосіб досягнення цього — оточити себе успішними людьми.
- «Найкращий спосіб виміряти розум правителя — поглянути на людей, якими він себе оточує». (Ніколо Макіавеллі)
- Шукайте хороших порадників задовго до того, як вони знадобляться.
- Якщо вам абсолютно байдуже, що кажуть інші люди, то вас більше нічого не може стримати.
- Звертайтеся за порадою лише до людей, що є такими, якими ви прагнете стати.

Можливо, ви запитаєте себе, чи не занадто радикальні ці висловлювання? А як же родина та відповідальність за людей, які потребують допомоги?

Звісно, існують і такі люди, кому потрібна ваша допомога та вказівки. Зрозуміло, ви відповідальні за турботу про них та допомогу їм.

Якщо побачите протиріччя між концепцією допомоги та концепцією поводження з успішними людьми, то матимете рацію — та-

ке протиріччя існує. Навіть у природі є такі протилежності: день
і ніч, літо і зима, дощ і сонце. Проте все разом створює цілісність.
Протилежності повинні бути не взаємовиключними, а взаємодопов-
нювати одна одну.

Поміркуйте: чим успішніше керуватимете своїм життям, тим біль-
ше зможете допомагати зрештою, не існує більшого задоволення,
аніж ділитися здобутим успіхом та багатством із тими, хто має мен-
ше. Та не переплутайте ролі: якщо ви допомагаєте, то не повинні слу-
хати порад від тих, кому надаєте допомогу.

Мій наставник — мільярдер

Я зробив творчу відпустку, що тривала більше року. Упродовж цього
часу я присвячував себе питанням, на які мені бракувало годин під
час щоденної рутини. Чим більше я заспокоювався, тим сильнішало
прагнення знайти завдання, яке б сповнювало мене захопленням
і пристрастю.

Зрештою, я зрозумів, що це завдання полягало в наближенні ін-
ших людей до теми грошей.

Тепер мені потрібно було знайти найкращу можливість поширю-
вати свої знання найефективнішим чином. Іншими словами, я мусив
зростати, щоб піднятися на вищий щабель, отож почав шукати собі
наставника.

Участь у семінарах завжди була для мене хорошою можливістю
познайомитись із вражаючими особистостями. Якось я відвідав за-
хід у Лондоні, де з промовою виступав один американський мільяр-
дер. Він заснував нафтову корпорацію, маючи менш ніж 1000 доларів
власного капіталу, який лише за вісім років зріс до 800 мільйонів
доларів.

В оточенні англійських підприємців він розповідав, як за допомогою інших людей та грошей інших людей можливо будь-яку ідею перетворити на більшу. Йому самому вдалося отримати кредит у понад мільярд доларів для своєї нафтової корпорації у той час, коли ціна за барель нафти знизилася з 40 до 8 доларів. З того часу він неодноразово втілював свою систему в найрізноманітніших галузях.

Слухаючи його промову, я вирішив зробити його своїм наставником. Під час обідньої перерви я пішов за ним, і мені вдалося домовитися про телефонну розмову. Коли я зателефонував у назначений час, мене з ним не з'єднали. Я знову й знову намагався із ним поговорити, та завжди відповідала лише його секретарка або дворецький. Лише за сьомим разом мені вдалося поспілкуватися з ним особисто. Він запросив мене на два дні до свого замку в Шотландії. Я мав прибути о 6 годині недільного вечора.

У замку мене спочатку прийняла його особиста секретарка й відвела в призначену мені кімнату. За дві години мене нарешті привітав і сам господар. У нього був поганий настрій, який він ніяким чином і не намагався приховати.

Замість щирого привітання я почув: «Чому я мушу витрачати свій недільний вечір на вас?».

Моїм першим імпульсом стало бажання відразу піти геть. Але ж я прийшов, маючи певний намір. Я прагнув учитися і спробував пояснити собі, чому цей чоловік так себе поводить. Судячи зі всього, він хотів мене випробувати. Мабуть, він прагнув дізнатися, скільки витривалості в мене є.

Мені ж дійсно потрібна була певна витривалість і дуже товста шкіра. Він ставив мені болючі питання й ображав упродовж кількох годин. Так він прагнув довідатися, чому я марнував своє життя кілька останніх років. Наприкінці він розповів дещо зі свого життя. Близько пів на третю ранку він раптово показав на мене пальцем і наказав:

«Добре, Бодо, а тепер скажи мені двома словами, що ти для мене можеш зробити й чого конкретно від мене очікуєш. На це в тебе рівно десять хвилин. Добре, якщо ти мене переконаєш. Якщо ж ні, то можеш провести тут ніч, але на світанку, будь ласка, тихенько покинь мій замок».

Мені вдалося його переконати, і разом ми заснували фірму. Але якби раніше я точно не усвідомив, чого хочу досягнути, це точно б не вдалося. Я записав свою мету й уявляв її. Протягом наступних шести місяців я довідався про фінансових магнатів більше, ніж за все попереднє життя. Зрештою, наші шляхи розійшлися, бо я прагнув присвячувати себе лише своєму завданню.

Більшості того, що навчився про гроші, я завдячую найуспішнішим людям, які були моїми наставниками. Фундамент заклав мій перший ментор, що привчив мене до заощаджень і прищепив мені принципи успіху. Перед тим, як познайомитися з ним, я мав дохід трохи менший, ніж 50 000 € на рік. Минуло два з половиною роки до того часу, коли під його керівництвом мені вперше вдалося заробити 50 000 € за один-єдиний місяць. Усім їм я надзвичайно вдячний.

Як знайти наставника й поводитися з ним

У 99% усіх успішних людей був наставник. Візьміть, наприклад, мого останнього. Як гадаєте, можливо, щоб він створив нафтову компанію вартістю 800 мільйонів доларів і згодом її продав, маючи до того лише незначні знання про нафту? Ви легко здогадаєтеся. У нього були видатні ментори. Він навчався в Костянтина Грацоса, багаторічного друга Аристотеля Онассіса, та голови правління пароплавної компанії Онассіса.

Якщо ви за кілька років хочете охопити успіх та досвід одного або навіть більшої кількості життів, вам необхідна людина, яка б вас наставляла.

Далі я хочу навести сімнадцять практичних порад, які надзвичайно полегшать пошуки ментора та роботу з ним або нею.

Фінансова незалежність

Ви хочете зробити наступний крок? І думаєте, що вам не завадив би наставник?

Тоді в є мене для вас ідеальна пропозиція: я створив настановчу програму «Фінансова незалежність, 7-річний курс».

Коротко кажучи, це заочний курс для людей, які прагнуть швидко й просто розбагатіти. Курс працює, неначе навігатор в автомобілі. Він легко приведе вас до мети.

Вичерпну і детальну інформацію щодо програми отримаєте на сайті www.7jahreskurs.de.

1. Запишіть причини, чому вам потрібен наставник

Шукайте його дуже ретельно. Вам потрібен хтось набагато успішніший, аніж ви самі, або людина, що довела до ідеалу здібності, які хочете виробити або покращити. Ретельно шукайте цю особу. Запитайте себе, чи можете їй довіряти й інтенсивно з нею співпрацювати.

Мати наставника – означає цілковито довіряти йому, що може бути складно, але пригадайте: якщо не ризикуєте нічим, то не можете нічого здобути. Лише коли ви креативні та наполегливі, вам вдасться знайти спільну мову з цією особою.

Подумайте про те, що найкращі наставники мають найталановитіших учнів. Це означає й те, що найкращі учні здобувають найліпших тренерів. Отож не здавайтеся, якщо відразу не отримаєте найкращого ментора у вашій галузі.

Для наставника вищого класу ви повинні підвищити власну кваліфікацію. Вам потрібні певні початкові успіхи, які б ви могли продемонструвати, або дуже переконлива поведінка. А найліпше мати і те, й інше. *Якщо ви станете кращими самі, то здобуватимете кращих наставників.*

2. Поміркуйте, що можете зробити для свого наставника

Знайдіть відповідь на питання, що вирішує все: *як ви можете принести користь своєму ментору? Що ви здатні зробити для вашого наставника?* У цьому випадку цінується креативність. Кожен із нас має якісь сильні сторони й можливість застосувати їх для користі інших, однак слід усвідомлювати ці переваги. Найкращий шлях до цього – щодня заповнювати щоденник ваших успіхів.

3. Вам потрібні правильні причини й захоплення

Уявляйте свої ідеї з великим захопленням та пристрастю. Не так важливо, *що саме ви говорите.* Те, як ви прагнете досягти своєї мети й зробите це, і так сильно зміниться під впливом ментора. Саме тому він вам потрібен. Наставник знає, що ви хочете довідатися від нього та як найкраще втілювати ваші ідеї.

Але наставник хоче побачити й вашу рішучість. Він прагне довідатися, чому ви це хочете робити. Він хоче переконатися в правильності вашої ідеї та в тому, що ви не здастеся. Він воліє побачити вашу готовність робити все необхідне. Він хоче побачити у вас ті риси, що зробили таким успішним його самого. Ви переконаєте його тим, *як* саме скажете це.

4. Покажіть витримку

За певних обставин можуть минути місяці, доки ви заслужите справжньої прихильності свого наставника. Деколи вам навіть потрібно кілька місяців, щоб домовитися про першу зустріч. Але якщо не здаватиметеся й продовжуватимете телефонувати та нестандартно й привабливо писати (а також надішлете один або кілька подарунків), то зможете завоювати інтерес.

5. Висококваліфіковані наставники спочатку вас перевіряють

Згадайте моє «привітання» у замку в Шотландії. Це все було лише перевіркою. Можливо, ви подумаєте, що ваш наставник невихований і безсердечний, але для чого ж йому витрачати свій дорогоцінний час, поки він не знає, чи гідні ви його інвестицій? Він не може дозволити собі чекати на виникнення першої масштабної кризи.

Ментор хоче переконатися у ваших якостях ще до початку наставництва. Отож наставник буде штучно тиснути на вас, адже неможливо краще пізнати людину, аніж у випадку, коли вона знаходиться під тиском. Лише тоді, коли маєте високі цілі, стаєте цікавими наставнику високого класу — вам необхідні витривалість, захоплення та впевненість у собі. Ви мусите бути готовими робити все, що необхідно. Це переконає вашого тренера. Саме тому він вас і перевіряє.

6. Наставник повинен тренувати ваші сильні сторони, а не вирішувати ваші проблеми

Не обтяжуйте стосунки з наставником своїми проблемами. Потурбуйтеся про те, щоб спілкування з вами приносило йому задоволення. Ви можете набагато ефективніше використовувати час, проведений із ним, спільно розвиваючи та покращуючи ваші сильні сторони.

Він знає, що ви маєте проблеми, хоча б тому, що проблеми — невід'ємна складова життя кожної людини, яка прагне досягнути чогось надзвичайного. *Тому переконайте його своєю сильною стороною — умінням вирішувати особисті проблеми самостійно.* Передусім ніколи не показуйте сумніву у вашому проєкті. Якщо поводиться невпевнено, ментор гадає, що ви не підходите для цього. Якщо хочете обговорити проблеми, які стосуються вашого проєкту, завжди пропонуйте кілька рішень і запитуйте його про найкраще з можливих.

7. Підтримуйте регулярний контакт із вашим наставником

Запропонуйте ментору партнерство у вашій фірмі. Це означає, що вам доведеться віддати частку свого підприємства, а це однозначно не буде легко. Можливо, вам допоможе усвідомлення того, що володіння 50 процентами від 10 мільйонів це краще, аніж 100 процентів від 50 000 €.

Байдуже, наскільки хорошими є ваші стосунки з наставником, ад-же за допомогою комерційного партнерства взаємини в будь-якому разі отримають новий імпульс.

Партнерство з іменитою особистістю має велику перевагу ще з однієї причини — завдяки ньому цінність вашої біографії стрімко зросте. Відоме ім'я на бланку вашого підприємства дивовижним чином відчиняє перед вами двері — скажімо, банків. Банкіри відразу вважатимуть вас гідним довіри, адже ви можете здобути для себе будь-яку відому особистість.

8. Поважайте час свого наставника

Час вашого наставника — коштовніший і дорожчий, аніж ваш. Відповідно, перед розмовою з ним ви завжди повинні перевіряти, чи це дійсно слушний момент, щоб із ним поспілкуватися.

Повідомляйте йому також, скільки часу вам потрібно. Чітко встановіть, скільки, на вашу думку, повинна тривати зустріч, і дотримуйтеся цього плану.

Дякуйте йому за цей час так часто, як можливо. Мабуть, він цінує його значно більше, аніж ви. Не забувайте, що його час — набагато дорожчий, аніж ваш.

9. Ретельно обдумайте усе, що хочете спитати

Передусім завжди запитуйте себе, чи не можете знайти відповідь на своє питання самостійно. Тоді запитайте себе, що б міг відповісти ваш наставник. Переважно це все вирішує, і вам узагалі не доводиться користатися послугами ментора. Так ви стаєте своїм персональним наставником. І це результат, якого ви врешті-решт прагнете. Звикайте до того, що потрібно викладати кожну проблему разом із трьома варіантами її вирішення.

10. Покажіть відкритість до всього

Слухайте з відкритим серцем і без скептицизму. Довіряйте вашому ментору та його ідеям. Наставництво не може функціонувати без довіри. Думки й шляхи ментора можуть здаватися вам абсолютно чужими й нелогічними, але не забувайте про те, що саме його спосіб мислення зробив його набагато успішнішим за вас.

Тому використовуйте кожен шанс, щоб робити найефективніше з того, що можливо. Учіться думати, як ваш наставник. Чим швидше вам це вдасться, тим швидше зможете перейти від наставницьких взаємин до справжнього партнерства.

11. Здобудьте серце свого наставника

Робіть подарунки ментору настільки часто, наскільки можливо. Пишіть вдячні листівки й факси, ділячись тим, наскільки цінною була бесіда.

Лише від вас залежить, здобудете ви прихильність свого наставника чи ні. Ви відповідальні за здійснення цього.

Потурбуйтеся про те, щоб ваші взаємини розвивалися так, як ви цього хочете. Наприклад, завжди оплачуйте рахунок, коли йдете з наставником у ресторан. Багато хто не робить цього, наводячи змістовний аргумент, що, зрештою, у наставника більше грошей, але так ви показуєте ментору, як сильно цінуєте його час.

Будьте креативні, придумуючи подарунки. Слідкуйте за схильностями вашого наставника, непомітно досліджуючи, що б могло йому сподобатися. Знаходьте рідкісні речі. Хоча у вашого наставника є багато грошей, та нерідко бракує часу, щоб шукати такі цікавинки.

12. Завжди негайно відповідайте на повідомлення свого наставника

Як часто ви вже залишали важливе повідомлення на чиємусь автовідповідачі й точно не знали, чи воно взагалі дійшло. Надсилаючи факс, ви також не здатні довідатися, чи адресат направді прочитав повідомлення, тому завжди відповідайте так швидко, як узагалі можливо. *Здивуйте вашого ментора швидкістю своєї реакції.*

Відповідайте навіть тоді, коли направді немає чим поділитися. Наприклад, ви пропонуєте наставнику, що прийдете в його офіс у понеділок о 10 годині. Він пише вам у відповідь, що 10 година йому підходить і що він радіє майбутній зустрічі. Відреагуйте на його відповідь і зараз. Подякуйте йому за підтвердження зустрічі.

13. Не забувайте про зворотний зв'язок

Зрозуміло, що наставник хоче знати, як вплинули його поради, тому постійно діліться з ним актуальним станом речей, даючи йому настільки багато зворотного зв'язку, наскільки це можливо. Так ви підбадьорюєте його до надання ще більшої допомоги. Діліться з ним також, якщо щось не працює. Він хоче переконатися в тому, що ви дійсно робите все необхідне.

Час від часу повідомляйте тренеру, що ще вірите у свою ціль. Раз у раз показуйте йому ваше захоплення. Переконайте його, що він ставить на переможця.

14. Дякуйте тим, що стаєте успішними

Найкращий шлях, яким можете висловити вдячність, – перевершити всі очікування наставника, ставши неймовірно успішними. Потурбуйтеся про те, щоб набити грошима власні кишені та кишені свого наставника.

Здивуйте його, ставши набагато кращими й за коротший термін, ніж він узагалі вважає можливим.

15. Імітуйте наставника, але при цьому залишайтеся вірними самим собі

Навчання – це також наслідування вашого наставника, тому будьте уважними, але водночас спокійними. Всмоктуйте все, як губка, а також підтримуйте свого наставника. Потурбуйтеся про те, щоб співпраця з вами приносила йому задоволення. Пригадайте: він став багатим, бо любить те, чим займається.

Хваліть наставника так часто, як можливо, але не лестіть йому. Похвала повинна йти від щирого серця, але не утримуйтеся від неї лише тому, що, на вашу думку, наставник і так знає про свою доброту. Повірте мені, він завжди охоче вислуховує щиру похвалу.

Імітуйте наставника. Коли побачите, що ходите, говорите й одягаєтеся так само, як він, то це добре, адже допомагає вам думати й почуватися так само, як він. Хто переймає вирази й жести іншої людини, може так само йому й співпереживати. Він почуває себе, як інша людина.

Лише завдяки імітації ви навчитеся згодом самостійно стояти на ногах, але також не забувайте залишатися вірними самому собі.

16. Не шукайте болючої точки

Ніхто не сказав, що ваш наставник має бути ідеальним. Багато менторських взаємин зазнає невдачі через те, що учні занадто багато очікують від свого вчителя. Не очікуйте досконалості. Ви її не знайдете. Очікуйте зустріти людину з помилками й сильними сторонами.

Зосереджуйтеся на сильних, а не на слабких сторонах наставника. Зрештою, ви прагнете від нього чогось навчитися, а не звести йому пам'ятник. Вирішальною є лише його здатність розвинути ваші сильні сторони.

Багато успішних людей має тенденцію перекручувати правду на свою користь, проте не забувайте, що хочете вчитися в наставника, а не доводити йому, що маєте рацію.

Також вас здивує швидкість більшості успішних людей, із якою вони змінюють свою думку. Учора вони ще казали, що А – це найкращий метод, сьогодні ж стверджують, що таким є Б. Хороший наставник менше чіпляється до способу, що не призводить до успіху, аніж більшість інших людей. Те, що не працює, він швидко змінює. Таке називається не порушенням слова, а мисленням, спрямованим на успіх, і гнучкістю.

З іншого боку, успішні люди довше, аніж інші люди, дотримуються методик, які, як доведено, призводять до успіху. Поміж усім цим ви повинні знайти власний шлях, адже врешті-решт лише ви є відповідальними за своє життя.

17. Повертайте те, що отримали

Не слід чекати, доки станете дуже успішними й майже ідеальними, щоб допомагати іншим так, як наставник допоміг вам: найкращі учні часто стають найліпшими менторами.

Якщо принцип наставництва зробив вас успішними, не забувайте, кому завдячуєте своїм поступом. Повертайте борг, наставляючи інших.

Як довго має тривати
наставництво

З часом ви так зблизитеся, що перейдете від взаємин тренера з учнем до дружніх стосунків. Коли-небудь у вас просто може виникнути бажання стати рівноправними партнерами. У будь-якому разі, учіться так багато, як можете, допоки існують стосунки з наставником. Це найкращий спосіб навчання.

Коли-небудь він накаже вам відтепер ставати самостійними — тоді будете змушені замінити ментора мережею експертів.

Як створити мережу експертів?

Кілька років тому я взяв за звичку щомісяця знайомитися з успішною людиною. Мені вдалося підтримувати контакти з більшістю цих людей. Усі вони – фахівці своєї галузі.

Інколи відразу з'являються точки перетину для можливого співробітництва. Часом це лише мотивуючі бесіди, що сприяють розвитку.

public class S{}

Існує надзвичайно проста порада, як підтримувати такі стосунки: *перед кожною зустріччю обдумуйте, яку вигоду можете принести іншій людині*. Подумки опиніться на її місці. Що б ви зробили, якби були нею? Які б із ваших можливостей або зв'язків могли б їй допомогти? Якщо інша людина робить те саме, зустрічі завжди будуть дуже продуктивними. *Передусім* думайте про вигоду для інших. Звісно, слід підтримувати лише такі контакти, у яких це відбувається взаємно. Усі успішні люди з неперевершеною майстерністю оволоділи мистецтвом створення мережі експертів-однодумців.

Основні поради

Створіть мережу експертів, щомісяця знайомлячись з новою, успішною особистістю.

- Почніть із розпитування найуспішніших людей, яких знаєте, про їхніх не менш успішних знайомих.
- Дозвольте їм відрекомендувати вас й домовтеся про зустріч.
- Завжди передусім думайте про вигоду, яку можете запропонувати іншим. Практично ніщо не може мотивувати ставати кращими щодня так сильно, як контакт із цими фахівцями. Перед ними не може бути вибачень. Тут цінується лише успіх.
- Завдяки цим людям ви познайомитеся з усе новими й новими успішними людьми.
- Запитуйте себе: що б ви могли запропонувати мережі експертів? Робіть усе, щоб стати достатньо кваліфікованими для цього.
- У мережі фахівців завжди відбувається щось важливе.

Оточуйте себе людьми, що очікують успіху

Нещодавно я був на вечірці одного успішного будівельного підприємця. Наскільки встиг помітити, кожен із запрошених гостей був підприємцем, надзвичайно успішним у своїй галузі. Деякі з нас знали один одного роками.

Ми стояли в одній групі, коли до нас приєднався ще один старий знайомий. Неможливо було не помітити, що той став дуже гладким. Це здалося нам особливо дивним тому, що ця людина роками була прихильником здорового способу життя й хотіла схилити до цього кожного в своєму оточенні. Хтось із нашої групи заговорив про його повноту.

Він відповів, що нічим не може цьому зарадити, адже його партнерка завжди готує найсмачніші страви. Спочатку він ще чинив опір і просив її готувати вегетаріанську їжу, але пізніше облишив спротив. Нам слід було зрадіти, що наші партнерки були розсудливішими.

Раніше його слова сприймалися б цілком нормально, але від нас він отримав належного прочухана. Хтось із нашої групи сказав: «Не можу слухати такі дурниці. Ти ж не стверджуєш насправді, що твоя партнерка має владу над твоїм життям? Скажи нам, що знову пізнав задоволення від їжі, але не перекладай провину на когось іншого. Я очікував від тебе більшого». Нам потрібні люди в нашому оточенні, які просто очікують від нас більшого, — люди, що змушують нас бути чесними з самими собою й підтримують кращі наші сторони.

Модель досконалості

Перед тим, як когось наслідувати, вам необхідно його окремо дослідити й проаналізувати. Вам слід розкласти обраний приклад для наслідування на окремі складники. Звісно, для цього корисно зблизитися з цією людиною, але це не є вкрай необхідним. Ви можете фільмувати інтерв'ю, щоб згодом аналізувати їх. Також маєте можливість проаналізувати мову жестів, манеру мовлення, мовні кліше, загальну риторику, спосіб мислення, почуття, основні переконання, аби потім перейняти їх.

Найчастіше навчання завдяки наслідуванню було несвідомим процесом. Ми почали говорити й рухатися, як і люди, що нас оточували. Ми перейняли їхні цінності та засади віри, а також їхню манеру мовлення, харчові звички, спосіб дихання та багато чого іншого.

Змінити своє життя насправді — означає робити це все свідомо, щоб потім узяти на себе відповідальність за майбутні зміни.

Саме тому бути дорослими — ніщо інше, як самостійне керування цим процесом.

Ви самі вибираєте, кому дозволяєте впливати на вас. Ви наслідуєте людей, які є такими, якими ви воліли б бути. Ви чините те, що й усі інші — імітуєте, але робите це свідомо й вибірково.

Ви довідаєтеся, якими є переконання та цінності вашого прикладу для наслідування стосовно грошей. Які почуття виникають у цієї особи, коли вона думає про гроші та добробут? Як вона планує свій день? Що вона робить, щоб добре заробляти, якими є її друзі та робочі звички?

Ніколи не думайте, що не можете бути такими ж успішними, як інші. Більшість людей гадає, що ніколи не отримуватиме високого доходу лише тому, що недостатньо наблизилася до людини, яка стільки заробляє, і не бачила, як вона це робить.

Недарма справедливим є вислів Елли Вільямс, що 1993 року стала «підприємцем року» Сполучених Штатів Америки: «Чим більше наближаєтеся до свого начальника, тим краще дізнаєтеся, що могли б і самі виконувати його роботу».

Основні поради

Знайдіть щонайменше один приклад для наслідування.

- Якнайбільше довідайтеся про цю особу й спостерігайте за нею настільки відокремлено, наскільки це можливо.
- Робіть записи про свої спостереження й складіть стратегію наслідування.
- Спробуйте довідатися, якими є вчинки вашого наставника стосовно п'яти життєвих сфер: здоров'я, стосунків, фінансів, сенсу життя й емоцій.
- Знайдіть приклад для кожної важливої сфери свого життя.
- Модель досконалості означає те, що відтепер ви свідомо керуєте процесом навчання. У такий спосіб стаєте дизайнером свого майбутнього.

Цей розділ — ключ до практичного втілення

У перших розділах ви прочитали, що необхідно для того, аби стати заможними. Після того, як у Розділі 5 ви переосмислили свої переконання, можете розпочати боротьбу за свою фінансову незалежність. За допомогою дисципліни ви створюєте нову модель поведінки. Завдяки новим звичкам приводите цю модель у дію. Звички змушують робити важливі й правильні речі автоматично та не напружуючись. Ключем до цих звичок є люди, якими ви себе оточуєте. Наставник, приклади для наслідування та мережа експертів — три вирішальні види допомоги, що підтримують ваші корисні звички та необхідну дисципліну.

Дійсно могутнім є той, хто має владу над своїм життям. Або, як сказав Конфуцій: «Той, хто перемагає інших, є сильним, але мудрим є той, хто перемагає самого себе».

Ключові ідеї розділу

- Ви зобов'язані створити ситуацію, яка змусить вас досягнути успіху.
- Обирайте самі, кому дозволяєте впливати на себе: прислухайтеся лише до людей, успішніших, ніж ви самі.
- Легко бути успішним, якщо оточувати себе успішними людьми.
- Щоб створити мережу експертів, завжди передусім думайте, яку вигоду можете принести іншим.
- Нам потрібне оточення, яке допомагатиме бути найкращими.

14
Ви можете сіяти гроші

> *Задоволення, що випливає з добробуту, слід шукати не в звичайному володінні грішми чи їхній марній витраті, а в розумному застосуванні.*
>
> — *Мігель де Сервантес «Дон Кіхот»*

Хочете довідатися, як переконатися в тому, що ви повною мірою насолоджуєтеся своїми грошима? Зрештою, усе в нашому житті обертається навколо того, щоби бути успішними й щасливими. Ви вже знаєте, як змінити своє ставлення до грошей і які стратегії застосовувати, аби створити багатство. *У той час як успіх означає те, що ви отримуєте речі, які любите, щастя – це вміння насолоджуватися тим, що отримали.*

Ваша мета – досягнути як багатства, так і щастя. Відправний пункт щойно описаної стратегії може вас здивувати, проте результат узагалі приголомшить.

Гроші, які заробляєте, належать не лише вам

Вивчаючи біографії успішних і щасливих людей, завжди помічатимете, що вони ділилися своїм багатством з іншими. Ці люди відчували глибоку подяку за те, чого досягли, і усвідомлювали свою відповідальність.

Зауважте, я не стверджую, що всі багаті відповідально поводяться з грошима, але визнаю, що всі багаті й щасливі люди надзвичайно відповідально ставляться до них.

Той, хто має право й можливість багато заробляти, зобов'язаний також і піклуватися про тих, хто має менше. Ендрю Карнеґі, великий металургійний магнат, сформулював це так: «Багатство — це довірене нам священне майно, що зобов'язує власника присвятити все своє життя на благо суспільства».

Велика кількість людей цілком готова допомагати тим, хто має менше, ніж вони самі, але насамперед вони самі хочуть бути заможними, прагнучи спочатку допомогти самим собі. Однак так не виходить: не можна зібрати урожай, не посіявши.

Якось жив собі скупий селянин, який купив нове поле. Перш ніж витрачати гроші далі, він хотів впевнитися, що ця інвестиція виправдає себе.

Отож він сів перед полем і почав спостерігати, думаючи: «Якщо поле принесе хороший урожай восени, то наступного року куплю зерна й засію його, але спочатку поле має довести, що воно його заслуговує». Звичайно, селянин був прикро розчарований.

У сільському господарстві є відомий принцип: не посієш — не пожнеш. Але так було не завжди. Лише усвідомлення того, що потрібно спочатку посіяти, а потім збирати урожай, зробило можливим перехід від мисливця до осілого фермера.

Кожна людина в процесі свого розвитку стикається зі схожими випробуваннями: вона стоїть перед вибором: спожити все або зберегти. Вона може використати все для себе й витратити все зерно або взяти частину грошей та посіяти їх.

Однаково, в якій ситуації ви перебуваєте, — більша частина нашого світу вважатиме вас багатими. Дві третини населення Землі негайно помінялися б з вами місцями.

Але як можливо сіяти гроші?

Наполеон Гілл витратив 25 років життя на те, щоб дослідити життя надзвичайно багатих людей. Слід прислухатися до його поради стосовно грошей: «Щасливим є той, хто засвоїв, що найнадійніший спосіб отримати гроші – спочатку віддати їх».

Ви виявите, що заможні й щасливі люди не лише жертвують багато грошей на благочинність, але й дуже рано починають це робити. Вони розпочали ще тоді, коли, по суті, не могли цього собі дозволити. Келлог, Карнегі, Волтон, Рокфеллер, Темплтон – якщо розглянете життя цих людей, помітите, що вони дуже рано відчули величезну вдячність за все, що мали, і через цю вдячність почали жертвувати гроші. Вони, на диво, відчували цю подяку ще тоді, коли майже нічим не володіли.

Десята частина доходу

У часи Старого заповіту звичаєм ізраїльського народу було віддавати десяту частину всіх доходів. У сільському господарстві також було прийнято знову закопувати в ґрунт десяту частину врожаю, щоб занадто не виснажувати землю. Крім цього, ще одну десяту частину врожаю зберігали для посіву, щоб мати зерно й для наступного разу.

Особливо успішні люди виробили звичку віддавати 10% доходу тим, у кого є менше. Ви часто помічатимете, що успішні люди в діловому житті є надзвичайно жорсткими при перемовинах, але, з іншого боку, мають «м'яке серце» стосовно нужденних.

Зрозуміло, гроші часто жертвують з чисто егоїстичних мотивів. Також є люди, які роблять переважно публічні пожертви, бо хочуть досягнути рекламного ефекту. Але хіба, зрештою, усе, що робить людина, не є егоїстичним? Хіба вона завжди не допомагає іншим частково тому, що завдяки цьому краще почувається й сама?

Однак нужденному ця дискусія є відносно байдужою. Коли він отримує гроші, на них не обов'язково повинна висіти етикетка: «Віддано з благородних мотивів».

Хто віддає, той має більше грошей

На диво, люди, що жертвують десяту частину свого доходу, ніколи не мають грошових проблем. Вони не просто щасливіші зі своїми грошима, але й дійсно мають їх більше.

Я часто запитував себе та інших, чому так. Як стається, що той, хто регулярно віддає 10% доходів, у результаті накопичує значно більше грошей, ніж той, хто зберігає всі 100% для себе? Як можуть 90% бути більшими, ніж 100%? Тут однозначно йдеться про феномен, якому немає наукового пояснення. Я не впевнений, чи це взагалі можливо пояснити за допомогою логіки, але хотів би викласти деякі думки щодо цього, щоб зробити це диво зрозумілішим.

Віддавати — приємно

Часто дарувати подарунки приносить більше радості, ніж отримувати. Той, хто дбає тільки про себе, стає самотнім і депресивним. Концентрація на самому собі призводить до самотності. Це, зрештою, веде до того, що деякі люди можуть показати справжні почуття лише своїм домашнім тваринам.

Найкращий засіб, щоб «вилікуватися» від почуття власної непотрібності й втрати сенсу життя, — просто піклуватися про когось іншого. Той, хто сумний і депресивний, часто занадто концентрується на собі самому. Хто зосереджується на допомозі іншим, відволікається від своєї печалі. Той, хто допомагає іншим, завжди допомагає й самому собі.

Хто везе іншу людину у своєму човні на протилежний берег, той і сам там опиниться.

Віддаючи, доводите, що ваші гроші — у надійних руках

Тепер можете довести собі, що здатні робити добро за допомогою грошей. Також можливо переконати себе, що вони хороші. Покращуючи й полегшуючи комусь життя за допомогою своїх грошей, ви впевнюєтеся в цих думках.

Отже, доводите собі, що можете відповідально поводитися з грошима й що ваші гроші — у надійних руках, бо за допомогою них ви робите добро.

Віддаючи, ви сигналізуєте про достаток

Якщо ви віддаєте гроші, то сигналізуєте Всесвіту: «Дякую, у мене є більше, ніж мені потрібно, тому я можу віддавати». Ця думка про достаток допомагає вам більш природно ставитися до грошей. Ви сильніше насолоджуєтеся грошима, бо не вважаєте їх занадто важливими.

326 Шлях до фінансової свободи

Ви краще усвідомлюєте, що гроші — одна з форм енергії, яка протікає через ваше життя. Хто тримається лише за гроші, той перешкоджає цьому природному потоку енергії. Чим більше віддаєте, тим більше може ввійти у ваше життя і тим сильніше ви здатні повірити в те, що прийде ще більше грошей.

Отже, грошові пожертви є доказом вашої віри в самого себе й у енергетичний потік Всесвіту. Зміцнивши таким способом довіру до самого себе й Всесвіту, можете очікувати, що у ваше життя прийде більше грошей. Ви очікуєте багатства — і в такий спосіб воно стане для вас самоочевидним. Згадайте: наші очікування визначають, що ми отримуємо насправді.

Той, хто допомагає, усвідомлює, що ми живемо у світі взаємозв'язків

Однозначно, жити так, ніби ви одні на цьому світі, — не є ознакою мудрості. І звісно, така позиція мало в чому допомогла б як у дрібницях, так і в цілому. Щоб проявити найкраще в собі, ми потребуємо інших. Й іншим потрібні ми. З цього випливають дві прості, але важливі істини: разом ми досягаємо більшого. І по-друге, справи кожної окремої особи йдуть краще, якщо краще йдуть у всіх загалом.

Ми не можемо розглядати наше особисте щастя ізольовано й ігнорувати стан людства навколо себе. Далай-лама говорив: «У сьогоднішньому взаємопов'язаному світі індивіди й нації вже не можуть вирішувати багато своїх проблем власноруч. Ми потребуємо одне одного, а тому повинні розвинути в собі почуття універсальної відповідальності. Наш особистий і колективний обов'язок — захищати та оберігати людський рід на цій планеті й підтримувати його слабких членів».

Согьял Рінпоче бере для прикладу дерево, щоб пояснити, що, зрештою, ніхто не може вести незалежне існування: «Люди дізнаються, що дерево перебуває в надзвичайно тонкій мережі зв'язків, яка охоплює весь Всесвіт: дощ, що падає на його листя, вітер, що розгойдує його, земля, яка годує й утримує його, пори року й погода, світло Сонця, Місяця і зірок — усе є частиною цього дерева. Усе сприяє тому, щоб робити дерево тим, чим воно є. Воно ніколи не могло б існувати окремо від усього іншого».

Благополуччя суспільства впливає на нас сильніше, ніж ми сьогодні можемо науково довести, але не можна заперечувати, що ми маємо вплив на інших людей, а їхній стан — на нас.

Усі ми знаємо: що даєш — те й отримуєш. Це стосується й таких простих речей, як усмішка й дружність. Хто любить світ, того й світ любить. Це стосується також і грошей. Хто дає світові гроші, тому світ їх повертає.

Лише той, хто віддає, бере на себе справжню відповідальність

Відповідальність означає здатність відповідати. Відповідальна людина не може заплющити очі на те, від якої скрути страждає багато людей і як добре, на противагу, справи в неї самої.

Світ затьмарений турботами. Нерівність розподілу загрожує щастю й миру. Навіть шляхи до справедливого розподілу приховані у пітьмі й постійно викликають суперечки. Тому кожен дороговказ, що спалахує, є важливим. Світ потребує людей, які є такими вказівниками. Можливо, він дає цим людям більше коштів для того, щоб вони могли сяяти ще яскравіше.

Хто віддає, той відчуває себе живим

Існує небагато речей, що дозволяють людині відчути таку жвавість і надають їй стільки енергії, як можливість віддавати. Тому навряд чи існують кращі ліки, ніж віддавати з почуття вдячності або відповідальності. Чи просто з любові до життя й до людей.

Щастя передбачає, що ми насолоджуємося тим, що в нас є. І найкращий шлях до цього — діяти відповідально, відповідати, щось віддаючи. Жертвуючи гроші, ми можемо сіяти щастя. І також можемо сіяти гроші. Концепція відповідальності активує чудо. Наприкінці ми отримуємо більше, ніж віддали. Звісно, це все має лише віддалений стосунок до істинної природи чуда, але, як і у всіх чудесах, ми не повинні знати напевно, чому та як воно сталося. Ми можемо задовольнитися тим, що спостерігаємо результати. І ось результат того, що жертвуєте 10% свого доходу, — ви стаєте багатими й щасливими. Ви отримуєте те, що хочете, і насолоджуєтеся цим. Тому я пропоную вам спробувати це. Ви вже знаєте: «Багато хто шукає коріння, поки дехто зриває плоди». Можливо, ви ніколи не знайдете коренів цього дива, але якщо дієте й жертвуєте 10%, то згодом пожинатимете плоди.

Основні поради

Жертвуйте визначену частину свого доходу.

- Це переконає вас самих, що гроші хороші і що ваші кошти — у надійних руках.
- Коли на це наважитеся, запишіть своє рішення й підстави для цього.

329 Ви можете сіяти гроші

- Складіть план, щоб відповідально застосовувати власні гроші. Переконайтеся, що вони справді виконують своє призначення.
- Допомагайте послідовно.
- Розпочинайте допомагати навіть тоді, коли насправді ще не можете собі цього дозволити.

Гроші роблять щасливими

Гроші можуть зробити щасливими. Вони збагатять ваше життя в прямому розумінні цього слова, але це станеться лише тоді, якщо ви діятимете. Ви повинні щось робити.

Якщо ж просто переглянули книгу й не робили вправ, то перегорніть назад і почніть все спочатку. Переконайтеся в тому, що гроші роблять щасливими.

Ключові ідеї розділу

- Успіх означає те, що ви отримуєте речі, які любите. Щастя — уміння насолодитися тим, що ви отримали.
- Велика кількість багатства — це довірене нам священне майно, яке зобов'язує свого власника присвятити все життя на благо суспільства.
- Найкращий засіб, щоб «вилікуватися» від почуття власної непотрібності й втрати сенсу життя, — просто піклуватися про іншу людину.

- Коли ви жертвуєте гроші, то доводите самому собі, що можете відповідально поводитися з ними і що ваші кошти — у надійних руках.
- Жертвувати — означає очікувати багатства, а наші очікування визначають те, що ми, зрештою, отримуємо.
- Жертвувати гроші — це доказ віри в самого себе.
- Хто любить світ, того й світ любить. Хто дає світові гроші, тому світ їх повертає.
- Віддаючи, люди стають більш жвавими та енергійними.
- Бути багатими, не беручи на себе відповідальності, означає бути нещасливими.

Перспектива: що буде далі?

Знання знищує двох ворогів творення добробуту:
ризик і страх.

— Чарльз Гівенс «Багатство без ризику»

Тепер ви вже знаєте техніки й стратегії, які допоможуть змінити своє життя й життя тих, хто вас оточує. Відклавши цю книгу, маєте дві можливості: можете відчути, що навчилися чогось хорошого, але продовжуватимете діяти, як раніше, або можете вжити цілеспрямованих заходів, щоб змінити свою фінансову ситуацію та, відповідно, життя. Ви можете застосувати описані тут концепти, щоб створити диво й почати абсолютно нове існування.

Цицерон чи Демосфен

В античні часи були два видатні оратори: Цицерон і Демосфен. Коли Цицерон закінчував промову, слухачі вставали, аплодували й захоплено вигукували: «Яка чудова промова!». Коли ж Демосфен завершував свою, люди кричали: «Слід діяти! Почнімо негайно!» І саме це вони й робили.

Якщо ви читаєте цю книгу й просто говорите собі: «Яка мила книжка — справді цікаві думки й техніки», — але нічого не втілюєте в життя, то і ви, і я лише намарно витратили час.

Джим Рон якось сказав: «Є два типи людей. Обидва читають в одній книзі, що яблука корисні. Обидва знають прислів'я: "Хто яблуко в день з'їдає, у того лікар не буває". Одні при цьому говорять, що їм потрібно більше довідкової інформації, а інші йдуть у найближчий магазин і купують яблуко». Приказка «*Знання – це сила*» неправильна. Правильною буде така: «*Застосоване знання – це сила*». Тому подумайте, яку із цілей ви одразу хочете втілити.

Отож саме час розпочати нову неповторну подорож, яка затьмарить ваші найсміливіші мрії. Так було й зі мною, коли мої наставники увійшли в моє життя і я почав влаштовувати його за принципами, описаними в цій книзі. Зробіть ваше життя витвором мистецтва.

Основні поради

Станьте заможними. Чиніть усе необхідне для цього, адже гроші роблять людей щасливими. І тому, що гроші приносять щастя, добробут має стати вашою метою.

• Жертвуючи гроші, робите щасливими самого себе та інших.
• Володіння грошима дає вам відчуття захищености та впевнености.
• Зі зростанням кількості грошей, які приходять у ваше життя, ви усвідомлюєте, що зростаєте як особистість.
• Гроші дозволяють жити вільно. Ви можете робити те, що приносить задоволення, відповідає вашим талантам і корисне іншим.
• З грошима ви можете краще підтримувати власні здібності й здібності інших людей.

- Лише володіючи грошима, запобігаєте тому, щоб вони стали занадто важливими. Ви просто сприймаєте їх як невід'ємну складову свого життя.
- Гроші підтримують вас, але не стають головною метою.
- Ви можете концентруватися на важливих для себе речах.
- Гроші дозволять сильніше проявити ваші кращі риси й надихнуть на нові ідеї.
- Баланс можливий лише з грошима: із ними зможете спокійно подбати про інші сфери свого життя.
- Гроші зроблять ваше життя більш захопливим і різноманітнішим. Ви зможете жити, де захочете, і знайомитися з тими, із ким забажаєте.
- З грошима ви самостійно розподілятимете свій час: не доведеться керуватися необхідністю, і зможете слідувати тому, що вважаєте сенсом життя.
- Гроші – це сила, і тому у вас з'явиться більше можливостей добре впливати й підтримувати інших людей.
- З грошима буде легше оточити себе людьми, які ніколи не дозволять вам задовольнитися меншим, ніж ви можете мати.

Уявіть собі якось таку ситуацію.

За сім років у вашому житті з'явиться якась людина. Вона скористається вашим ключем, щоб увійти у ваш будинок. Вона використовуватиме всі ваші речі, заради яких ви тяжко працювали і які дорогі вашому серцю. Ця особа переслідуватиме вас, куди б ви не пішли. Вона спостерігатиме за вами під час роботи й читатиме виписки з ваших рахунків. Ця людина переглядатиме плани, які ви склали сьогодні, і контролюватиме, чи ви виконали або навіть перевиконали ці плани. Вона дивитиметься вам в очі, коли ви критично розглядатимете себе в дзеркалі.

Ця особа — ви, особистість, яку ви створили, дійсно зробивши щось. Питання лише одне: що це за людина, що вона думає, що робить, якими є засади її віри? Які друзі оточують цю особу, хто її любить? Де вона живе й чим пишається?

В якому напрямку рухаєтеся в цю мить? На початку книги ви запитували себе: де я буду за сім років, якщо нічого не зміню? *Ви дійсно хочете в те місце, куди неминуче потрапите, якщо не зміните напрямок?*

Джон Нейсбітт[*] якось сказав: «Найкращий спосіб передбачити майбутнє — мати ясне розуміння того, що відбувається в цю мить». Тому будьте чесними зі самими собою. Дочитавши книгу до кінця, виділіть трохи часу, щоб обдумати, в якому напрямку прямуєте.

Ви хочете йти шляхом постійного навчання й зростання? Якщо ця книга посприяла таким намірам, то я дуже радий. Пишіть мені — я радітиму вашій ініціативі. Можливо, коли-небудь зможу розповісти й про вашу історію успіху. Є великий шанс, що ми якось де-небудь зустрінемося. Людей, які роблять чудеса, мабуть, меншість, але вони є всюди, адже рухаються дуже швидко.

Сформуйте команду, щоб продовжувати йти шляхом до добробуту

Якщо ви прийняли рішення, приєднайтеся до групи людей, які допоможуть проявитися найкращому у вас. Людей, які роблять диво, адже чинять усе необхідне для досягнення своєї мети. Людей, які

---

[*] Джон Нейсбітт – американський письменник і футуролог, відомий насамперед своїми бестселерами «Мегатенденції» та «Перевинахід корпорації».

досягають результатів, щоденно зростають і підтримують вас. Людей, які ніколи не дозволять вам задовольнитися меншим, аніж найкраще. Лише завдяки близькості до них відчуватимете себе вимушеними постійно вдосконалюватися й продовжувати зростання. Близькість таких людей – найбільший подарунок, який ви б могли собі побажати.

І така близькість приносить задоволення. Якщо запитаєте когось про найпрекрасніші моменти його життя, то дуже часто почуєте про діяльність у складі певної групи. Приналежність до команди змушує вас удосконалюватися й рости. Інші люди можуть підтримувати вас і давати імпульс до дій настільки потужно, наскільки ви самі навряд чи змогли б.

Передайте цю інформацію далі

І ось мій останній заклик до вас: передавайте цю інформацію далі. Потурбуйтеся про те, щоб кожен дізнався, що досягнення добробуту – це можливо.

Є дві хороші причини зробити це: по-перше, ми завжди навчаємо саме того, чого самі передусім повинні навчитися. Ділячись з іншими нашими ідеями, ми знову критично їх розглядаємо. Отже, постійно згадуємо про те, що є важливим для нас. По-друге, неймовірним є те, яке незбагненне багатство і яке щастя виникає з того, що ми допомагаємо іншій людині здійснити справді важливі й позитивні зміни в її житті.

Тепер ви знаєте, що повинні робити і яким чином це можливо. Настав час для найважливішого кроку – дій. Дійте якомога швидше. Зробіть це для себе й інших. Робіть більше, ніж хто-небудь міг би від вас очікувати. Так ви станете найкращим або найкращою.

Я твердо вірю, що всі ми повинні виконати свою місію й що наше життя має сенс. Не має значення, де ви зараз перебуваєте. Важливо, в якому напрямку йдете.

Багатство — ваше вроджене право, ніколи цього не забувайте! Вам належить місце під сонцем. Зробіть зі свого життя витвір мистецтва. Доведіть собі та іншим, що за сім років ви здатні стати заможними.

Моє особисте побажання для вас

Я хотів би зараз попрощатися й наприкінці побажати вам наступне:

Скористайтеся правами, даними вам при народженні.

Хай ви здобудете величезний фінансовий успіх, багатство розуму й душі.

Нехай ваше життя минає у здоров'ї, щасті, мирі та міцних стосунках із людьми, що вас оточують.

Сповніть своє життя сенсом, роблячи те, що приносить задоволення, відповідає вашим здібностям і допомагає іншим.

Працюйте над своїми талантами, щоб вони забезпечили вам достойне місце на цій планеті.

Постійно зростайте й навчайтеся, аби стати найкращими.

Знайдіть своє призначення в тому, щоб розділяти ваше щастя та багатство з іншими людьми.

Скористайтеся вродженим правом перетворити своє життя на шедевр.

Подяка

Надзвичайні досягнення – це завжди результат чудової взаємодії різноманітних людей.

Я мав щасливу можливість навчатися в неповторних людей. На жаль, перелічити їх усіх тут – неможливо, але я висловлюю особливу подяку своїм наставникам. Деяких все ж таки хочеться згадати поіменно, адже вони мали на мене особливий вплив: священика Вінфреда Ноака, доктора теології, Пітера Гювельманна, мого першого наставника, який поділився зі мною основними принципами успіху та красою взаємин, сповнених довіри, Шамі Ділон, спеціаліста з комунікацій, а також мільярдера Даніеля С. Пенью-молодшого, що посвятив мене у таємниці світу фінансових магнатів.

Ця книга – результат нашої з вами взаємодії, а також конструктивної критики моїх редакторів із видавництва «Кампус»: пані Кверфурт і пана Шікерлінга. Взаємини із жодним із вас не були особливо легкими, та це, як відомо, корисно для розвитку особистості.

Наприкінці, але не в останню чергу, особливо хочу подякувати учасникам своїх семінарів, які дали мені незлічену кількість ідей.

Литература

Bandler, Richard/Grinder, John: Reframing – ein ökologischer Ansatz in der Psychotherapie (NLP). Paderborn: Jungfermann, 1984.

Barnhart,Tod: Die fünf Schritte zum Reichtum.Berlin:Ullstein, 2001.

Beike, Rolf/Schlütz, Johannes: Finanznachrichten lesen – verstehen – nutzen. Stuttgart: Schäffer Poeschel, 2001.

Chilton, David: TheWealthy Barber. Everyone's Commonsense Guide to Becoming Financially Independent. Rocklin (California): Prima, 1996.

Chopra, Deepak: Die Körperzeit – Mit Ayurveda jung werden, ein Leben lang. BergischGladbach: Lübbe, 1994.

Clason, George S.: The Richest Man in Babylon. New American Library, 1997.

Deutschsprachige Ausgabe: Der reichste Mann von Babylon. München:

Goldmann, 2002.

Csikszentmihalyi, Mihaly: Flow: Das Geheimnis des Glücks. Stuttgart: Klett Cotta, 1999.

Cutler, Peter:How to Increase Your Personal Wealth. London: Thorsons, 1992.

Dominquez, Joe/Robin,Vicki: Your Money or your Life.Transforming Your Relationship With Money and Achieving Financial Independence. Penguin, 1992.

Erlenbach, Erich/Gotta, Frank: So funktioniert die Börse. Frankfurt a. M.: Societäts Verlag, 1997.

Fehrenbach, Peter/Kapferer, Helmut: An Investmentfonds verdienen. Feiburg i. Br.: Haufe, 2001.

Fisher, Mark: Das innere Geheimnis des Reichtums. Freiburg: Verlag Hermann Bauer, 2000.

Friedman, Milton: Kapitalismus und Freiheit. Frankfurt a. M.: Eichborn, 2002.

Garner, Robert J., u. a.: Ernst & Young's Total Financial Planner. New York: Wiley, 1996.

Givens, Charles: Financial Self-Defence. How to Win the Fight for Financial Freedom. Pocket Books, 1995.

Givens, Charles: Wealth without Risk for Canadians. Stoddart, 1995.

Handy, Charles: Die Fortschrittsfalle. Der Zukunft neuen Sinn geben. München: Goldmann, 1998, 309.

Jeske, Jürgen/Barbier, Hans D.: So nutzt man den Wirtschafts und Finanzteil einer Tageszeitung. Frankfurt a.M.: Societäts-Verlag, 2000.

Levinson, Jay/Godin, Seth: Das Guerilla Marketing Handbuch. Werbung und Verkauf von A bis Z. Frankfurt a. M.: Campus, 1996.

Lynch, Peter/Rothchild, John: Lynch III: Der Weg zum Börsenerfolg. Kulmbach: Börsenmedien-Verlag, 1996.

Machtig, Brett: Wealth in a Decade. Irwin, 1997.

Pilzer, Paul Zane: God Wants You to Be Rich. New York: Simon & Schuster, 1995.

Ries, Al/Trout, Jack: Positioning. The Battle for Your Mind. New York: Warner Books, 1993.

Schramm, Petra: Geldgeschäfte und Kapitalanlagen in alter Zeit. Edition Rarissima, 1988.

Smith, Adam: Der Wohlstand der Nationen. München: dtv, 1999.

Stanley, Thomas J./Danko, William D.: The Millionaire Next Door. The Surprising Secrets of America's Wealthy. Longstreet Press, 1997.

Trout, Jack/Rivkin, Steve: New Positioning. Düsseldorf: Econ, 1996.

Umhauer, Gerd: Im Club der Millionäre — Erfolgsstories der Mega-Reichen. Landsberg: Moderne Industrie, 1992.

Науково-популярне видання

Бодо Шефер

Шлях до фінансової свободи
// Ваш перший мільйон за сім років

Переклад з німецької *Анастасії Коник*

Головний редактор *Мар'яна Савка*
Відповідальний редактор *Оксана Антонів*
Літературний редактор *Андрій Беницький*
Коректор *Ольга Горба*
Художній редактор *Назар Гайдучик*
Макетування *Альона Олійник*

Підписано до друку 30.04.2020. Формат 60×84/16
Гарнітури *Synerga Pro, Ropa Sans Pro*. Умовн. друк. арк. 20,00
Наклад 3000 прим. Зам. № 20-04-3001.

ВИДАВНИЦТВО
СТАРОГО ЛЕВА

Свідоцтво про внесення до Державного
реєстру видавців ДК № 4708 від 09.04.2014 р.

Адреса для листування:
а/с 879, м. Львів, 79008

Львівський офіс:
вул. Старознесенська, 24–26

Книжки «Видавництва Старого Лева»
Ви можете замовити на сайті www.starylev.com.ua
📞 0(800) 501 508 ✉ spilnota@starlev.com.ua

Партнер видавництва

!FEST холдинг
емоцій

Віддруковано АТ «Харківська книжкова фабрика «Глобус»
вул. Різдвяна, 11, м. Харків, 61052
Свідоцтво ДК № 3985 від 22.02.2011
www.globus-book.com

ЯНІС ВАРУФАКІС

РОЗМОВИ З ДОНЬКОЮ ПРО ЕКОНОМІКУ

коротка історія капіталізму

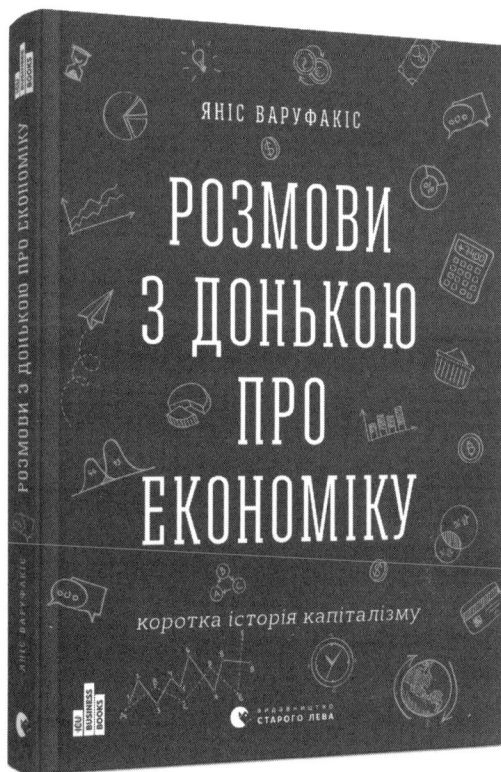

Як пояснити нерівність народів та держав і чим може зарадити демократія? Світом керують гроші чи їх відсутність? Як працює економіка в ринковому суспільстві? Куди веде людство розвиток технологій і чи є в людини шанс залишитися людиною і вберегти планету від самої себе?

На ці та інші теми зі своєю 13-річною донькою Ксенею розмовляє відомий грецький економіст Яніс Варуфакіс. Пояснити просто й цікаво складні, але дуже важливі речі йому допомагають: цар Едіп та Ікар, Архімед, австралійські аборигени, доктор Франкенштейн, Фауст і навіть агент Сміт з культової «Матриці».

ДІТЯМ
ПРО БІЗНЕС

Бодо Шефер
ПЕС на ім'я
МАНІ
АБО АБЕТКА ГРОШЕЙ

Видавництво Старого Лева

Дванадцятирічна дівчинка Кіра знаходить пораненого пса. Виявляється, пес уміє говорити! Він відгукується на кличку Мані і знає все про гроші. Дуже скоро й Кіра, прислухаючись до порад Мані, і сама стає справжнім фінансовим експертом і допомагає іншим правильно розпоряджатися грошима.

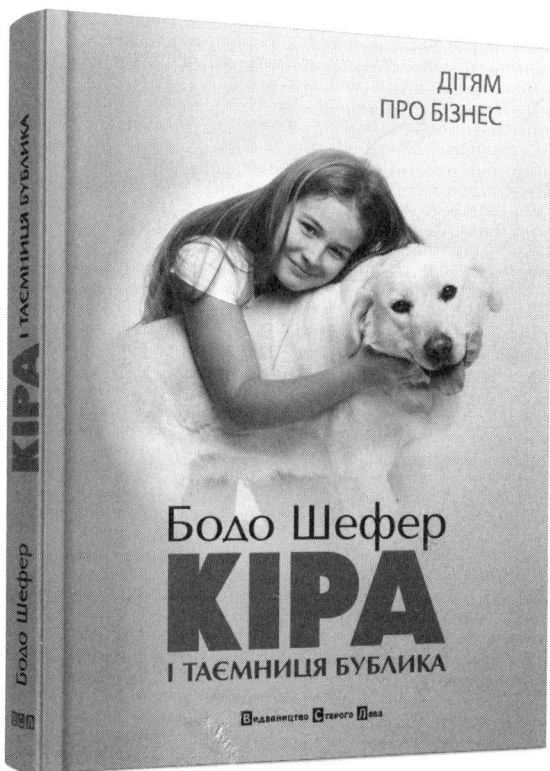

ДІТЯМ
ПРО БІЗНЕС

Бодо Шефер
КІРА
І ТАЄМНИЦЯ БУБЛИКА

Видавництво Старого Лева

Життя Кіри цілком змінилося після того, як вона врятувала пса — чудового лабрадора Мані. Пес умів розмовляти та навчив дівчинку правильно заощаджувати і розпоряджатися грошима. Ось-ось має здійснитися мрія Кіри — і вона полетить до Каліфорнії. Але на шляху до мети несподівано виникають перешкоди, які не так легко подолати — адже для цього потрібно знати сім правил життя...

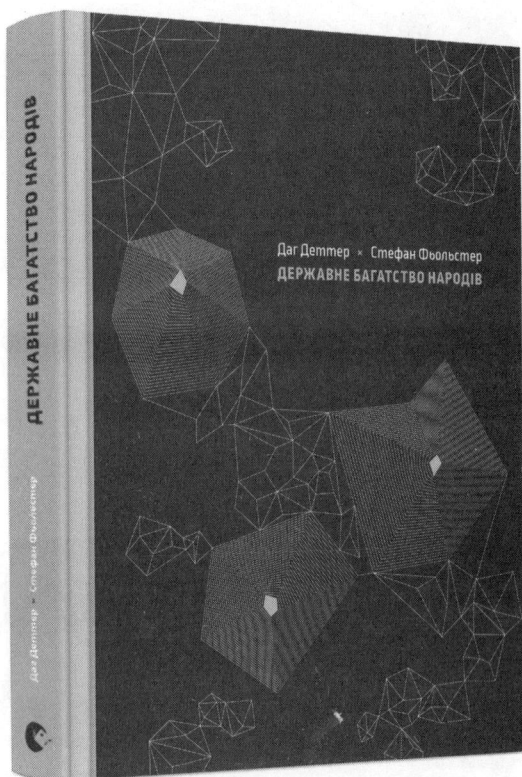

Органи державної влади у всьому світі володіють державними активами на мільярди доларів (від корпорацій до лісів та історичних пам'яток). Велике національне багатство в більшості країн перевищує державний борг. У часі управління фінансовими кризами, які викликають велике занепокоєння, національне багатство значною мірою ігнорують.

Даг Деттер і Стефан Фьольстер упевнені, що якісне управління державними активами може допомогти вирішити проблему боргу, а ще таке управління дасть більший прибуток, ніж загальні інвестиції в інфраструктуру світу (транспорт, енергетика, зв'язок). Автори книжки стверджують, що завдяки покращенню управління національним багатством можливо збільшити стандарти життя та зміцнити демократичні інституції у всьому світі.